Maria Clara,
Vamos em frente
porque estamos na
estrada certa.
Beijos.

2010

COLEÇÃO VIAGENS RADICAIS

NA ESTRADA DO EVEREST

Outros títulos da coleção Viagens Radicais:

O navio de ouro, de Gary Kinder

De Londres a Kathmandu, de Marcelo Abreu

Loucos por ti, América, de Margi Moss e Gérard Moss

Aventura no topo da África: Trekking no Kilimanjaro, de Airton Ortiz

A volta por cima, de Margi Moss e Gérard Moss

Narcosis, de Carlos Secchin

Em busca da utopia kitsch, de Marcelo Abreu

Pelos caminhos do Tibete, de Airton Ortiz

Congelados no tempo, de Owen Beattie e John Geiger

O último mergulho, de Bernie Chowdhury

Nas fronteiras do Islã, de Sergio Tulio Caldas

O mar esquecido por Deus, de Derek Lundy

Tragédia no pólo, de Wilbur Cross

Everest: O diário de uma vitória, de Waldemar Niclevicz

Cruzando a última fronteira: Uma aventura pelo fascinante Alasca, de Airton Ortiz

Asas do vento, de Margi Moss e Gérard Moss

Expresso para a Índia, de Airton Ortiz

Travessia da Amazônia, de Airton Ortiz

Egito dos faraós, de Airton Ortiz

Na trilha da Humanidade, de Airton Ortiz

Aconcágua, de Assis Aymone

Airton Ortiz

COLEÇÃO VIAGENS RADICAIS

NA ESTRADA DO EVEREST

TREKKING NO HIMALAIA

2ª EDIÇÃO

EDITORA RECORD
RIO DE JANEIRO • SÃO PAULO

2007

CIP-Brasil. Catalogação-na-fonte
Sindicato Nacional dos Editores de Livros, RJ.

O89n
2ª ed.

Ortiz, Airton
Na estrada do Everest: trekking no Himalaia / Airton Ortiz. – 2ª ed. – Rio de Janeiro: Record, 2007.
. – (Viagens radicais)

Inclui bibliografia
ISBN 978-85-01-05802-7

1. Everest, Monte (China e Nepal) – Descrições e viagens. 2. Everest, Estrada (Nepal) – Descrições e viagens. I. Título.

00-0479

CDD – 915.496
CDU – 915.4135

EDITORA RECORD LTDA.
Rua Argentina 171 – Rio de Janeiro, RJ – 20921-380 – Tel.: 2585-2000

Impresso no Brasil

ISBN 978-85-01-05802-7

PEDIDOS PELO REEMBOLSO POSTAL
Caixa Postal 23.052
Rio de Janeiro, RJ – 20922-970

A

George Leigh Mallory.

Porque ele está lá, em algum lugar do Everest.

"Não viajamos só pelo prazer de ver,
mas também pelo prazer de contar."

Blaise Pascal
Escritor francês do século XVII

Sumário

A Estrada

Quando o Exército chinês invadiu o Tibete, no outono de 1950, fechou as fronteiras do país aos estrangeiros, bloqueando as expedições ao Everest.

Quem quisesse conquistar o Terceiro Pólo do planeta, portanto, deveria fazê-lo pelo lado sul, atingindo-o através do reino proibido do Nepal, que recentemente havia aberto suas fronteiras aos ocidentais. Mesmo assim, apenas para objetivos científicos.

O aventureiro inglês Bill Tilman não era o que se poderia chamar de "cientista", mas conseguiu, em 1950, uma permissão para caminhar pelo interior do reino, em direção ao Everest, desde que se mantivesse nas trilhas utilizadas pelos nativos para se deslocar entre as aldeias.

Depois de muito perambular pelo Himalaia, foi convidado pelos sherpas a visitar Nanche Bazar, o mais importante povoado no coração da cordilheira. E, aproveitando um descuido dos nepaleses, acabou escalando o Kala Patar e chegando à Cascata de Gelo do Khumbu, onde as expedições atuais montam o Acampamento-base do Everest.

Estava aberta a Estrada do Everest.

No ano seguinte foi permitido, pela primeira vez, a uma expedição britânica escalar o Everest pelo lado nepalês. Liderada por Eric Shipton, ela seguiu as pegadas de Bill Tilman, assim como todas as outras que vieram a seguir.

O país só veio a ser aberto aos turistas ocidentais em 1965. Neste ano o inglês Chris Bonnington organizou a primeira expedição de *trekking* pelas trilhas do Himalaia em busca de fortes emoções, normalmente encontradas em regiões distantes e de difícil acesso, só atingidas após longas jornadas em terrenos acidentados.

Airton Ortiz

Meus agradecimentos à Cia. Zaffari,
cujo patrocínio possibilitou-me descobrir o Yeti.

Prólogo

A Europa já conhecia, desde o século XV, trazida por um mercenário europeu que visitara a Mongólia, a história de que no Himalaia habitava uma misteriosa criatura, um gigantesco homem-urso, um ser peludo sem igual em todo o planeta.

Mas foram as primeiras expedições ao Everest que trouxeram às páginas dos jornais do Ocidente as histórias do tal gigante. Em 1898, o major C.A. Wadell descobriu uma seqüência de grandes e inexplicáveis pegadas no Sikkim, região do Himalaia que ficava na Índia.

Em 1921, o chefe da primeira expedição ao Everest, C.K. Howard Bury, observou uma estranha criatura movendo-se pelas encostas nevadas da montanha. Poucos dias depois, enquanto bisbilhotava pelas vizinhanças, George Mallory descobriu, na neve fofa, as gigantescas pegadas do animal, imediatamente reconhecidas pelos seus acompanhantes sherpas. Eles sabiam até seu nome: *Metohkangmi*, uma palavra tibetana que significa "homem-urso dos campos nevados". Ou Yeti, como ficou conhecido no Ocidente. Os anos foram passando, porém, e a história caiu no esquecimento, superada pelas grandes dificuldades encontradas na região pelas futuras expedições.

O interesse popular pelo controvertido animal só foi renovado quando, em 1951, Eric Shipton fotografou, no vale Rolwaling, a 60 km do Everest e a 5.800 metros de altitude, pegadas semelhantes às encontradas por George Mallory. Acompanhado por um sherpa, Eric Shipton seguiu o rastro na neve por quase 2 km, até desaparecer.

O nativo jurou reconhecer as pisadas, afirmando já ter avistado o animal que as deixara, perto do mosteiro Tengpoche. Segundo ele, tratava-se de um gigante com aparência humana. Cabeludo, com enormes pés e cheirando a alho e ovo podre. E tinha poderes sobrenaturais, como tornar-se invisível quando ameaçado pelo homem.

Em vista disto, diversas expedições científicas foram montadas em busca do Yeti. O animal nunca foi encontrado, mas suas pegadas foram vistas em diversos lugares. Análises posteriores, partindo dessas informações, atestaram tratar-se de uma criatura que se alimentava de plantas e pequenos animais. Em 1964, o rei do Nepal promulgou uma lei proibindo a captura ou caça do Yeti.

O famoso escalpo existente no mosteiro Pangboche foi enviado a um laboratório, onde constataram pertencer a uma cabra do Himalaia. Enquanto alguns reagiram com ceticismo, alegando que isso punha fim à lenda do Yeti, outros respiraram aliviados, pois, para eles, significava que o animal continuava vivo.

Em 1974, uma garota sherpani foi atacada perto da aldeia Machermo, na mesma época em que cinco iaques foram encontrados mortos, com seus fortes pescoços quebrados. A menina disse ter sido agredida por uma criatura coberta com pêlos curtos, castanhos. A polícia, chamada para resolver o problema e acabar com a crença popular dos nativos sobre o estranho animal, apenas constatou serem as pegadas encontradas no local similares às fotografadas por Eric Shipton, 23 anos antes.

A lenda do Yeti continua viva entre o povo sherpa, mas uma coisa é certa: com a contínua expansão dos humanos em direção às áreas selvagens, se o Yeti existe mesmo, deve ter fugido para muito longe, ao sentir-se ameaçado. Ou então se tornado definitivamente invisível.

Mas não me custava nada tentar encontrá-lo. Certa vez, há muitos e muitos anos, meu avô contou-me que nem todas as coisas existentes no mundo estão disponíveis aos nossos olhos. E que, muitas vezes, as coisas importantes, as que interessam mesmo, só podem ser vistas pelo coração. Na época, criança ainda, não entendi muito bem.

Não seria esta a oportunidade para compreender este mistério? Quem sabe o Yeti resolvia aparecer para quem não pretendia ameaçá-lo?

PRIMEIRA PARTE

Nepal

Cada lugar tem seu próprio tempo.

Gabriela Xavier Ortiz
6 anos

Ano: 1119
Pashupatinath

Os quatro homens atravessaram o rio lentamente, em um ritual que os denunciava praticantes daquela cerimônia há milhares de anos. Estavam na estação seca, quando o grande rio se transformava em apenas um pequeno córrego, fazendo a água bater-lhes na altura das canelas. Eles trajavam um sumário pedaço de pano branco esfarrapado, cruzado por entre as pernas, cobrindo-lhes a cintura, como se fosse uma grande fralda. Eram muito magros, tinham a pele morena e longos cabelos pretos amarrados em forma de rabo-de-cavalo.

Sobre os ombros, uma *bier*, como chamavam aquela padiola feita de bambu verde. E, sobre a padiola, o corpo inerte do ancião recém-morto, totalmente envolto em um grande pano amarelo, amarrado de forma a não deixar nenhuma parte à vista, nem mesmo a cabeça. Por cima, algumas poucas flores.

Atrás, seguia um pequeno cortejo, alguns familiares e amigos do morto, carregado com as pernas para frente. Devia ser muito magro, pois, apesar de caminharem por dentro do rio, os padioleiros pareciam não estar fazendo grande esforço físico para manter o defunto sobre os ombros.

Ao chegarem à outra margem, largaram a padiola no chão, de modo a que os pés do morto ficassem dentro da água, em um último rito de purificação.

Havia uma *ghat* — pequena plataforma de pedra — vazia na barranca do riacho. Alguém a lavou, pacientemente, com a água do sagrado rio. Após purificada, colocaram sobre ela uma pilha de lenha, em forma de pirâmide, para queimar melhor. Tão logo o local estava preparado, teve início a cerimônia.

O corpo foi colocado no sentido norte/sul, com os pés em direção ao reino de Yama, o deus da morte. Uma por uma suas vestes foram tiradas e jogadas no rio, provocando um pequeno alvoroço entre as crianças banhando-se no local. As peças que lhes escapavam eram recolhidas alguns metros abaixo, onde algumas mulheres lavavam roupa.

O corpo, incluindo a sua face, foi enrolado com um pano branco e a seguir envolto em uma túnica de seda amarela. Os parentes o conduziram em direção à *ghat* dando três voltas ao redor da pira antes de colocá-lo sobre as lenhas. Ao lado, outra pessoa acendia uma tocha de fogo, repassada ao parente mais próximo do morto. No caso, o filho mais velho.

Este se aproximou, encostando a tocha nos capins secos sobre a seda cobrindo o rosto do defunto, de forma que tudo queimasse mais rápido; havia diversos corpos esperando para o mesmo ritual.

Enquanto a carne se retorcia, envolta pelas chamas amarelas ardendo sobre a pilha de lenha, suas gorduras escorriam para o rio, onde as pessoas que participavam do funeral lavavam-se em suas sagradas águas, purificando também os seus próprios espíritos.

A cremação durou seis horas. No fim, as cinzas foram varridas para o rio, e a *ghat,* novamente lavada e purificada por um sacerdote para iniciar outra cerimônia.

Alheias a tudo, as crianças banhavam-se nas águas cinzentas, mulheres lavavam roupa, e um rapaz remexia o fundo do rio em busca dos dentes de ouro dos corpos recém-cremados, enquanto os macacos do templo comiam o arroz que sobrara da cerimônia.

Ano: 2055
Katmandu

Quando o avião sobrevoou a cadeia de montanhas cercando o vale Katmandu, fiquei impressionado com a quantidade de casas empoleiradas nas partes mais altas da cordilheira, ligadas por minúsculas trilhas serpenteando pelas bordas dos desfiladeiros, como se fossem imensas teias de aranha.

A sensação de que os nepaleses procuravam os lugares mais impróprios para construírem suas casas me acompanhou por um longo tempo, enquanto estive no Nepal. Custei a dar-me conta de que, sendo um país densamente povoado e montanhoso, ou as pessoas moravam nas montanhas, ou abandonavam sua terra natal.

Na semana anterior, em Joanesburgo, despedira-me com saudades do meu amigo Sanza Samba, na recepção do Orquídea Hotel, ao devolver-lhe a chave do quarto onde me hospedara um ano antes, ao passar pela África do Sul em direção ao norte do continente. Naquela ocasião, fui assaltado por uma gangue de rua, no centro da cidade, quando comprava os últimos equipamentos para escalar o monte Kilimanjaro, na Tanzânia. Roubaram-me todo o dinheiro, cartões de crédito, passagem e uma infinidade de coisas, algumas recém-adquiridas.

Ao voltar para o hotel, desolado, recorri ao gerente, Sanza Samba, um simpático congolês de fala mansa que me prestou inestimável ajuda. Foi incansável. Surgiu aí uma grande amizade.

Voltando para casa, depois de escalar a montanha mais alta da África, passei novamente por Joanesburgo para visitá-lo. Ao sair do hotel, às dez da noite, como não havia mais ninguém na portaria, acabei esquecendo de entregar a chave do quarto. E só a descobri comigo ao desmanchar a mochila, dias depois, já no Brasil.

Um ano mais tarde, a caminho do Everest, passei novamente no Orquídea Hotel para devolver-lhe a chave e matar a saudade do amigo Samba. E para ouvi-lo mais uma vez — como no ano anterior — desejar-me boa sorte na próxima montanha.

A chegada no Tribuvan, o aeroporto internacional de Katmandu, foi uma pequena amostra do caos que teria pela frente nos próximos dias, pelo menos até me acostumar com o ritmo da cidade. Primeiro, uma longa fila para trocar dinheiro: 100 dólares americanos por 6.700 rúpias nepalesas; depois, outra longa fila para tirar o *permit*: 60 dólares por um visto múltiplo com validade para sessenta dias — 1 dólar por dia —, e, por fim, outra fila para mostrar a documentação. Ah, e mais outra para apanhar a bagagem.

Acertei o relógio, pois o Nepal estava cinco horas e 45 minutos à frente do GMT (*Greenwich Mean Time*), ou seja, aqui estávamos oito horas e 45 minutos mais tarde do que no Brasil. Essa fração de quinze minutos a menos era para diferenciá-lo da Índia, buscando quebrar um pouco a dependência do pequeno país em relação ao seu enorme vizinho do sul.

Foram duas horas de espera, amenizadas pela simpatia e o cavalheirismo dos nepaleses. Embora, para minha surpresa, ninguém tenha perguntado por Pelé, o que invariavelmente me acontece nos distantes aeroportos do mundo ao me descobrirem de nacionalidade brasileira.

Na saída do prédio, como em todos os países pobres do mundo, um bando de motoristas de táxi caiu sobre mim oferecendo serviços de transporte e acomodação. Como eu não tinha a menor idéia de onde me hospedar na cidade, larguei a mochila pequena no carrinho, em cima da mochila grande, e abri negociações com os simpáticos comerciantes nepaleses.

Depois de muito empurra, empurra, olha prospecto de hotel, confere a localização no mapa e discute preços, acabei optando pelo hotel Discovery, a duas quadras do Thamel — o bairro turístico de Katmandu —, por 10 dólares a diária. Um ótimo apartamento com banheiro privativo, incluindo café da manhã e roupa lavada. Mas o que mais me agradou foi o bonito jardim — pelo menos no prospecto — onde se tomava o café da manhã na companhia de outros viajantes.

O aeroporto ficava a apenas 4 km do centro da cidade, mas o caótico trânsito do final da tarde fazia o velho carro se arrastar lentamente pelas estreitas ruas apinhadas de pedestres, bicicletas, motos, ônibus, caminhões e... vacas. O motorista, Amrit Chinal, um jovem simpático querendo parecer ainda mais simpático, foi logo puxando conversa.

— É sua primeira vez no Nepal? — fez, em um inglês arrastado mas compreensível, a pergunta que eu mais ouviria nos próximos dias. E a razão era simples: se era sua primeira vez na cidade, você precisaria de um guia. E ali estava um, disposto a ajudá-lo. Semanas mais tarde eu me divertiria muito vendo a cara de decepção dos guias de rua quando descobriam que já estava há tanto tempo em Katmandu que sabia quase tanto quanto eles sobre a história de cada um dos templos da cidade.

— Sim, é a primeira vez — respondi ao taxista.

— Quanto tempo você vai ficar no país? — ele perguntou.

— Isso vai depender do país — falei, com os olhos fixos na agitação da rua. — Se estiver gostando, ficarei uns três meses. Mas se não gostar, posso partir na próxima semana.

— Você vai ficar só em Katmandu?

— Ficarei algumas semanas em Katmandu, para conhecer bem a cidade e seus moradores. Depois, pretendo fazer um safári nas selvas, na fronteira com a Índia. Gostaria de conhecer o tigre de Bengala, e me disseram ser este um dos poucos lugares onde ele ainda sobrevive.

— Então eu lhe sugiro ir ao Parque Nacional Real Chitwan. Lá você poderá encontrá-lo — ele ia aconselhando, enquanto buzinava e metia por cima de quem ousava atravessar na frente do velho carro. Mas a sua curiosidade, cujo motivo só mais tarde fiquei sabendo, continuou.

— Você não vai fazer um *trekking*?

— Vou, mas no próximo mês, quando chegar a Katmandu um amigo da Alemanha, que sempre escala comigo. Então partiremos para as montanhas — expliquei, já meio impaciente, pois ele não me deixava concentrar no movimento da rua.

— Qual o caminho que você quer percorrer?

— A Estrada do Everest.

— A Estrada do Everest? — perguntou-me, demonstrando surpresa.

— Quero refazer a antiga trilha percorrida pelos pioneiros que tentaram escalar o Everest, na metade do século passado. No Ocidente, costumamos chamar este caminho de Estrada do Everest, porque nos leva à grande montanha.

— Você pretende conhecer algum lugar em especial, nesta tal estrada? — perguntou, com um olhar zombeteiro, como querendo dizer "este gringo não sabe onde vai se meter".

— Dois lugares: visitar o Acampamento-base do Everest e escalar o monte Kala Patar. E gostaria de encontrar o Yeti pelo caminho — falei, olhando a sua reação. Que foi nenhuma. Então arrisquei: — Você já viu o Yeti?

— Eu não, mas tenho um primo morando em Nanche Bazar, que tem um amigo que já viu um Yeti.

Eu já sabia, todo mundo no Himalaia tinha um parente que tinha um amigo que conhecia alguém que já vira o Yeti. O táxi chegou ao hotel, e o motorista encerrou o questionário com um alegre "namastê", o cumprimento tradicional do Nepal, uma deferência usada em todos os turnos do dia e que significava "a divindade que existe em mim reconhece a divindade que existe em você".

— Namastê — disse o porteiro do hotel, juntando as mãos em forma de prece enquanto fazia uma pequena curvatura com o corpo.

— Namastê — respondi, repetindo seu gesto e pedindo para pegar minha bagagem no carro.

— Namastê — disse o gerente do hotel, repetindo a expressão corporal do porteiro.

— Namastê — retribuí, fazendo uma pequena deferência com o corpo, mas desta vez dispensando unir as mãos em sinal de prece.

Preenchidas as formalidades, o porteiro subiu com minhas mochilas para o quarto, no segundo andar, jogando-as sobre a cama.

— Namastê — disse ele, quando lhe dei a gorjeta.

— Namastê — respondi, agora sem sequer curvar o corpo.

— Namastê — ele falou, uma vez mais, já na porta do quarto.

— Namastê — tornei a responder.

Para quem normalmente está na estrada, a expressão "dormir na horizontal" tem um significado todo especial, podendo mesmo ser, muitas vezes, em um primeiro momento, a "principal atração turística" do lugar a que se está chegando. E este foi meu primeiro programa turístico no Nepal, depois de três dias dentro de um avião.

— Namastê!

No dia seguinte levantei perto do meio-dia, após uma revigorante noite de sono. No desjejum/almoço tinha café com leite, suco de laranja, duas fatias de pão de sanduíche, uma das quais torrada, geléia, manteiga de leite de vaca, ovos mexidos, batata cozida com cebola e muita pimenta e um grande pote de *porridge* — mingau típico inglês, feito de leite e cereais. Satisfeito, saí para meu primeiro contato com o país.

Pátria de Lorde Buda, nação dos guerreiros gurkhas, teto do mundo, morada das neves, país de muitas lendas, terra das altas montanhas e profundos desfiladeiros, e selvas onde podem ser encontrados os últimos exemplares do tigre de Bengala, o Nepal continha uma espantosa mescla de culturas, religiões, povos e costumes.

Das dramáticas imensidões dos picos nevados do Himalaia, ao norte, às vastas planícies selvagens subtropicais, ao sul; dos rapidíssimos rios alimentados pelo degelo das neves às montanhas desérticas; e das praças com seus templos e palácios milenares à simplicidade das remotas e intocadas aldeias do interior do país, o Nepal era, em apenas 147 mil quilômetros quadrados — 1,7% do Brasil —, o país dos sonhos de todo aventureiro.

Meca dos andarilhos, local onde os viajantes podiam praticar os esportes mais radicais da Terra, desde o alpinismo até o safári, passando pelo *rafting*, *trekking* e balonismo, tendo como cenário uma das culturas religiosas mais impressionantes do mundo, o país deverá tornar-se, em poucos anos, uma das estrelas da indústria do turismo de aventura.

O reino do Nepal estava situado na encosta da cordilheira do Himalaia, e seu pequeno território — exatamente a metade do Rio Grande do Sul — tinha enormes diferenças de altitude. A região sul, coberta por florestas, na fronteira com a Índia, ficava quase ao nível do mar, no vale do rio Ganges. A região norte, coberta por neves eternas, na fronteira com o Tibete, chegava a altitudes de 8.850 metros, no cume do monte Everest. E tudo isto em uma estreita faixa de 193 km de largura.

A metade do país estava acima dos 3.000 metros de altitude e um quarto da sua área era coberto por montanhas com mais de 3.000 metros de altura. Mas em 20% do território, o Terai, planície por onde corria o rio Ganges, a altitude baixava a 70 metros.

E o clima refletia esta topografia. Nas planícies do sul a temperatura subia a 40 graus no verão. No planalto, no centro do país, o clima era temperado, com a temperatura atingindo 30 graus no verão e perto de zero no inverno. Já no norte, no Himalaia, descia a muitos graus abaixo de zero. E se tornava tanto mais baixa quanto mais alto se subisse.

Não existia, em nenhum outro lugar do mundo, uma diversidade tão grande em uma região tão pequena. Por muito tempo, a única forma de viajar fora caminhando, onde pequenas distâncias levavam dias para serem percorridas. E as grandes distâncias se tornavam jornadas épicas, duravam meses e levavam os viajantes por densas florestas, enfrentando animais selvagens e rios caudalosos, até o silêncio majestoso do Himalaia.

Em cada escarpa se encontravam um novo grupo étnico, uma nova cultura, uma nova língua. Amáveis aldeões recebiam os viajantes com o entusiasmo dos indianos e a hospitalidade dos tibetanos, duas das principais características da identidade do povo do Nepal.

E quase nada mudou nos dias atuais. Os viajantes que chegam para passear em Katmandu, descer os rios de canoa, fazer um safári pela selva ou partir em busca do Everest ainda encontram um país com as mesmas características do passado, com suas riquezas culturais protegidas pelos contrafortes do Himalaia.

Região antigamente conhecida pelo nome Nepal Mandala, o Nepal se constituía originalmente por vários povos de religião budista, organizados em principados autônomos. Entre as doze etnias que povoavam o país, os newaris foram os primeiros a chegar ao vale Katmandu, há cerca de 2.000 anos. De origem mongol, passaram a adotar o hinduísmo como religião, embora existissem também muitos budistas, o que fazia de Katmandu uma cidade onde estas duas importantes crenças religiosas conviviam pacificamente, chegando mesmo, muitas vezes, a se mesclarem em um único rito, compartilharem divindades e dividirem espaço em um mesmo templo.

Naquela época, cada uma das três cidades do vale — Katmandu, Patan e Baktapur — formava um reino independente, contando com monarca próprio, palácios e mansões para as castas mais altas. Era por esta razão que na pequena área do vale — 20 km de norte a sul por 25 km de leste a oeste — destacavam-se tantos palácios e trabalhos artísticos tão requintados, construídos durante a dinastia dos reis Malla, entre 1200 e 1700.

O vale ficava entre a cordilheira Mahabarat, ao sul, e os contrafortes do Himalaia, ao norte. Situado a 1.200 metros acima do nível do mar e encravado em uma zona subtropical (85° 50' Leste e 27° 50' Norte), seu solo, amplamente irrigado pela própria natureza, produzia grande parte do arroz e do trigo, principal fonte de alimentação dos nepaleses, consumidos em todo o país.

As belezas naturais da região eram magníficas. Do centro de Katmandu podiam-se avistar os picos nevados do Himalaia, resplandecendo por cima das montanhas que cercavam o vale. E dentro do próprio vale a paisagem era dramaticamente esculpida pelos contornos dos campos cultivados e por extensas pirâmides de grãos dourados e o vermelho vívido das pimentas secando ao sol.

Em 1742, com apenas 22 anos, Prithvi Narayan Shah foi coroado soberano de Gorkha, um pequeno reino de origem mongol encravado no norte da Índia. Seu território era pobre, e ele logo espichou o olho para o vale Katmandu e seu rico solo, onde estavam instalados os três reinos das dinastias Malla: Katmandu, Patan e Baktapur. Os Malla estavam no vale desde o século XIII e defenderam com unhas e dentes seus territórios.

Mas em 1768, depois de muita luta, quando também foram vencidos exércitos hindus e britânicos, convocados para ajudar os reis Malla, os gurkhas invadiram o vale e, depois de vencer a resistência do povo newar, fixaram-se no local. Prithvi Narayan Shah, o rei gurkha, estabeleceu sua capital em Katmandu. A nova dinastia, reinando até os dias atuais, unificou o país em 1774 e fixou como língua oficial o nepali, substituindo a língua newar, embora esta ainda seja falada no vale.

O Nepal nunca chegou a ser incorporado pelo Império Britânico, tornando-se um dos raríssimos países do mundo que sempre foi independente. A bravura da sua gente era tanta, que os próprios guerreiros gurkhas acabaram ingressando no Exército inglês, formando batalhões próprios, uma tradição mantida até a atualidade.

A dinastia Shah foi derrubada em 1846 em um violento golpe de Estado, a partir do qual o poder passou a ser exercido hereditariamente por membros da família Rana, que governaram com o título de primeiro-ministro. Os reis tornaram-se, por mais de um século, virtuais prisioneiros dos Rana, e o Nepal foi mantido totalmente isolado do mundo exterior.

Em 1951, uma rebelião pôs fim ao sistema de primeiros-ministros hereditários e reinstalou no poder a dinastia Shah. O Nepal saiu do seu isolamento, ligando-se por estradas e rotas aéreas com a Índia, Paquistão e Tibete, mas continuou resistindo a formas democráticas de governo.

Em 1961, o rei Mahendra dissolveu o Parlamento e proibiu os partidos políticos, passando a governar como monarca absoluto. Seu filho e sucessor, Birendra, subiu ao trono em 1972 e governou ditatorialmente até 1990, quando protestos oposicionistas e pressões internacionais o levaram a permitir o pluripartidarismo.

As primeiras eleições livres, em 1991, deram ampla maioria parlamentar à oposição, cujo líder, Girija Prasad Koirala, do Partido do Congresso Nepalês, assumiu o cargo de primeiro-ministro. Em novembro de 1994, o Partido Unificado Marxista-Leninista venceu as eleições parlamentares. Pela primeira vez o país passou a ser governado pelos comunistas. Nas ruas, este povo místico e tremendamente criativo comentava que, escorraçado da Rússia, Marx se mudara para o Himalaia.

O Poder Legislativo era bicameral, composto por uma Câmara dos Representantes, com 205 membros eleitos pelo voto direto, e um Conselho Nacional, com sessenta membros, dos quais dez eram nomeados pelo rei, 35 eleitos pela Câmara dos Representantes e os outros quinze por um colégio eleitoral formado por comitês locais, para mandatos de cinco e seis anos, respectivamente.

As transições estavam sendo bruscas demais para um povo acostumado apenas a obedecer às ordens das elites corruptas do país. Assim, as eleições passaram a ser mais uma forma de expressar descontentamento por tanto tempo de ditadura do que uma opção consciente por um novo regime. Os nepaleses estavam muito contentes com o pluripartidarismo, chegando mesmo a ostentar um certo orgulho quando diziam isto para os visitantes, em Katmandu.

— Quantos partidos vocês têm no Brasil? — era uma pergunta comum feita pelos jovens nas ruas da cidade. Para eles, quanto mais partidos um país tinha, mais democrático era.

Nação pobre, com uma renda per capita anual de 190 dólares, tinha uma das maiores densidades demográficas da Ásia, com 157 habitantes por quilômetro quadrado, três vezes mais do que o Rio Grande do Sul. A população nepalesa era constituída por doze etnias, com mais de trinta dialetos, mas não havia rivalidades. Cada mulher tinha uma média de cinco filhos, e a taxa de analfabetismo chegava a estonteantes 74%. A agricultura era intensa, especialmente nas terras férteis do sul, e empregava 90% da mão-de-obra adulta, tornando o país grande fornecedor de arroz para a região.

No começo tive uma má impressão da cidade. Muita pobreza, muita gente nas ruas e um trânsito caótico, onde pedestres, ciclistas, motoqueiros, riquixás (triciclo montado sobre uma bicicleta), *tuk tuks* (triciclo montado sobre uma lambreta) e motoristas impacientes fundiam-se em uma nuvem amarelada de poeira e ao som ensurdecedor das buzinas. Além disso, as vacas passeavam livremente, muitas vezes metendo suas caras de tédio dentro das lojas, olhando ao redor e seguindo seu caminho, ruminando por entre a multidão.

A vaca era o animal nacional do Nepal, símbolo da fertilidade e prosperidade, dando-lhes os chamados cinco presentes: leite, iogurte, manteiga, esterco e urina. Adorar e proteger as vacas é um antigo costume hindu, especialmente porque a consideram uma segunda mãe, por fornecer leite para as crianças, manteiga para os adultos e esterco e urina para a terra. Seus donos as ordenhavam, pela manhã, e as soltavam na cidade para buscarem seu próprio alimento. Junto com os cachorros, elas ficavam chafurdando nos lixos deixados nas ruas, procurando comida.

Já os touros não tinham dono. Segundo um costume hindu, onze dias após a morte de um homem, seu filho escolhia um touro, marcava-lhe o couro com o tridente em brasa de Shiva e o soltava, como um memorial vivo do seu proprietário. Perambulavam pelas ruas até alguém os enxotar para o campo, onde viviam o resto dos seus dias lembrando a todos estar ali um animal dedicado aos deuses.

O centro comercial da cidade e os bairros vizinhos apresentavam o mesmo desenho: construções baixas com sacadas talhadas em madeira na parte de cima, moradia das famílias, e pequenas lojas escuras no térreo, onde se comercializava todo tipo de mercadorias imagináveis, desde verduras até tapetes tibetanos, passando por finas sedas e produtos religiosos. Na verdade não existia uma porta que não fosse um pequeno comércio.

As ruas eram estreitas, escuras, sem calçadas e com muito lixo jogado no chão. A cada esquina um pequeno templo, abrigando uma divindade, e muitas oferendas ao redor: comidas, moedas, fitas, flores, óleos, incensos e grãos, atraindo muitos cachorros, tudo exalando um cheiro agridoce muito forte.

Fiquei meio tonto, com um zumbido na cabeça e uma certa angústia me oprimindo o peito. Mas estava acostumado com este tipo de situação. Aliás, fora exatamente para levar este choque cultural que eu atravessara dois oceanos. Costumava dizer que, quando uma cidade não me espantava mais, havia chegado a hora de ir embora, conhecer outros lugares surpreendentes. E eu sabia, até com uma certa melancolia, que em poucos dias estaria tão bem ambientado em Katmandu a ponto de sentir tédio neste caos oriental.

No fim da tarde, depois de bater pernas sem rumo pelas ruas desalinhadas da cidade, senti fome. Entrei em uma das muitas padarias existentes na área comercial e comi maravilhosos doces hindus acompanhados de café com leite. Fazia calor, o clima estava abafado, e uma nuvem parda pairava sobre a cidade, mistura da fumaça saída dos escapamentos dos carros com poeira levantada pelos transeuntes andando apressadamente pelas ruas sem calçamento. Alguns comerciantes espargiam água em frente às suas lojas para amainar um pouco a situação. Como era meu primeiro dia, ainda caminhava desconfiado pelas ruazinhas estreitas, prestando atenção em quem se aproximasse muito de mim.

Ao voltar para o hotel passei, sem querer, por uma das ruas mais importantes de Katmandu nos anos 60 e 70, com uma história toda especial para a geração que me antecedeu.

Naquela época Katmandu fazia parte da rota dos três Ks, juntamente com Kabul, no Afeganistão, e Kuta, em Bali, para onde convergiam, por terra, partindo da Europa, multidões de hippies em suas kombis psicodélicas, em busca de haxixe e heroína baratos e de boa qualidade. Eles tinham até uma rua especial para se encontrarem na cidade, chamada Jochne, logo rebatizada Freak Street, um ponto de encontro de cabeludos de todas as partes do planeta.

A cidade era um centro de reunião, uma encruzilhada de diversos caminhos, um local perfeito para trocar informações e experiências de viagem, uma parada obrigatória de todos que peregrinavam pela Ásia.

Mas as coisas mudam, especialmente as pessoas. Os hippies dos anos 60 trocaram o cigarro de maconha pelo bastão de *trekking* e se transformaram nos *trekkers* politicamente corretos do terceiro milênio. E mudaram também seu ponto de encontro. Abandonaram a Freak Street, que deixou de ser a rua dos viajantes alucinógenos e voltou ao que tinha sido nos últimos quinhentos anos, e foram alguns quilômetros para o norte, estabelecendo-se no Thamel, o atual bairro de Katmandu onde se encontravam *trekkers* vindos de todos os lugares do mundo. E era para lá que eu pretendia ir no dia seguinte.

Por hora, eu precisava mesmo era passar outra noite na horizontal, adaptar-me a mais um fuso horário. Nas últimas semanas, embora meu relógio marcasse também o horário brasileiro, normalmente eu não sabia se meus amigos estariam dormindo ou acordados na América do Sul.

Antes de viajar para o Nepal havia lido tantos livros de viajantes elogiando o Thamel que estava ansioso por conhecê-lo. Levantei disposto, tomei um rápido café no jardim do hotel e fui para lá. Caminhei três quadras e ingressei em um território formado por estreitíssimas ruas, abarrotado de gente de todos os países imagináveis e um dos comércios mais frenéticos que já vira. Era mais fantástico do que eu esperava.

O Thamel era um pequeno bairro em cujas ruas ficavam as *guest houses*, hospedarias baratas apinhadas de mochileiros. Uma das mais bonitas, a Katmandu Guest House, com um imenso jardim na frente, onde garçons educados e falando um ótimo inglês serviam comida e todos os tipos conhecidos de drinques, no melhor estilo ocidental, estava sempre cheia de gente. Ficava no centro do bairro e cobrava 2 dólares por um quarto.

Aqui estavam também as livrarias — diversas delas —, vendendo livros, jornais locais, europeus e americanos, revistas em inglês, francês e alemão, pôsteres gigantes do Himalaia, mapas, papéis de carta artesanais feitos de arroz e cartões-postais. O grande destaque ficava com a Pilgrims Book House, a maior do Nepal e a mais bem sortida loja de livros sobre o Himalaia em todo o mundo. Vendiam também discos, fitas K-7 e de vídeo, e o café, em um jardim nos fundos da casa, estava sempre fervilhando de gente. Completamente informatizada, possuía um *site* na Internet e atendia, pelo reembolso postal, clientes de todos os lugares da Terra.

Os pequenos restaurantes eram tantos, e de tantos tipos, e tão baratos, que davam à gente vontade de substituir o *trekking* por uma jornada de gastronomia. Serviam comida paquistanesa, indiana, tibetana, chinesa, tailandesa, mexicana, italiana, francesa... Até comida nepalesa tinha! Todos possuíam um imenso jardim, na frente ou nos fundos, ou então um terraço amplamente arborizado.

Tão logo escurecia, os *pubs* abriam para o *happy hour*, quando bandos de estrangeiros, falando as mais diversas línguas, bebiam cerveja, comiam *momo* — um pastelzinho tibetano feito com carne de iaque e muito tempero — e dançavam rock, jazz, reggae e música folclórica do Nepal, tudo na maior confraternização. Os garçons locais, muito simpáticos, normalmente convidavam os clientes para dançar. O que, aliás, me colocou em uma situação embaraçosa no dia seguinte. As pessoas podiam entrar sozinhas, mas imediatamente estavam fazendo parte de algum grupo.

— Os tipos físicos aqui são tão estranhos, o ambiente tão surrealista, que me lembra aqueles bares interplanetários dos filmes de ficção científica — comentou uma jovem austríaca recém-chegada à minha mesa, cujo nome nunca fiquei sabendo.

As padarias serviam chá com bolos, cucas e todo tipo de pão, feitos na hora, com o trigo colhido nos próprios limites da cidade. Os cafés tinham filas, os minimercados — onde os viajantes economicamente corretos se abasteciam — não davam conta de atender a tanta gente, e as lojas de discos ofertavam músicas folclóricas do Tibete, Nepal e Índia.

As minúsculas agências oferecendo serviços de correio, telefone e *e-mail* estavam sempre lotadas, assim como as lojas de tapetes tibetanos, artigos religiosos e produtos típicos do Nepal, como instrumentos musicais, incensos, facas gurkhas, camisetas, esculturas, entalhes em madeira e pinturas primitivistas.

As agências de viagens, especialmente as que organizavam *trekking*, *rafting*, safári, passeios de balão pelo vale ou de jatinho ao redor do Everest, borbulhavam de gente, bem como as casas de câmbio e as lojas de equipamentos de montanhismo, onde se podia comprar a última bota de *Goretex* lançada em Londres por 25% do valor que se pagaria na Inglaterra.

Nas ruas estreitas, vans cheias de turistas chegando e saindo dos hotéis, carros buzinando, *tuk tuks* e riquixás disputando cada palmo da viela sem calçada com jovens — e alguns não tão jovens! — mochileiros loiros, morenos, orientais, cabeludos, carecas, masculinos, femininos, indecisos... Até um brasileiro havia por ali, meio perdido no meio de toda esta confusão. Perdido, não indeciso!

As pessoas carregavam grandes mochilas, como se estivessem partindo neste momento para o Everest. Calçavam pesadas botas, vestiam bermudas e coloridas camisetas estampadas com os olhos de Buda. Andavam em grupos entrando e saindo freneticamente das pequenas lojas uma ao lado da outra, em toda a extensão do bairro. Pareciam querer comprar tudo que estivesse à venda, antes que algum outro aventureiro o fizesse.

Não bastasse isto, os vendedores ficavam na porta das suas lojas quase puxando para dentro os incautos que ousassem dar uma olhadinha na vitrine. Os produtos eram bons, bonitos, exóticos e baratos. Os nepaleses eram ótimos vendedores. Aceitavam dólar, libra, marco, cartão de crédito. Entregavam no hotel, entregavam na hora, faziam pacotes à prova de viagem de avião, mesmo se você fosse — o que normalmente acontecia — para o outro lado do planeta.

Na rua os donos de riquixás ofereciam transporte. Garotos perguntavam se você queria fazer um *trekking*. E era impossível dar um passo sem alguém perguntar se você queria um cigarro. E se você queria, era porque fumava. E se você fumava, bem, então ele oferecia haxixe. Mas se você não queria comprar haxixe, eles tinham marfim, estatuetas de Buda feitas de jade, raridades arqueológicas, peças de ouro, prata, facas gurkhas surrupiadas do exército, pinturas e instrumentos musicais vindos dos mosteiros budistas do interior...

— *Good price, sir!*

E garantiam ser tudo verdadeiro e da melhor qualidade!

Era o caos mais maravilhoso e colorido que alguém poderia encontrar em uma das tantas encruzilhadas deste planeta. Este não era um lugar para ser visitado em uma tarde, mas em muitas tardes. Por isso, nas semanas seguintes não deixei de ir ao Thamel um único dia.

Passei todo o meu segundo dia na cidade vagando pelo Thamel. Ao voltar para o hotel, o gerente, sempre muito solícito, informou-me que seu irmão tinha uma agência, poderia organizar todos os passeios existentes no subcontinente, especialmente *trekking* e uma visita ao Tibete. Agradeci e respondi que, tão logo decidisse o que fazer, falaria com ele. Que não esqueceu, pois todos os dias, quando me preparava para sair do hotel, perguntava-me se não queria ser apresentado ao irmão, cujo escritório ficava bem pertinho, na entrada do Thamel.

Outro local fantástico era a praça Durbar — praça dos Palácios —, com seus 49 templos, cada qual mais majestoso do que o outro, no coração da Katmandu antiga, um lugar destes que, quando nele chegamos, dele não queremos mais sair. Ponto de convergência de diversas ruas, aqui começara a história desta impressionante cidade.

Katmandu foi fundada no ano 723 pelo rei Licchavi Gunakamadeva, na confluência dos rios Bagmati e Vishumati, no entroncamento de duas importantes rotas comerciais entre a Índia e o Tibete. A pequena aldeia cresceu rapidamente, tornando-se ponto de troca entre as caravanas que passavam pelo local.

Em 1596, o rei Laksmina Malla mandou derrubar os casebres ao redor do mercado e ergueu ali um imponente prédio, em estilo pagode newar, construído com a madeira de uma única árvore para abrigar os mercadores e que ainda podia ser visitado, pois mais tarde foi transformado em um importante templo hindu. Deram ao palácio o nome Kastamandap, do qual se originou a palavra Katmandu.

O templo Kastamandap (*kasta* significava madeira e *mandap*, pavilhão) foi dedicado ao deus Goraknath, cuja imagem — coberta por oferendas — encontrava-se no centro do prédio, que ainda permanecia aberto como no tempo em que servia de abrigo aos caravaneiros que por aqui passavam. E, somente por isto, podia ser visitado por pessoas que não fossem hindus.

Nas escadarias externas do templo havia uma grande quantidade de pequenos comerciantes vendendo comida, artigos religiosos, incensos, frutas, legumes, verduras e temperos, produzidos nas pequenas chácaras do vale ao redor da cidade. Aliás, esta era uma impressionante característica da praça Durbar: embora fosse um valioso museu ao ar livre, um amplo comércio funcionava nas escadarias dos seus palácios, uma atividade que vinha se repetindo, todos os dias, há mais de mil anos, colorindo de vida estes sisudos prédios.

Ali perto ficava o palácio Kumari Bahal, residência da Kumari Devi, a deusa viva de Katmandu. As estátuas de dois imensos leões pintados de branco guarneciam a entrada do templo, construído no estilo dos mosteiros budistas do vale, há quase trezentos anos. Feito de estuque e decorado com portas e janelas de madeira minuciosamente entalhadas, servia de residência à jovem deusa e de templo hindu, tornando sua entrada também proibida aos não-hindus. Estes podiam visitar apenas o pátio do palácio. Os templos hindus não permitiam a entrada de pessoas de outras crenças, nem mesmo os ocidentais convertidos ao hinduísmo.

A Kumari era escolhida entre as jovens da casta newari shakia. Ela não podia ter marcas ou feridas no corpo e deveria possuir 32 sinais particulares, entre os quais o de permanecer impassível diante do pânico. Acreditando ser uma reencarnação da deusa Durga, ela mudava-se para este palácio e recebia o tratamento de divindade, inclusive da família real. Mas perdia sua santidade com o advento da primeira menstruação, quando deixava de ser uma pessoa pura, voltando à vida normal, sem a menor regalia. Procedia-se à escolha da sua sucessora, mantendo viva a tradição há mais de duzentos anos.

No outro lado da rua ficava o Palácio Real Hanuman Doka, até o século passado residência do rei. Tinha este nome por ser dedicado a esta divindade, cuja imagem ficava sobre um pedestal na porta de entrada do prédio, desde o ano 1672. O deus macaco estava embaixo de uma sombrinha dourada, tinha o corpo coberto por um manto vermelho e a face lambuzada com óleo de mostarda, constantemente renovado pelos fiéis enfileirados em sua frente, ininterruptamente, nos últimos trezentos anos. Herói do poema épico hindu Ramaiana, era considerado protetor dos guerreiros. Não por acaso guarnecia a entrada do Palácio do Governo.

Em frente estava o templo Maju Deval, erguido em 1690 e dedicado ao deus Shiva. Construído em terracota, o pagode tinha em seu interior, na parte superior, a escultura gigante de um *linga* (órgão sexual masculino), introduzido em uma *yoni* (órgão sexual feminino), simbolizando a força reprodutiva de Shiva. Como a maioria dos templos hindus da praça

Durbar, ele tinha uma ampla base que ia diminuindo, em terraços, enquanto subia, como se fosse uma grande escadaria, onde as pessoas sentavam para tomar sol e conversar.

Entre os quase cinqüenta prédios centenários desta praça, um dos mais imponentes era o Teleju, construído em terracota em 1564, também em estilo pagode. Com 36 metros, era o mais alto edifício da praça Durbar, estava ricamente decorado com trabalhos em bronze, madeira e ouro. Fechado ao público, só a família real podia entrar para realizar suas preces. O templo foi erguido para guardar a imagem da deusa Teleju, trazida para cá depois de danificada por um rei Malla, no século XIV, por não ter podido casar com a mulher amada, pertencente a outra casta. No passado, sacrifícios humanos eram realizados neste local.

Mas para mim o mais interessante eram os personagens da praça Durbar, especialmente os *sadhus*. Assim como Buda — para os hindus uma das tantas reencarnações de Shiva —, que abandonou sua luxuosa vida de príncipe para dedicar-se ao crescimento espiritual, os *sadhus* também renunciaram à vida material para dedicarem-se a uma intensa vida interior.

No hinduísmo, o *darma* era a lei universal, fazendo com que cada coisa estivesse no seu devido lugar e desempenhasse exatamente o papel que lhe cabia na ordem cósmica. Podia-se dizer que era o método pelo qual os hindus procuravam chegar a Deus.

A vida pessoal estava dividida em quatro etapas pelas quais se devia passar, no decorrer de cada uma das suas encarnações, a partir da puberdade. Na primeira etapa, esperava-se que o jovem, sob a direção de um mestre, adquirisse disciplina e se preparasse para as responsabilidades da vida de chefe de família, que constituía o segundo estágio, no qual deveria assumir as múltiplas tarefas mundanas apropriadas ao seu papel. A terceira etapa exigia que o indivíduo se desligasse dos envolvimentos terrenos, abandonasse seu lar e suas posses e se retirasse para as montanhas ou florestas como anacoreta, preparando-se para o último degrau, quando, desprezando todos os laços mundanos, tornava-se peregrino mendicante e se entregava inteiramente à vida contemplativa.

Para cada etapa da vida havia um *darma* diferente: o chefe de família, por exemplo, devia ganhar o máximo possível de dinheiro para sustentar a casa e distribuir entre os necessitados. Mas, ao atingir o último estágio e tornar-se um *sanyasin*, não podia ganhar nem possuir nada, vivendo unicamente de esmolas. O *sanyasin* precisava entregar-se com ardor à busca de Deus e da libertação na castidade mais completa, na pobreza mais absoluta e no mais radical desinteresse pelas coisas deste mundo. O ideal de velhice no hinduísmo, ao contrário do Ocidente, não era a segurança econômica, mas o despojamento de tudo, inclusive de um lugar onde se abrigar, até o dia em que seria abandonado também o corpo, como se fosse apenas uma roupa velha, sem mais utilidade.

As dores e as alegrias desta vida não tinham propriamente existência em si, eram ilusões, e o envolvimento nelas bloqueava a chegada ao nirvana.

Assim, um *sadhu* podia ter sido um homem de negócios, um professor ou um lavrador que em determinado momento sentiu que estas atividades, da mesma forma que a vida familiar, tinham chegado ao fim. Então, deixava tudo de lado e partia a perambular em busca da verdade. Eles não tinham casa e sempre viajavam com um jarro, utilizado para pedir esmolas nas ruas, onde todos contribuíam, porque os *sadhus* eram considerados homens sagrados.

Os *sadhus* podiam ser seguidores dos deuses Shiva ou Vishnu. Os seguidores de Shiva eram conhecidos como shaivas, pintavam a frente do corpo com linhas horizontais e peregrinavam com o *trisul*, o tridente símbolo de Shiva. Os *sadhus*, seguidores de Vishnu, eram chamados vaisnavas e se pintavam com linhas verticais.

Mas era importante saber distinguir, na praça Durbar, os verdadeiros *sadhus* daqueles que estavam aqui apenas para posar para fotografias e arrancar dinheiro dos turistas. Mesmo não sendo um especialista na religião hindu, esta não era uma tarefa difícil, pois de longe se notava quem se desligava do mundo material por devoção à sua crença, contrastando com aqueles que "se desligavam do mundo material" para tirar dinheiro dos forasteiros.

Os *sadhus* ficavam perambulando pela cidade, especialmente na praça Durbar, onde havia grande movimento. Muitos carregavam um pequeno balde com um pó vermelho aderente. Eles pegavam uma pitada do pó e grudavam na testa dos passantes. Desejavam "boa sorte e longa vida" e recebiam um donativo. Faziam isto tanto com os turistas quanto com os nativos, e não se deixar pintar significava uma grande ofensa à divindade representada pelo *sadhu*.

Eu dividia meus dias em Katmandu em três partes. Pela manhã, depois do que eu chamava de café/almoço, tal era a quantidade de comida servida no jardim do hotel, no *breakfast*, visitava um novo local. Depois me dirigia à praça Durbar para conversar com meus novos amigos, tomar sol e curtir o clima medieval do local. Comia um lanche e, à tardinha, me arrastava para o Thamel, onde caminhava, vagava pelas lojas, conhecia um novo amigo no *happy hour* em algum dos diversos bares e depois ia jantar. Bem mais tarde voltava para dormir no hotel.

Tão logo me aproximava da praça Durbar, grupos de rapazes vinham puxar conversa, oferecer alguma coisa para vender. E se, mesmo assim, eu não queria comprar nada, tudo bem. A pessoa continuava caminhando ao meu lado, perguntava de qual país eu era e logo estávamos "íntimos". Era espantoso, mas independentemente do país que dissesse ter vindo, sempre sabiam alguma coisa para levar a conversa adiante. E, quando falava do Brasil, o conhecimento que tinham do nosso futebol era fantástico. Aliás, a paixão dos nepaleses pelo futebol brasileiro iria me propiciar, dias depois, na Estrada do Everest, um dos momentos mais emocionantes que já tivera longe de casa.

Quase sempre o rapaz começava a explicar os monumentos da cidade, os pequenos templos das diversas divindades existentes a cada 100 metros. E, quando eu dizia não querer um guia, normalmente alegavam

— fazendo cara de ofendidos — que não eram "um guia", mas um amigo. Um novo amigo. E, a propósito, como era bom ter um novo amigo, de um país distante. Especialmente do Brasil, que tinha Romário, Bebeto...

— Olha só — eles diziam —, eu tenho amigos em diversas partes do mundo. Se você quiser ver, posso mostrar as cartas que me mandam.

E se o amigo brasileiro não se importasse, gostariam de aproveitar a oportunidade para praticar um pouco de inglês.

Essas técnicas de abordagem muitas vezes deixavam os turistas exasperados, e muitos chegavam a ser rudes com os rapazes, que estavam apenas querendo ganhar algum dinheiro. Muitos turistas mostravam os livros comprados, especialmente os guias de viagens, e diziam serem estes melhores do que os guias humanos do Nepal.

Os guias de rua eram persistentes — como deve ser todo vendedor! —, mas não eram mal-educados nem agressivos. Se você dizia com firmeza — sem precisar ser grosseiro — que não queria os seus serviços, imediatamente se despediam e partiam em busca de outro turista. Um dia, ao se afastar, um deles me disse:

— Desculpe, senhor, mas conversar é de graça.

Eu acabei fazendo amizade com eles e passávamos horas conversando, sentados nas escadarias dos prédios na praça Durbar, observando os turistas, mais exóticos do que os templos seculares da cidade.

Quando uma van parava na entrada da praça, um grupo de turistas descia rapidamente, fascinado com o local. Conversavam, tiravam fotos, filmavam, consultavam seus guias de viagem, compravam cartões-postais e se arrepiavam com o cheiro forte de incenso queimando no meio da rua, do esterco das vacas e dos cães procurando comida nos montes de lixo. No instante seguinte já estavam com aquela cara de tédio, de quem já vira tudo que tinha de importante para ser visto neste local. Então voltavam rapidamente, sempre aos grupos, para a van e seguiam para a próxima praça, onde chegavam, fotografavam...

Os japoneses eram os mais interessantes, especialmente devido à grande capacidade de tirar fotos. Cheguei a ver um rapaz carregando duas máquinas fotográficas — uma em cada ombro —, uma filmadora pendurada no pescoço e um tripé amarrado nas costas. E sua jaqueta, no melhor estilo "fotógrafo profissional", tinha tantos bolsinhos, com tantos objetos em cada bolso, que fiquei imaginando quantas horas havia levado para se arrumar no hotel.

Aparecia também o pessoal mais descolado. Normalmente eram jovens casais europeus; carregavam bolsas de crochê a tiracolo, calçavam sandálias de couro e vestiam calças tibetanas — vendidas nas ruas do Thamel a 5 dólares — e camisetas com inscrições tais como "Free Tibet" e "Save the whales". E eram também os mais grosseiros com meus amigos guias de rua, pois com seus *Lonely Planet* embaixo do braço se consideravam *experts* em tudo.

Havia também alguns desocupados, como sempre existe em qualquer praça do mundo. Não tendo mais o que fazer, ficavam sentados nas escadarias dos templos, tomando sol, conversando fiado e bisbilhotando a vida alheia.

Durante as semanas em Katmandu esta foi a minha "atividade" preferida. Sentar nas escadarias dos templos hindus na praça Durbar, observar os turistas e conversar com os guias de rua. Embora insistissem em me explicar o significado deste ou daquele monumento, eu queria mesmo saber era a forma como viviam, o que só se conseguia depois de conquistar a confiança deles.

Os homens mais velhos usavam a *daura suruwal*, uma calça fofa por baixo de uma longa túnica branca, ambos sob um colete preto, aberto na frente. E na cabeça o *topi*, um quepe sem abas. Os mais jovens se vestiam de forma ocidental, embora dificilmente usassem jeans. Durante todo o tempo em que estive no país, vi apenas duas pessoas usando calças jeans. Já as mulheres casadas, independentemente da idade, usavam a *choli*, uma miniblusa por baixo do tradicional *sari* indiano, uma faixa de 5 metros de tecido cobrindo-lhes o corpo, deixando apenas a cintura à mostra. Como eram baixinhas e gordas, suas barrigas destoavam completamente dos seus bonitos trajes. As solteiras usavam o *punjabi*, uma espécie de túnica, aberta nos lados, deixando à vista largas calças cujo comprimento descia até a panturrilha.

Além das roupas coloridas, as mulheres se deliciavam em adornar o corpo com diversos enfeites, com muitas flores vermelhas prendendo suas longas tranças de cabelos pretos e lisos. A *tika*, um sinal feito com pó vermelho enfeitando a testa, era usada por todas as mulheres casadas. E, em ocasiões especiais, como nos casamentos, elas acrescentavam iogurte e arroz ao pó, em uma demonstração de bênção, pois o sinal representava o terceiro olho de Buda.

As jóias, para as nepalesas, significavam bem mais do que simples adornos e símbolo de *status*. Como não podiam ter bens pessoais, que pertenciam somente aos maridos, suas únicas riquezas eram o que carregavam no corpo. Assim, abusavam de colares, gargantilhas, brincos, braceletes e *piercings*, todos de prata e ouro.

A sociedade era fundamentada na família, e a lealdade de cada indivíduo para com seus parentes excedia a obediência às castas, grupos étnicos e mesmo à nação. Esta característica cultural era tão marcante, que a própria língua nepali tinha até doze termos para expressar parentesco.

As crianças eram consideradas verdadeiros tesouros na sociedade nepalesa, especialmente as masculinas, e casais sem filhos chegavam ao ponto de serem discriminados. Se uma mulher não engravidasse em um período de dez anos após o casamento, o marido podia substituí-la por outra, fazendo dela uma pária.

As crianças recebiam seus nomes onze dias após o nascimento. Ao nome de família eram acrescentados os prenomes, normalmente de divindades como Shiva, Ganesh; nomes auspiciosos, como Lótus, Vitória, ou o nome do dia da semana em que a criança nasceu. Existia também uma hierarquia cronológica entre os nomes dos irmãos. Em ordem de nascimento, se fosse homem, o mais velho se chamaria Jetha, o próximo Maila e assim por diante. Se fosse mulher, a mais velha se chamaria Jethi, a próxima Maili... Este sistema nomeava até dezesseis crianças.

Após a idade de oito anos, as crianças passavam por um rito que lhes dava individualidade para iniciarem suas vidas pessoais. As meninas, em grupos de doze, eram levadas a um templo, onde um religioso oficiava seus casamentos com o deus Vishnu. Assim, mesmo que seus futuros maridos viessem a morrer, elas manteriam o *status* de mulheres casadas.

O casamento era o maior evento na vida de um nepalês. Realizado com grande pompa, a cerimônia muitas vezes endividava por muitos anos uma família pobre. Segundo as crenças ortodoxas hindus, o pai devia arranjar casamento para sua filha quando ela atingisse a idade de oito anos. Mas os costumes ocidentais, chegados ao Nepal especialmente através do cinema e das revistas, fizeram a média de idade dos casamentos subir para treze anos, e atualmente dificilmente acontecem antes dos dezessete ou dezoito anos.

Apesar dessa evolução, os casamentos ainda eram determinados pelos pais, por serem considerados uma parceria econômica e social com o objetivo de criar uma família. Muitas vezes, os noivos se conheciam apenas no dia da cerimônia. E o mais impressionante era muitos jovens terem me garantido que casamentos "por amor", assim como chamavam o casamento ocidental, normalmente duravam apenas dois anos, enquanto os arranjados pelas famílias permaneciam a vida toda.

Isto se explicava, em parte, porque, na sociedade local, o casamento era mais uma união entre duas famílias do que entre dois indivíduos. A data da cerimônia era marcada por um astrólogo, procurando estabelecer um dia em que houvesse compatibilidade entre os noivos. A festa durava vários dias, e as despesas eram divididas entre as duas famílias.

Embora a poligamia tivesse sido proscrita em 1950, homens com boas condições financeiras normalmente tinham duas ou três esposas, especialmente no interior do país. Além de tomar conta do marido e dos filhos, a mulher devia também cuidar dos parentes do esposo, especialmente a sogra, a quem devotava obediência total. Ela só ascendia na família com o passar dos anos, quando seus filhos casassem e ela tivesse suas próprias noras.

A cozinha é um lugar sagrado em uma casa hindu, não sendo permitida a entrada de pessoas pertencentes às castas mais baixas. Como consideravam os estrangeiros integrantes destas castas, para evitar constrangimentos nunca entrei em uma cozinha enquanto estive em Katmandu. Tampouco deixei de tirar os sapatos sempre que meus amigos convidavam-me para visitá-los, assim como nunca fiz uso da mão esquerda para alimentar-me. No Nepal, como eles não utilizavam papel higiênico, limpavam-se com um jato de água, usando a mão esquerda, tornando-a impura para qualquer outra atividade. Impura também era a vasilha na qual se bebia a água. Por isto, aprendi a lançar a água na boca sem o copo, ou a caneca, tocar meus lábios.

Os rapazes andavam na rua de mãos dadas, abraçados e muitas vezes com as cabeças encostadas, como alguns dos nossos adolescentes apaixonados nas praças do Brasil. Já um homem e uma mulher jamais eram vistos tocando-se em lugares públicos.

Este aprendizado sobre a etiqueta nepalesa, feito nos dias em que estive em Katmandu, fora-me de grande importância no interior do país. O conhecimento e o respeito pelos costumes locais, bem mais conservadores nas zonas rurais, aproximaram-me muito dos nativos, ganhando-lhes confiança e simpatia, podendo assim aprender mais sobre sua cultura.

Um dia por semana faltava luz em um determinado bairro, entre seis e sete da tarde, devido ao racionamento de energia elétrica determinado pelo governo. Quando era a vez do Thamel, eu entrava na livraria Pilgrims, uma das únicas lojas com gerador próprio, e ficava vasculhando os livros.

— Vou levar este — dizia para o balconista, no caixa da loja. O rapaz já me conhecia tão bem que não consultava mais o banco para obter a autorização do cartão de crédito.

— Conte-me mais sobre o carnaval no Brasil — ele ia falando, enquanto preenchia o formulário e fazia o pacote.

— Já lhe contei tudo sobre o carnaval do Brasil. Agora é a vez de você me contar sobre o Nepal.

Nas viagens, sempre levo junto um pequeno malote de lona, onde vou colocando os livros que acabo comprando. Quando está cheio, passo o cadeado e o despacho para o Brasil pelo Federal Express. Embora seja um pouco caro, sai sempre mais barato do que pagar excesso de bagagem no avião. Sem contar o desconforto de andar carregando algo tão pesado. Mas desta vez, quando me dei conta do preço do frete, apavorei-me.

— Está muito caro — reclamei com o atendente. — Estou acostumado a despachar este malote por vocês e nunca paguei tanto.

— É pelo peso — ele explicou.

E mostrou-me a balança. Eu havia comprado 14 quilos em livros ao final de algumas semanas em Katmandu. Minha biblioteca, especializada em livros sobre viagens, acabara de ter seu acervo, de cerca de 1.000 títulos, enriquecido em mais quarenta exemplares.

Outro dia entrei no Maya, um dos melhores *pubs*, ao final de uma tarde muito quente, para comer um lanche e tomar uma cerveja gelada. Eles serviam o melhor *momo* da cidade e a música era muito boa, pois intercalavam jazz e reggae com música local. Havia um novo garçom, alto, moreno e muito simpático, com longos cabelos presos em forma de rabo-de-cavalo, que servia as mesas dançando. Quando o som começou a tocar *Resham Firiri*, uma melodia folclórica muito popular entre os nepaleses, um ritmo bem dançante, ele me "tirou" para dançar.

— Meu amigo — disse-lhe —, passei a vida toda torcendo para que alguém me convidasse para dançar. Só não esperava que, quando isto finalmente acontecesse, fosse um homem!

Mas ele continuava insistindo. Ficou dançando na minha frente e, com o braço estendido em minha direção, fazia sinal com o dedo, puxando-me para o centro do bar. Meu constrangimento só passou quando um holandês, da mesa ao lado, vendo minha aflição, levantou e foi dançar com o garçom.

Terminada a música, os holandeses me convidaram para a sua mesa. Demos boas risadas e acabamos ficando amigos. Conversamos muito, enquanto na pista os rapazes dançavam e nas mesas as mulheres bebiam cerveja.

— Aqui no Nepal faz parte da cultura homem dançar com homem. Eles não têm a malícia que temos na Europa. Se são amigos, por que não podem se divertir juntos? — perguntou-me George, o cara que me tirou da fria. — Além do mais, é muito típico — concluiu, dando uma grande gargalhada, enquanto empinava mais um copo de cerveja.

Deixei-o sem resposta, pois respeito as culturas por onde passo. Mas fiquei-lhe grato por ter me livrado desta, embora tivesse passado o resto da noite pagando cervejas para a turma. Gastei tanto que, sinceramente, deveria ter dançado com o garçom.

Pelo sim, pelo não, a partir desta noite mudei de *pub*. Passei a freqüentar o Sherpa's, que também era ótimo e os garçons não eram assim "tão" típicos.

Na praça Durbar, em frente ao templo de Shiva, alguns rapazes passavam as tardes jogando bolinhas de gude. Havia um boco e uma raia. Eles arremessavam a bolita em direção à raia. Quem ficasse mais perto, era o primeiro a jogá-la no boco. Depois, cada vez que um nicava na bolita do outro, ganhava 5 rupias, pouco menos de 10 centavos de dólar. Mas o curioso era a forma como jogavam a bolita: prendiam-na entre as pontas internas do polegar e o indicador — como quem está catando uma pedrinha no chão —, apertavam os dedos e ela saltava, certeira, em direção à outra.

Quando me mudei para Cachoeira do Sul, aos dez anos, para continuar estudando, fui morar na casa da minha tia, Edith. Meu tio, Lucival, era ferroviário, e vivíamos ao lado da linha do trem, em uma rua sem saída, chamada Beco das Viúvas, tamanha a quantidade de viúvas morando no local.

Havia um rapaz dono da maior coleção de bolinhas de gude do Beco, o que para nós, em termos geográficos, abrangia todo o mundo conhecido na época. E ele se orgulhava da sua coleção. E nós babávamos. Quando passava na rua, a gente olhava e dizia "lá vai ele". Meu primo João tinha a segunda coleção e eu tinha a terceira. Nós jogávamos muito bem, ganhávamos de todos os outros garotos do Beco, menos "dele".

Então um belo dia tive uma idéia. Propus ao meu primo juntarmos nossas coleções, o que era admissível na época, vários garotos faziam isto. Em uma jogada que mais tarde, no Curso de Pós-Graduação em Administração, na Universidade Federal, meus professores chamariam de "fusão para dominar um mercado", passamos a ter a maior coleção de bolinhas de gude do Beco das Viúvas. Nós sabíamos que, quando passávamos na rua, os outros garotos nos olhavam e diziam "lá vão eles".

Eu jogava de unhaque, uma técnica que utilizava os três primeiros dedos da mão, e era de uma pontaria infalível, bem melhor do que a forma ultrapassada dos nepaleses. Pedi ao meu amigo Raj Kumar, um jovem de dezessete anos, o guia mais esperto da praça Durbar, para me introduzir no jogo em frente ao templo de Lorde Shiva.

Ele conseguiu duas bolitas e eu entrei com 10 rupias. Embora não jogasse há uns bons trinta anos, três horas mais tarde tínhamos quinze bolitas e 150 rupias. As bolitas deixei com Raj Kumar e com o dinheiro comprei, das meninas da praça, a 20 rupias cada um — quando no Thamel custava cinco —, sete cartões-postais da Kumari.

— Pode ficar com o troco — disse para a menor delas, todo prosa.

Os nepaleses adoravam jogos. Um dos mais populares era o *carrom*, praticado sobre a tampa de uma mesa, que eles colocavam no chão e se acocoravam ao redor. Parecia um jogo de botão, embora sem bola e sem goleiro. Consistia em jogar um botão contra o outro até encostá-lo na borda da madeira. Ou tirá-lo para fora. Ou algo parecido. Este sim, por mais que tentasse, nunca consegui descobrir como funcionava. Minha impressão era que mudavam constantemente as regras, pois, quando estava prestes a entender o critério do jogo, trocavam tudo, e ganhava quem eu achava estar perdendo. Creio que era mais ou menos assim como jogavam cartas em Porto Alegre, no início do século XIX.

Borges de Medeiros foi governador do Rio Grande do Sul durante 25 anos. Um dos maiores caudilhos da política gaúcha, adorava um carteado. Contam os mais antigos que ao cair da noite ele descia as duas quadras que separavam o Palácio Piratini da Rua da Praia e ia jogar com os amigos no Clube do Comércio. Eram noitadas memoráveis, das quais participavam fazendeiros e políticos do interior do Estado, Uruguai e Argentina.

Uma noite, abandonado pela sorte e perdendo muito dinheiro, lá pelas tantas Borges de Medeiros baixou sobre a mesa uma mão com as cartas mais desencontradas que se pudessem imaginar.

— Catchanga! — disse o caudilho, enquanto passava a mão no dinheiro, com uma entonação de voz que não deixava espaço para dúvidas nem reclamações.

A noite já ia alta quando um outro jogador, um fazendeiro argentino muito rico e que jogava com o revólver 38 na cintura, perdendo muito dinheiro, baixou as cartas desencontradas e disse, com voz firme:

— Catchanga!

Mas antes que ele pudesse botar a mão no dinheiro, Borges de Medeiros baixou também suas cartas, ainda mais desencontradas do que as do argentino, e proclamou:

— Catchanga Real! — embolsando toda a parada.

Já no final da noite, o dia quase surgindo por sobre o rio Guaíba, outro jogador, desta feita um rico estancieiro uruguaio, apostando suas últimas fichas naquela sala cheia de fumaça e muitos curiosos ao redor da mesa principal, também resolveu fazer sua bravata. Baixou uma mão de cartas sem o menor nexo e exclamou:

— Catchanga Real!

Mas antes que ele pudesse botar a mão no dinheiro, Borges de Medeiros falou, calmamente e com a maior compaixão, como sempre falavam os caudilhos:

— Meu filho, Catchanga Real só vale uma vez por noite.

O vale Katmandu abrigava monumentos históricos de grande valor, sete dos quais tombados pela Unesco como Patrimônios da Humanidade. Era o centro histórico, cultural e religioso do reino, onde se concentravam templos e palácios que testemunhavam a habilidade dos antigos arquitetos e artistas da nação.

Uma manhã, quando saía para visitar Patan, a cidade ao lado de Katmandu, Amrit, o taxista que me trouxera do aeroporto para o hotel — e que sempre estava por aqui —, ofereceu-se para levar-me. Eu disse que não precisava, pretendia ir de riquixá, eram apenas 4 km. Mas ele insistiu, usando um argumento irrecusável:

— Não cobrarei nada pela corrida. Quero apenas conversar, praticar um pouco do meu inglês com o amigo.

Patan havia sido a capital de um dos três reinos Malla situados no vale Katmandu. Por isto tinha a sua própria praça Durbar, só que um pouco mais pobre e menos conservada do que a praça Durbar de Katmandu, embora muito bonita. Com 55 templos e 136 mosteiros, era o centro artístico e arquitetônico do vale.

Mas o que mais me chamou a atenção foi um elefante passeando, tranqüilamente, entre os carros ao redor da praça. Montado no enorme animal, um rapaz carregava um saco de arroz, levando para vender na cidade.

Quando voltávamos, Amrit perguntou-me:

— Então, você está gostando do hotel?

— Sim. O quarto é grande, limpo e seguro. A comida é boa e o pessoal da portaria muito gentil. E, especialmente, tem água quente 24 horas por dia, como você havia prometido.

— E quando você for fazer o safári, vai contratar os serviços da agência do irmão do dono do hotel?

— Eles têm uma agência? — perguntei, fazendo-me de desentendido.

— Sim, eles têm uma agência. Podem arranjar tudo para você, desde comprar as passagens do ônibus, alugar um carro para o safári, arranjar um passeio de elefante e reservar um bom hotel dentro do parque.

— Eu não gosto destes esquemas de agência, muito planejado, deixando pouco espaço para as surpresas — argumentei. Mas ele insistiu:

— Eu sei, mas seria bom você sair de Katmandu pelo menos com o hotel reservado. Eles podem conseguir um hotel dentro do parque, o que não será possível fazer se você chegar lá sem uma reserva.

— Bem, isto acho uma boa idéia.

— E o *trekking*, você também vai fazer utilizando os serviços da agência deles?

— Com relação ao *trekking*, apenas quero contratar um carregador e um bom guia, que conheça a região e, especialmente, me sirva de intérprete junto à população local. O resto será por minha conta.

— A agência tem ótimos guias.

— Precisa falar inglês — insisti.

— Eles falam inglês — ele respondeu.

— Deve ser uma pessoa bem esclarecida, para me dar as informações de que preciso.

— Eles são muito bem informados — respondeu gesticulando, dirigindo e buzinando ao mesmo tempo.

Amrit estava insistindo tanto, que me dei conta de que deveria levar uma boa comissão pelos serviços que eu contratasse junto ao hotel e à agência. Por isto os taxistas disputavam com tanta energia os turistas no aeroporto. Eles não ganhavam apenas a corrida, mas um cliente cativo enquanto estivesse no Nepal.

Quando voltei ao hotel, o gerente, tendo-me visto sair e chegar com Amrit, chamou-me para fazer um pedido:

— Você não deve dizer-lhe que vai contratar mais serviços nossos. Porque teremos que lhe dar uma comissão e isto, é claro, vai acabar encarecendo a sua viagem.

Por que não me avisaram antes?

No dia seguinte aluguei uma bicicleta e fui pedalando até Baktapur, a 16 km, a mais medieval e bem conservada das três cidades do vale.

Baktapur tinha uma praça Durbar tão bonita quanto a de Katmandu, mas com uma diferença: estava fechada aos carros, aos riquixás e aos vendedores ambulantes, o que a deixava com cara de museu, sem a vida agitada e colorida que fervilhava na capital. Era um local para ser apreciado pelos turistas. Para entrar, até ingresso precisávamos pagar.

Em Katmandu eu ficava pensando por que deixavam aqueles templos e palácios monumentais da praça Durbar expostos ao tráfego dos carros, aos riquixás, aos vendedores ambulantes, às vacas e aos cabritos aguardando para serem sacrificados em nome de alguma divindade. Mas agora, vendo a asséptica praça Durbar de Baktapur, confesso preferir o caos vivo de Katmandu, embora tivesse ficado feliz em encontrar aqui prédios mais bem conservados do que os de lá.

Como o Palácio das 55 janelas, um fantástico edifício com todo o segundo andar coberto por janelas ricamente entalhadas em madeira, um dos símbolos da arte do Nepal. Outro edifício impressionante era o Niatapola, o mais alto templo em forma de pagode de todo o Nepal, com cinco andares e 30 metros de altura, construído em 1708.

Havia um local em Katmandu que eu queria muito visitar, mas ainda não me considerava preparado para tanto: Pashupatinath, o mais sagrado lugar para os hindus do Nepal, onde eles cremavam seus mortos, ponto de partida no ciclo de uma nova encarnação.

Enquanto esperava estar pronto para este momento, propus ao meu amigo Raj Kumar, em uma conversa nas escadarias da praça Durbar, visitarmos o templo budista de Swaiambunath, o mais antigo e enigmático de todos os prédios do vale Katmandu, a 2 km da praça, no outro lado do rio Vishumati.

Muitos anos antes da presente época, o vale Katmandu era um grande lago rodeado por montanhas cobertas de densas florestas. Em suas profundezas morava uma enorme serpente, chamada *Naga*, dando ao lago o nome de Nagavasarada, o "lago do reino da serpente".

Naquela época, o primeiro de todos os Budas, Vipaswi, visitando em peregrinação o sagrado lago, subiu na mais alta montanha ao seu redor e jogou-lhe uma semente de lótus, prometendo um dia voltar.

A semente de lótus germinou durante oitenta anos, dando origem a uma grande flor, esparramando milhares de pétalas douradas sobre as águas do lago. No centro da flor apareceu a luz deslumbrante de Swayambhu, o autogerado. O próprio Buda veio do norte para ver esta maravilha. Ficou tão encantado, que decidiu que outras pessoas também mereciam visitar o local. Então, para abri-lo à visitação dos peregrinos, ele circundou o vale até encontrar sua borda mais baixa. E, com uma simples estocada da sua Espada da Sabedoria, abriu uma fenda na montanha, drenando a água, com a serpente saindo junto. No local, formou-se um grande vale, o vale Katmandu.

O Buda convenceu o Rei da Serpente a nomeá-lo guardião do recém-criado vale, em troca de um imenso castelo feito de ouro e diamantes. O milagroso Swayambhu iluminou o vale durante séculos, até um monge budista se aproximar do local e cobrir a luminosidade com uma pedra. E sobre ela construiu uma das mais sagradas *stupas* budistas do Nepal: Swaiambunath.

Para chegarmos à *stupa*, no topo de uma pequena montanha, foi preciso subir uma escadaria com 365 degraus. Mas valeu a pena, pois, além de conhecermos um dos templos mais fascinantes do país, tivemos uma vista completa de toda a cidade de Katmandu.

A *stupa* era formada por uma grande abóbada branca côncava, sobre a qual construíram uma base quadrada, onde estavam pintados, em cada lado, os olhos de Buda, de forma que ele pudesse ver os quatro pontos cardeais. No meio dos olhos, como se fosse um nariz, estava escrito o número cardinal nepali *ek* (um), simbolizando a unidade. Acima desse bloco se erguiam treze anéis concêntricos em forma de espiral, representando os treze passos em direção ao nirvana. E, finalmente, acima de tudo, havia uma sombrinha, significando o próprio nirvana. Entre a base e a sombrinha estavam pendurados diversos fios contendo bandeirolas coloridas com *mantras* budistas escritos em tibetano.

No interior de um dos diversos templos ao redor da *stupa* se realizava um casamento. Como normalmente era difícil fotografar o interior dos templos budistas, por serem escuros, aproveitei os refletores instalados pelo fotógrafo da cerimônia e tirei muitas fotos. No final do ato religioso, uma pessoa, que julguei ser parente dos noivos, veio falar comigo. Sem entendê-lo, apenas sorri e dei-lhe meu cartão de visitas. Ele sorriu, agradeceu, colocou-o no bolso e voltou para junto dos familiares do noivo.

Mas até hoje ainda não recebi o pedido das fotos no Brasil.

Safári

Fechei a conta no hotel Discovery, deixei a mochila grande guardada no maleiro e segui a pé, apenas com a mochila pequena, em direção ao local de onde saíam os ônibus para Naraianghat, a cidade mais próxima do Parque Nacional Real Chitwan, a 175 km de Katmandu, na fronteira com a Índia, classificado pela Unesco como Patrimônio da Humanidade. No local poderia ver alguns dos mais importantes animais nativos do subcontinente indiano, como elefantes, rinocerontes, ursos, leopardos, crocodilos e tigres. Meu interesse era especial por dois deles, ainda desconhecidos para mim: o rinoceronte indiano de um único chifre (*Rhinoceros unicornis*) e, é claro, o tigre de Bengala.

O ônibus saiu pontualmente às sete da manhã, abarrotado de turistas e nepaleses mais abonados, pois tratava-se de um carro um pouco mais sofisticado do que os que tradicionalmente ligam as pequenas cidades do interior do país. Mesmo assim, muitas pessoas viajavam sobre seu teto, junto com um sem-número de mercadorias. Às 7h25min paramos para abastecer e às 7h50min cruzamos o passo, todo embandeirado, que nos levou para fora do vale Katmandu.

Estávamos na rodovia que ligava Katmandu a Pokara, a segunda cidade mais populosa do Nepal. Até poucos anos atrás este caminho era percorrido por uma longa trilha, antes de abrirem a estrada. Ela serpenteava por entre as montanhas, subindo e descendo, mais descendo do que subindo, mas sempre na borda de algum grande abismo. Havia muito tráfego, especialmente ônibus e grandes caminhões coloridos transportando cargas e muitos caroneiros. A carona era um costume institucionalizado na região, e dificilmente se via algum carro sem sua lotação completa.

Paramos para um lanche, quando comprei bananas dos garotos que rodearam o ônibus. Alguns quilômetros abaixo, todos os turistas desceram, iriam praticar *rafting* no rio que corria no fundo do cânion, lá embaixo. Às 10h40min dobramos à esquerda, em Mugling, deixando a rodovia para Pokara e entrando em uma estrada secundária, de terra e muitos deslizamentos. Chegamos em Naraianghat pouco depois do meio-dia, final da linha.

Consegui carona em um caminhão que ia para Botwal, no oeste, pela rodovia Mahendra, e desci em Pitouli, na borda do parque, onde me esperava um jipe do Island Jungle Resort, o hotel reservado pela agência de Katmandu. Seguimos por dentro do parque até às margens do rio Naraiana, local em que uma canoa do hotel estava me aguardando.

Enquanto esperava o canoeiro remar contra a correnteza para trazer a embarcação até a margem do rio, posicionando-a junto a um tronco de árvore caído, de modo que eu pudesse subir sem molhar os pés, fiquei pensando que a agência de viagens havia me prestado um ótimo serviço. Se tivesse vindo para o Chitwan por conta própria não teria conseguido hospedar-me tão dentro da selva. Precisava melhorar a imagem que tinha dos agentes de viagens.

Joguei a mochila dentro da rústica canoa e descemos, rio abaixo, durante quase uma hora, até a ilha Bandarijola, em cuja margem um guia do hotel e um carregador me aguardavam. Saltei da canoa, passei a mochila para um dos rapazes, e iniciamos uma caminhada de quinze minutos pela ilha até chegarmos ao acampamento.

O Island Jungle Resort, uma concessão do governo, estava no meio da selva e possuía um grande pátio, ao redor do qual havia uma choupana servindo como recepção, um prédio de madeira onde ficavam a cozinha e o restaurante, e um quiosque, utilizado como bar. Tinha dez pequenos chalés de madeira e quinze tendas, armadas no meio das árvores, junto com alguns banheiros coletivos. As tendas, no estilo das barracas militares, comportavam duas camas de solteiro e ficavam sempre abertas. O chão era coberto com uma esteira de bambu. Não possuíam água nem luz elétrica.

Entre as cabeceiras das duas camas havia um criado-mudo, sobre o qual repousavam dois copos, uma garrafa de água mineral, uma caixa de Boa Noite — sinal de que teríamos mosquitos — e dois rolos de papel higiênico, algo ainda não visto no Nepal. Como o meu estoque desta supérflua preciosidade ocidental estava no fim, guardei um dos rolos na mochila, na esperança de que nos próximos dias a arrumadeira — teria uma? — fizesse a reposição.

No lado de fora de cada grupo de quatro tendas, sobre uma mesinha, debaixo da copa de uma grande árvore, tinha um balde de água com uma torneirinha no fundo, uma bacia ao lado e um pequeno sabonete. Nunca encontrei tanto luxo no meio da selva. E o hotel não era caro, nem para os padrões de quem costumava viajar com um orçamento de 50 dólares por dia.

Durante a noite, entre o escurecer e a hora do jantar, um motor a diesel movia um pequeno gerador, fornecendo luz para o restaurante, o pátio central e a administração. E junto a cada tenda era colocado um lampião a querosene, devendo ser deixado em frente à barraca quando estivéssemos deitados, para evitar que os animais da selva se aproximassem.

Um pouco afastados, ficavam os estábulos, junto aos quais havia algumas cabanas, moradia dos empregados do hotel, guias e treinadores dos elefantes. Mas todos estávamos na margem do rio. Tão na margem que à noite, quando terminava de conversar com os outros viajantes e voltava para a minha barraca, no escuro, tinha medo de cair no rio. O que não seria nada agradável, por ser um local infestado de crocodilos.

No primeiro dia, como havia chegado cansado, conseguiram-me um pouco de comida e aproveitei o resto da tarde para tirar uma soneca na sombra de uma grande árvore, a uns 100 metros do hotel, ouvindo os passarinhos cantarem. Queria descansar porque no dia seguinte, conforme o combinado, iríamos fazer uma longa caminhada, a partir das cinco horas, para vermos os pássaros em seu hábitat natural.

No jantar conheci um simpático casal finlandês, Acke Perander e Maj Baitt Perander, com quem fiquei conversando até a hora em que as luzes foram apagadas.

— Minha cunhada, atualmente morando na Inglaterra, adotou um garoto brasileiro, creio que uns oito anos atrás — contou-me Acke Perander.

— E como foi o processo de adoção? — perguntei, pois já ouvira contar muitas histórias intrigantes sobre crianças brasileiras adotadas por estrangeiros.

— Minha cunhada foi para o Brasil tão logo ele nasceu, em algum lugar no sul do país, não lembro o nome. Ela ganhou o bebê com poucas semanas de idade. Mais tarde, aconteceram algumas dificuldades com os papéis e as autoridades. Então, ela teve que "desaparecer", ficando escondida em uma vila, nas montanhas, até que os problemas fossem resolvidos.

— Demorou muito?

— Demorou vários meses e ela ainda teve muitas despesas até que os papéis oficiais ficassem prontos. Mesmo assim, ela precisou escapar meio secretamente para evitar mais problemas.

— E como está o rapaz?

— O garoto está agora com oito anos. É um belo rapaz e muito amado.

— Ele fala português?

— Não.

Eu estava esperando a noite com uma certa dose de ansiedade, não sabia como iria me comportar dormindo dentro da selva, em uma tenda sem a menor segurança. Ainda mais que estava aqui para ver o tigre de

Bengala. Pelo sim, pelo não, antes de deitar, surrupiei outros dois lampiões na cozinha, e coloquei três deles em frente à minha barraca, para iluminá-la melhor. Só esperava que este pequeno truque não aguçasse ainda mais a curiosidade do tigre.

Mas a selva, à noite, tem menos barulho do que a cidade grande. Ou, pelo menos, são mais suaves, mais harmônicos. O fato é que ao ser acordado pelo guia, às cinco da madrugada, eu estava no meio de um gostoso sono.

O passeio pela floresta, procurando passarinhos, foi muito interessante, lembrou-me da minha infância, quando, de bodoque em punho, procurava por eles nos matos da fazenda do meu pai, com propósitos... bem, vamos dizer assim, não tão nobres... Mas em tempo eu havia trocado a funda pela lente de uma câmera fotográfica, embora não me arrependesse do que já fizera no passado. Cada coisa no seu devido tempo.

No Nepal viviam cerca de oitocentas espécies de pássaros, mais do que as existentes no Canadá e Estados Unidos juntos. E quatrocentas delas estavam no parque, ao alcance dos nossos olhos. E, bem, por que não admitir?, ao alcance de uma boa funda!

Brincadeiras à parte, pudemos ver coloridos periquitos, pombos, cegonhas, pavões, pica-paus de cabeça vermelha e cucos indianos, entre outros, disputando espaços no chão e nas copas das árvores com inúmeros macacos. Na volta, como havíamos nos distanciado bastante, pegamos carona em uma canoa rio abaixo, em direção ao hotel, e deslizamos suavemente pela água, acompanhados pelo olhar sonolento dos crocodilos tomando banho de sol, semi-enterrados no barro, nas margens lamacentas da ilha. Tinha tanto peso na rústica embarcação, que sua borda ficava a apenas 5 centímetros acima da linha da água, dando-nos a impressão de que afundaríamos a qualquer momento.

Mas o grande espetáculo do dia foi dar banho nos elefantes, no final da tarde. Mais do que dar banho nos elefantes, quem acabava tomando banho mesmo eram os turistas. Havia um grupo de ingleses que passara a tarde tomando chá fumegante no pátio do hotel, sob uma temperatura de 36 graus. Devem ter cozinhado por dentro, tanto que agora, quando os tratadores levaram os elefantes para a água, para lhes dar banho, os ingleses decidiram ajudar. Subiram nos animais, encostados na barranca do rio, e foram para dentro d'água. A um sinal do tratador, os bichos mergulhavam e os rapazes caíam no rio, obrigando os guias a jogarem-se na correnteza para resgatá-los. Eles estavam gostando, mas quem se divertia mesmo eram os elefantes.

O elefante asiático era menor do que seu primo africano, mas, tanto quanto este, precisava banhar-se constantemente para manter seu corpo fresco. Dormiam apenas três horas por noite, passando o resto do tempo comendo capim e bebendo água. Cada elefante tinha três pessoas para cuidá-lo, sendo que o principal era o *phanit*, seu domador. Sentado em seu dorso, atrás das suas orelhas, dava-lhe as ordens, pois, ao contrário do africano, o elefante da Ásia podia ser domesticado.

Eles eram separados da mãe ao completar dois anos e meio, um ato que os deixava em um estado de profunda melancolia. Choravam, emagreciam e se tornavam irritadiços, às vezes agressivos. Seis meses depois da separação, o filhote era entregue a um domador e mantido sob seu comando até um dos dois morrer. Os primeiros três anos eram gastos em um treinamento intensivo, quando o animal aprendia a seguir uma rígida disciplina. Aos seis anos de idade seu treinamento era dado por encerrado, e ele passava dois anos carregando mercadorias e arrastando troncos de árvores. Somente aos oito anos estava apto a transportar passageiros humanos, o que faria enquanto vivesse, normalmente até 65 anos.

À noite, antes de servirem o jantar, o gerente do hotel fez uma palestra, ilustrada com *slides*, sobre a história das selvas do subcontinente indiano, especialmente a região de Chitwan, considerada uma das mais importantes reservas animais do mundo. Por mais de cem anos, o local foi protegido pelos Rana, a família que governava o Nepal. Eles impediram o surgimento de aldeias e proibiram a entrada de caçadores em busca de alimento para suas famílias.

— Eles tinham uma grande consciência ecológica, certo? — perguntou o gerente. — Errado — ele mesmo respondeu.

Os Rana protegiam a região de intrusos porque a utilizavam como sua área privada de caça. Chitwan foi reservado para uso exclusivo dos primeiros-ministros do país e seus convidados, os quais vinham, todo inverno, para matar grandes quantidades de animais.

O primeiro Rana a assumir o cargo de primeiro-ministro do Nepal, Jung Badur, era um incansável caçador. Ele perseguia sua caça dia e noite, vestindo impecáveis luvas brancas e botas de couro de jacaré. Em uma das suas memoráveis jornadas, em duas semanas matou animais suficientes para encher a Arca de Noé de espécies em extinção: 31 tigres, 21 elefantes, vinte antílopes, onze búfalos selvagens, dez ursos, além de leopardos, rinocerontes e crocodilos.

No entanto, o recorde ficou com Juda Shamsher Rana. Em sete temporadas ele matou 433 tigres, 53 rinocerontes e 93 leopardos. Outra caçada a entrar para a história foi a do rei George V, da Inglaterra. Em 1911, ao visitar o Chitwan, ele matou 39 tigres em doze dias.

Os caçadores eram conduzidos em confortáveis caixas sobre os dorsos dos elefantes, servindo também como camuflagem aos olhos dos animais selvagens, os quais não tinham a menor idéia de que do lombo dos seus vizinhos da floresta saíam balas que lhes tiravam a vida.

A preparação de uma caçada iniciava-se meses antes, quando estradas eram construídas para os elefantes transitarem mais facilmente. Tão logo os convidados do primeiro-ministro chegavam, diversos bezerros eram espalhados pela selva para atrair os tigres. Assim que um deles era atacado, cerca de seiscentos elefantes se dirigiam ao local, formando um grande círculo e encurralando o animal, pois os tigres não atacavam os elefantes. Além disso, uma linha de tecido branco era estendida no chão, ajudando a fechar o cerco. Mesmo furando o bloqueio em sua desesperada tentativa de fuga, seria facilmente localizado. Com este método, os tigres se tornavam presas fáceis para os caçadores, sendo abatidos em grandes quantidades.

A caça ao rinoceronte precisava ser mais ardilosa, pois ele não temia o elefante tanto quanto o tigre. Uma vez acuado, tentaria furar o cerco, já que um rinoceronte ferido atacava até um elefante. A técnica consistia em localizá-lo entre altos arbustos, por três ou quatro elefantes, obrigando o caçador a atingi-lo com um tiro entre os olhos ou entre um olho e o ouvido, pois em seu couro, praticamente impenetrável, a bala provocaria apenas ferimentos, deixando o animal enfurecido.

Na hora do jantar, uma moça da Austrália, Julie, veio sentar-se ao meu lado. Ela tinha trinta anos e era muito gorda, devia pesar mais de 100 quilos.

— Fiquei impressionada com a história da matança dos animais — ela foi logo dizendo, enquanto puxava a cadeira para perto da mesa. — Você não ficou?

— Claro que fiquei — respondi. — Mas a coisa não é tão simples. Naquela época, caçar era um esporte moralmente aceito. Não justifica, mas não podemos ser muito simplistas.

— Mas era um absurdo — ela reagiu, meio espantada com a minha calma.

— Era um absurdo, concordo. Da mesma forma que, sob o ponto de vista dos nossos primos do futuro, estamos praticando muitos absurdos hoje em dia.

— Então diga-me uma coisa que fazemos nos dias de hoje, com naturalidade, pela qual, segundo sua opinião, poderemos ser condenados no futuro — foi o seu desafio, não gostando da minha falta de indignação contra os caçadores do início do século passado.

— O que você acha que vão dizer, daqui a cem anos, quando souberem que destruímos as florestas, acabamos com o oxigênio e que, por causa disto, a espécie humana foi exterminada no planeta? — foi a única coisa que consegui responder na hora. Falei meio na brincadeira, é claro, mas depois custei a dormir, revolvendo-me na tenda, pensando na bobagem dita apenas para manter a conversa com Julie. Mas que agora, dormindo no meio da selva, não soava como bobagem.

Levantamos novamente às cinco da madrugada para fazer um safári de elefante, o que realmente havia me levado ao Chitwan. Teríamos condições de nos embrenhar na mata até encontrar um rinoceronte e, quem sabe, maravilha das maravilhas, o tigre de Bengala.

Colocamos um abrigo e tomamos um pouco de chá, pois a manhã estava bem fria, embora soubéssemos que faria muito calor tão logo saísse o sol. Nos estábulos, os tratadores terminavam de preparar os elefantes, colocando sobre suas costas uma proteção, uma espécie de pelego feito de saco de linhaça. Amarravam bem e, sobre ela, prendiam uma pequena caixa de madeira, parecida com um engradado.

Subimos em uma plataforma, onde os elefantes foram encostados, e pulamos para dentro da caixa, quatro pessoas em cada animal, com as pernas para fora do engradado. Menos no elefante de Julie, onde foram apenas três turistas. Não porque o bicho não agüentasse seu peso, mas porque não havia espaço para mais ninguém. Em frente à caixa, quase no pescoço do elefante, ia o domador, em pêlo, com um arpão de ferro batendo-lhe nas orelhas quando o paquiderme desobedecia a alguma ordem. E criando um mal-estar no grupo. Que, afinal, estava pagando, para que aquilo acontecesse.

Os seis animais seguiram em fila indiana pela selva. Atravessamos o rio, com uma largura de 100 metros, e saímos na outra margem. Andamos mais um pouco e cruzamos outro rio, nos dirigindo para uma ilha onde, segundo os guias, haveria muitos animais. Na metade do caminho o domador do nosso elefante parou, desceu e foi para trás de uma moita fazer xixi, nos deixando sozinhos em cima do bichão. Junto comigo estava um rapaz inglês e um casal sueco, que se desesperaram, sentindo-se abandonados no meio da selva.

Tentei acalmá-los, explicando ser o elefante um animal que vivia em manadas, e o pior que poderia acontecer seria ele deixar o indiano para trás e seguir em frente, atrás dos seus colegas. Pouco adiantou, eles estavam furiosos. Mas logo o domador voltou, subiu no elefante e continuamos o passeio.

— Ortiz, você trouxe sua arma? — Era a voz de Julie, gritando do elefante à nossa frente, querendo me intrigar com o pessoal.

— Trouxe — respondi, para espanto dos outros. — Está aqui, ó! — e mostrei a lente da minha objetiva. Todos riram e ela ficou meio sem graça; sua brincadeira não fora capaz de me constranger.

O gracejo de Julie aliviou um pouco a tensão, e todos começaram a falar. Os elefantes foram se distanciando, mas o pessoal continuava conversando, como se estivessem juntos, ao redor de uma fogueira. Pedi silêncio, pois a barulheira espantaria qualquer animal, especialmente algum tigre passeando pelas redondezas.

— Os tigres não entendem as nossas conversas — disse Julie, só para me contrariar. Que mulher chata, pensei.

— Vamos seguir por este caminho — falou o domador do nosso elefante, apontando para uma pequena picada na mata. — Lá encontraremos alguns tigres.

A floresta ficou mais fechada, e as pontas das árvores batiam em nossas cabeças. Às vezes precisávamos proteger o rosto com as mãos, desviando os galhos com os braços e tomando um banho de orvalho. Os elefantes passavam tão junto às árvores, que nos obrigavam a levantarmos as pernas para não ficarem presas em algum cipó mais resistente. Impassíveis às dificuldades do terreno, às conversas e aos gritos de alguém que batera com a cabeça em um galho, os elefantes seguiam, sempre no mesmo passo, mantendo o mesmo ritmo, em uma regularidade de dar inveja a um campeão mundial de rali.

Andamos duas horas até chegarmos ao local em que o guia dissera haver tigres, mas não encontramos nada. Eles pararam os elefantes um ao lado do outro, para todos poderem conversar ainda mais do que já vinham fazendo. Eram 22 turistas excitados falando inglês mais seis domadores gritando, em algum dialeto indiano, com os elefantes, para se manterem parados. Era algazarra suficiente para assustar não só tigres, mas até uma manada de búfalos em disparada.

Esperamos meia hora, e nada dos tais tigres. Então, em um destes momentos em que espontaneamente todos fazem silêncio e se pode ouvir uma mosca no ar, gritei para o chefe do safári, no elefante da ponta:

— Será que o gerente do hotel não esqueceu de avisar os tigres de que nós viríamos?

No final da tarde fizemos um safári a pé, ao redor do hotel, para ver se encontrávamos mais alguns animais. A maioria dos visitantes estava encantada com a experiência, mas para quem como eu já havia feito muitos safáris na África, a pouca quantidade de animais era frustrante. Eu sabia disto, não esperava ver muitos bichos mesmo. Meu propósito no Chitwan se resumia ao tigre de Bengala e ao rinoceronte asiático. Mas estava convencido de que saindo em grupo, com as pessoas conversando em altos brados, não seria possível ver nem um nem outro.

— Será que poderíamos fazer uma caminhada para mais longe do hotel, só eu e você? — perguntei ao guia que nos acompanhava, quando voltávamos, depois de andarmos horas caminhando pela mata sem ver nada além de macacos, antílopes, crocodilos e aves.

— As saídas do hotel só podem ser feitas em grupos — ele disse. — Por uma questão de segurança.

Eles enfatizavam muito a segurança. Sempre que saíamos, davam uma aula de como nos comportarmos quando encontrássemos algum animal selvagem. Mas eu estava achando que faziam essa conversa mais para dar um toque de excitamento na turma; afinal, quem vem para o meio da selva quer sentir este tipo de sensação.

— Mas se fosse menos gente, com menos barulho, e mais longe, creio termos melhores chances de ver os animais — insisti.

— Concordo com você — ele respondeu, tentando se desvencilhar de mim. O que, é claro, não conseguiu. Também sei ser chato.

— Então vamos fazer um acordo — propus. — Arranjo mais duas pessoas e você consegue autorização da gerência para fazermos um safári extra.

— Verei o que posso fazer — ele prometeu, sem mover um único músculo do rosto.

No final da tarde Chanu, o guia de quem ficara amigo, foi até minha tenda para informar-me que, se conseguisse cinco pessoas, poderíamos fazer um passeio mais longo. Mas era importante saber que iríamos correr algum risco.

— Alguém já morreu aqui? — perguntei-lhe, enquanto o convidava para entrar na tenda.

— Sim, já tivemos mortes no Chitwan — respondeu Chanu, enquanto sentava na outra cama.

— Quando foi?

— O Chitwan não é um zoológico — ele começou, sendo logo interrompido por mim.

— Eu sei disso. Mas já tenho experiência em selvas. Conte-me como foi que alguém morreu aqui.

— Em março de 1994 um guia independente, destes que não trabalham para nenhum hotel e não são, portanto, tão bem-treinados, foi contratado por dois turistas para fazer um safári a pé dentro do parque. No caminho se viram cercados por oito rinocerontes. O guia, chamado Bhadrey Pandi, agiu como um chamariz, enquanto dava tempo para os rapazes fugirem. E, quando Pandi foi correr, como a mata era muito cerrada, tropeçou e caiu, sendo morto pelos animais.

— Foi um fato isolado, um acidente mesmo — eu disse, achando que Chanu estava valorizando muito seu trabalho.

— Não foi um fato isolado, não. No ano seguinte um turista entrou sozinho no parque e foi morto pelos rinocerontes. E em setembro de 1995, um outro guia, Basu Chowdury, também foi atacado e morto pelos rinocerontes.

E você acha que não deveríamos fazer este passeio?

— Vocês sabem o que fazem — ele concluiu, levantando-se e me deixando com o problema.

Aproveitei o jantar para tentar aliciar mais quatro pessoas para fazermos um safári mais consistente no dia seguinte. Comecei por Julie, a minha amiga por quem curtia uma certa antipatia. E cuja recíproca era verdadeira, embora estivéssemos sempre juntos.

— Julie — fui falando, calmamente, enquanto sentava ao seu lado, na mesa coletiva do restaurante —, conversei com o guia que saiu conosco hoje e ele disse que se tivermos cinco pessoas poderemos fazer um safári extra amanhã bem cedo, antes do café, podendo ir um pouco mais longe.

— Não tem perigo? — ela quis saber, enquanto pedia uma cerveja ao garçom.

— Claro que não. Você não vai correr risco de ser atropelada por um carro, ferida em um assalto a um banco nem morrer em um acidente aéreo.

— Presumo que os únicos riscos sejam os tigres, os ursos e os rinocerontes — retrucou, com a ironia que tanto me irritava. E completou:
— Ortiz, você sabe que sua ironia me irrita?

No dia seguinte saímos cedo. Conseguimos apenas quatro pessoas, mas isto Chanu só ficou sabendo quando iniciamos a caminhada. Julie convencera duas americanas, Dorothy e Thea. Eram mãe e filha, embora parecessem ter a mesma idade, essa faixa indefinida em que não sabemos se as mulheres têm trinta ou 45 anos. Eram altas e esguias, o que não me agradou muito. Safári a pé prefiro fazer com as baixinhas e gordas, como Julie.

Tão logo nos afastamos, Chanu começou a dar sua tradicional aula de defesa na selva, falando devagar e acentuando as palavras sempre na última sílaba, como se estivesse se expressando em francês e não em inglês.

— O urso — começou, caminhando à nossa frente — é o animal mais perigoso de Chitwan. Caso o encontremos, não devemos fugir. Ele corre mais do que um humano. Nem subir em árvores, pois ele costuma sacudi-la até nos derrubar. O melhor é enfrentá-lo, isto é, tentar espantá-lo com muito barulho. Outra alternativa é gesticular bastante na frente dele, talvez pense que o estamos convidando para dançar e dance conosco. Mas se não der certo, só resta uma coisa a fazer — disse, dando um pigarro como deixa para alguém fazer a inevitável pergunta. Que foi feita por Thea:

— E o que é?

— Rezar — respondeu Chanu, se divertindo com a ingenuidade da garota.

— E quanto aos rinocerontes? — perguntei, pois a conversa da noite anterior me deixara mais preocupado com estes animais.

— O rinoceronte enxerga mal, mas tem ouvido e olfato muito apurados. Pode-se fugir correndo em ziguezague, subindo em uma árvore ou mesmo se escondendo atrás dela. Mas o grande perigo é quando estão com uma cria. Nesse caso, a melhor solução é não o encontrar.

— Gostei do senso de humor do nosso guia — eu disse para os outros, de modo que ele também ouvisse. A conversa estava ficando tensa, era melhor dar uma aliviada. Mas Dorothy estragou tudo.

— E como fugir de um tigre? — ela perguntou.

— Se encontrarmos um tigre vai depender se ele já comeu ou não. Se já comeu, talvez nem se digne a levantar a cabeça para nos olhar.

— E se ainda não comeu? — atalhou Dorothy.

— Bem, então devemos rezar.

— Não podemos fugir? — agora era Thea quem perguntava.

— Não. Em último caso, retroceder, devagar, tomando o cuidado para caminhar olhando sempre nos olhos dele.

— Não podemos dar-lhe as costas, não é? — perguntou Julie.

— Não, em hipótese alguma. Se dermos às costas a um tigre, mesmo que ele tenha acabado de comer um antílope inteiro, por puro instinto saltará sobre nossa nuca.

Caminhamos mais alguns metros, em silêncio, quando Dorothy parou e fez um comunicado solene:

— Pessoal, estava pensando no tigre. Então tomei uma decisão: vou voltar para o hotel.

Era o que eu temia, com a conversa do Chanu. E como Dorothy não queria voltar sozinha, Thea voltou com ela; afinal, era sua mãe.

— Parece termos um motim a bordo — falei, olhando para Julie. Ela deu de ombros, fez meia-volta e continuou caminhando, na frente do guia. Ótimo, pensei, preciso ser mais condescendente com minha amiga australiana.

Três horas depois de termos saído do hotel, Julie disse querer voltar.

— Não vai me dizer que você também ficou assustada com a conversa do guia — provoquei.

— Não é isso, Ortiz. Já caminhamos muito e estou ficando com as virilhas assadas.

— Olha, Julie, sei que é um bom motivo. Mas você precisa continuar comigo — falei, quase implorando.

— Por quê? Você tem medo de ficar sozinho?

— Não.

— O que é, então?

— É que se eu estiver sozinho, precisarei correr mais do que o urso. E se você estiver comigo, basta correr mais do que você.

Antes que ela tivesse tempo para me massacrar, Chanu se atirou no chão, sendo imediatamente seguido por todos os presentes.

— Olha um rinoceronte! — ele sussurrou.

— Onde? — perguntei.

— Ali, no outro lado do pântano — disse, apontando o bastão em direção a um pequeno lago à nossa frente.

Havia um macegal, uma área descoberta, com uma pequena lagoa no centro. E tomando água, no lado oposto de onde estávamos, uma mamãe rinoceronte com seu pequeno — pequeno? — filhote bebia água.

Existiam no mundo apenas 1.800 rinocerontes unicórnios, quatrocentos deles no Chitwan. Para seu azar, paira sobre si uma aura de magia e poder. Segundo os nativos, um bracelete de pele de rinoceronte protege contra os maus espíritos, seu esterco funciona como laxante, e sua urina cura úlceras e tuberculose. Na China seu chifre vale 17 mil dólares o quilo, utilizado no combate à febre e como afrodisíaco.

Favorecidos pela direção do vento, eu e Chanu rastejamos em sua direção, enquanto Julie ficava nos esperando no local onde o avistamos. Aproximei-me o suficiente para vê-lo, em toda sua magnitude e beleza, calmamente pastando junto ao lago. Faltava só tirar algumas fotos. Era a primeira vez que via esta espécie e, levando em conta a velocidade com que estavam sendo abatidos, possivelmente estariam extintos em poucos anos.

Aproximei-me mais, rastejando para o lado esquerdo, seguido por Chanu. Quando levantei um pouco o corpo, para focá-lo melhor, o vento deve ter mudado ou devo ter feito algum barulho só perceptível a seus aguçados ouvidos, porque imediatamente levantou a cabeça, olhou ao seu redor e começou a caminhar em minha direção.

Não adiantava mais esconder-me, já fora descoberto. Então levantei de corpo inteiro e passei a fotografá-lo, à medida que se aproximava, agora trotando. Chanu ergueu-se também, adiantou-se alguns passos à minha frente e começou a gritar, pular e bater com seu bastão — todos os guias carregavam um forte bastão — no chão, fazendo um estardalhaço tão grande que o animal se assustou, deu meia-volta e fugiu em disparada, seguido pelo filhote.

A cena foi tão fantástica que eu não sabia se fotografava o rinoceronte fugindo, o guia batendo com o bastão no chão e pulando feito louco ou Julie tentando subir em uma árvore, alguns metros atrás de nós.

Quando nos reunimos novamente Julie me estendeu a mão e disse:

— Ortiz, obrigado por me ter convidado para ver o rino.

— Você está me gozando, não está? — perguntei.

— Estou falando sério. Foi meio arriscado, é claro. Mas se você não tivesse insistido nesta loucura de sair caminhando pelo meio do mato eu teria voltado para a Austrália sem ter conhecido um dos poucos animais selvagens que ainda não conhecia.

Só então nos demos conta de que ainda não havíamos nos apresentados formalmente. Julie era veterinária e trabalhava em um zoológico na Austrália.

— Muito prazer. Sou jornalista no Brasil, especializado em...

— ... correr riscos! — ela concluiu a frase por mim.

— Correr riscos? — perguntei, espantado.

— Sim. Conheço este tipo de gente — ela falou, dando meia-volta e iniciando a caminhada em direção ao hotel.

— Que tipo de gente? — indaguei, apressando o passo para andar ao seu lado.

— Profissionais viciados em perigo — ela respondeu. — Como aquele seu xará e compatriota, corredor de Fórmula 1...

— Airton Senna?

— Este mesmo. Só espero que você não termine como ele.

— Campeão do Mundo?

— Não!

— Então...

— ... Morto!

Dormi o resto do dia e, quando saí da tenda para o jantar, fui surpreendido por um novo grupo de turistas recém-chegados ao hotel. Eram vinte senhoras da Nova Zelândia, na faixa dos sessenta anos, que haviam comprado um pacote para passar três dias no Island Jungle Resort. Tomariam chá, falariam dos finados maridos, fariam caminhadas ao redor do hotel e andariam de elefante. Tinham três dias no paraíso. Eram simpáticas, mas estragaram meus planos. Com o sucesso da caminhada pela manhã, eu já tinha uma nova estratégia para encontrar o tigre de Bengala no meio da selva, mas não com toda esta zoeira.

Antes do jantar, foi apresentado para as senhoras da Nova Zelândia um show de danças típicas da região, executadas pelos tharus, a etnia que vivia nesta área do Terai. Era uma dança bem primitiva, onde vinte rapazes cantavam, dançavam e faziam coreografias com bastões de madeira, os mesmos utilizados pelos guias nos safáris a pé, tudo ao ritmo de dois tambores. A festa foi logo após os drinques, no pátio central, iluminado apenas pelos lampiões a querosene refletindo pequenos pontos de luz na água do rio, ao lado. Estava muito bonita.

Então um dos bailarinos, rapaz muito simpático, teve a idéia de convidar uma das senhoras para dançar. É claro que ela foi. Ela e as outras dezenove amigas. No final, animadas pelos drinques e pelo ritmo contagiante, a maioria dos presentes caiu na festa com os nativos.

— Ortiz, o único animal de bengala que você vai ver aqui serão estas velhotas, no final desta festa — disse-me Julie, sentada ao meu lado e apreciando a cena.

Meu plano era simples: um safári de elefante, pelo interior do parque, no início da madrugada, em busca do tigre. Apenas um elefante, eu, o guia e um domador. Comuniquei ao guia, que ficou de pensar para quando o hotel tivesse menos hóspedes, dali a três dias. A lotação estava completa, com o pessoal da Nova Zelândia. Nos próximos dias não chegaria mais ninguém, mas muitos estavam indo embora. Haveria uma madrugada, no terceiro dia, quando as senhoras tivessem partido e novos turistas ainda não tivessem chegado, que teríamos uma chance.

Meus amigos da Finlândia foram embora, Julie foi embora, e os simpáticos ingleses também. Mas, antes de sair, Julie me fez um curioso pedido:

— Ortiz, você vai até o Acampamento-base do Everest, certo?

— Certo.

— E você vai trazer uma pedrinha de lá?

— Não.

— Ótimo, porque, se todos que forem até lá carregarem uma pedrinha, vocês vão acabar com o Everest.

— Acho difícil, o Everest é muito grande. Mas não se preocupe, prometo não o desfigurar.

— Então você poderia fazer uma coisa por mim — ela disse, mexendo na sua grande mochila.

— O que você quer que eu faça? — perguntei, curioso.

— Em vez de trazer, coloque esta pedrinha lá. Faça isto por mim — falou, estendendo-me um seixo recolhido na margem do rio.

— Mas você não acha que tão errado quanto tirar uma pedra de lá será levar outra, estranha, para lá? — falei, cutucando-a com seu próprio veneno.

— Todas as pedras que correm nos rios do Nepal vieram do Himalaia. Estou apenas querendo repô-la em seu devido lugar — ela disse, com ar triunfante. — E tem também outro motivo.

— E qual é o outro motivo?

— Você pode ou não levar?

— Posso. Mas quero saber por quê — insisti.

— Você está no sul do Nepal, na fronteira com a Índia. Para chegar ao Everest, vai precisar atravessar todo o país, até a fronteira com o Tibete, no norte, fazendo a maior parte do caminho a pé. Então, tome como missão levar esta pedra até lá, devolvê-la ao seu verdadeiro lugar. Assim, se você se comprometer comigo a realizar esta missão, tenho certeza de que atingirá o seu destino.

— Eu sei onde você quer chegar. Mas não se preocupe, já estou motivado o suficiente para ir até o final da estrada.

— Então agora, além de motivado, você tem uma missão.

— Ótimo. Sou o tipo de pessoa que adora missões bem definidas.

— Então leva?

— Levo.

Meus novos amigos, assim como surgiam, estavam indo embora, fazendo o caminho de volta. Eu gosto de viajar sozinho porque isto me obriga a fazer novas amizades pela estrada. E, para mim, fazer amigos é a parte mais interessante de qualquer viagem. Mas também a mais cruel. Porque as amizades chegam de mansinho, quase sem que as percebamos. Mas as despedidas são bruscas, nos chocam. Nos atingem em cheio.

Os outros hóspedes saíam a caminhar enquanto eu passava os dias sentado em frente à minha tenda, lendo os poemas de Fernando Pessoa e Millôr Fernandes e observando os macacos e os antílopes na outra margem do rio. Dei-me conta de que estes macacos não eram divinos como os que moravam nos templos hindus de Katmandu. Mas achava que eram mais felizes.

Aos poucos fui entrando no ritmo da selva, isto é, comia, bebia e dormia. Parecia um tigre: assim que a barriga estava cheia, deitava-me a dormir. Bem, não necessariamente um tigre, já que eu só comia o que os outros preparavam, nunca foi preciso buscar minha própria caça. Também ria muito com o que estava lendo. E sexo, então, nem pensar... Quer dizer, na verdade eu estava mais para uma hiena do que para um tigre. E gastando meus preciosos rolos de papel higiênico, que não foram repostos.

Um dia fui acordado às três da madrugada por um dos guias, com quem vinha a tempo negociando meu passeio de elefante. Saímos ainda escuro. Disse-lhe apenas que seguisse para onde eu mandasse. Eu duvidava que ele soubesse onde encontrar um tigre, mas acreditava que a probabilidade de que isto acontecesse se tornaria maior quanto mais longe estivéssemos do hotel, selva adentro. Então eu determinava a direção, cabendo-lhe localizar as pegadas do animal, única forma de encontrá-lo. Como tinha uma planta cartográfica do parque, escolhi um sentido, e, seguindo a indicação do GPS (Sistema de Localização Global), avançamos em linha reta.

Existiam cerca de sessenta tigres vivendo no Chitwan, e um macho precisava de uma área de 60 quilômetros quadrados para sobreviver, significando que o encontrar tornava-se quase tão difícil quanto ganhar na loteria. Além disso, ele conseguia se esconder muito bem, dificultando ainda mais sua visibilidade. Andamos oito horas sacolejando no lombo deste paquiderme molenga até eu dar por encerrado o safári e voltar para o hotel, com a sensação de que o tigre de Bengala estava bem mais perto da extinção do que admitiam os nepaleses. Pelo menos agora eu estava tão indignado com os malditos caçadores do século XX quanto Julie havia ficado ao assistir ao audiovisual dias antes.

Havia chegado a hora de voltar para Katmandu. Horst chegaria da Alemanha dentro de três dias para iniciarmos o *trekking*, e antes disto eu ainda queria visitar Pashupatinath, algo para o qual vinha me preparando há algum tempo.

Pashupatinath

Voltei à agência para elogiar o safári e ver se poderiam ajudar com relação ao *trekking*. Antes de entrar no prédio, no entanto, esperei um jovem casal de israelenses sair do escritório para perguntar-lhes se haviam utilizado os serviços da Ganesh Himal Trekking.

— Sim — disse-me o rapaz. — Nós contratamos os serviços deles para o nosso *trekking*.

— E como foi? — perguntei, explicando estar prestes a fazer o mesmo, mas queria algumas referências.

— Apesar de serem um pouco careiros, tudo correu bem — respondeu a garota.

Agradeci e entrei no edifício, sendo imediatamente conduzido para o escritório principal, nos fundos da agência.

— Sei que vocês cobram muito caro pelos seus serviços — já fui falando, enquanto caminhávamos pelo corredor, para desarmar as intenções demasiadamente capitalistas do proprietário.

— Não, somos barateiros. Aqui tudo é muito barato — ele afirmou, mostrando-me a porta por onde deveria entrar.

— Nós podemos montar uma expedição completa, com iaques, carregadores, cozinheiros, guias, tendas e tudo o mais de que vocês precisarem — foi logo dizendo Ganesh, o gerente, enquanto eu sentava na poltrona de couro do seu escritório.

— Nada disso — falei. Era só o que me faltava andar pelas montanhas do Himalaia com um séquito atrás de mim, atrapalhando a viagem.

— Então podemos levá-lo de avião até Lukla, e de lá você segue em uma expedição própria — foi a nova proposta.

— Também não me serve. Veja bem, minha intenção é refazer a trilha dos primeiros desbravadores do Himalaia, nos anos 40 e 50, quando partiam de Katmandu em direção ao Everest.

— Então você deve ir de ônibus até Jiri, o local mais longe que se pode chegar de carro. A partir de lá, você segue a pé.

— Estamos começando a nos entender — exclamei, para sua alegria, já imaginando o que poderia vender-me. — Veja: preciso de um guia fluente em inglês, com boa cultura e que conheça bem a região. Mais importante do que mostrar o caminho — as plantas cartográficas indicam isto — será servir-me como intérprete junto aos nativos, quando eu quiser informações extras sobre as aldeias por onde vamos passar.

— Temos exatamente o que você precisa — ele disse, sorrindo.

— Eu sei que vocês têm — concordei, enquanto ele rascunhava o solicitado em um pedaço de papel sobre a mesa. — Quero também dois carregadores, duas passagens de ônibus até Jiri e duas passagens aéreas de Lukla para Katmandu, na volta do Himalaia.

— E hospedagem e alimentação? — ele perguntou. Agora as coisas estavam nos seus devidos lugares. Eu decidia o que queria e a agência contratava para mim.

— Nós vamos nos hospedar e comer nas pousadas ao longo do caminho, em cada uma das aldeias. Para mim, o contato com a população local é muito importante.

— Do que mais você precisa? — falou, com o lápis na mão, já enquadrado na minha maneira de viajar.

— Preciso um *trekking permit* de quatro semanas para mim e meu amigo Horst, que chegará da Alemanha amanhã à tarde.

O visto de entrada no Nepal servia apenas para Katmandu, Pokara e algumas rodovias mais movimentadas. Para viajar pelo interior do país, especialmente na região do Himalaia, era necessária uma autorização especial, um *trekking permit*, emitido pelo governo. Todos os dias eu passava em frente ao Departamento de Imigração e via enormes filas de estrangeiros em busca do documento. E eu, definitivamente, havia decidido não encarar aquela fila.

Tinha coisas bem mais importantes a fazer na cidade... na praça Durbar...

Quando decidi percorrer o Himalaia, telefonei para Horst Schejok, na Alemanha, convidando-o para fazermos a viagem juntos, repetir a boa experiência tida na África, no ano anterior. Éramos duas pessoas completamente diferentes que adoravam viajar juntas, nos complementávamos. Embora tivéssemos técnicas e posturas antagônicas, não imaginava uma jornada destas sem a parceria do meu amigo alemão. Ele era uma das poucas pessoas que conheço com quem marcharia, lado a lado, em um ambiente adverso, durante um mês, sem que um sentisse vontade de jogar o outro no próximo precipício.

Como ele poderia ficar apenas um mês no Nepal, mandou-me para o Brasil os documentos necessários para obter também o seu *trekking permit*. Assim, quando chegasse em Katmandu, estaríamos prontos para seguir para o Everest.

Algumas contas depois Ganesh e eu estávamos acertados. Escrevemos em um papel todos os itens solicitados e assinamos um contrato. Agora era só esperar Horst chegar.

Amrit, o taxista, apanhou-me no hotel logo após o almoço, e rumamos para o aeroporto, buscar Horst, procedente de Frankfurt via Nova Delhi. Caía uma fina chuva sobre uma cidade calma, pois era sábado, dia em que se realizava o feriado de fim de semana no Nepal.

Após a chegada do avião, ainda aguardei mais duas horas na rua, sob a chuva, já que não existia saguão para esperar os passageiros dentro do prédio. Quando Horst apareceu na porta, com um largo sorriso, demonos um forte abraço. Era bom reencontrar meu parceiro de aventura.

— Fez boa viagem? — perguntei-lhe, enquanto levávamos suas mochilas para o táxi, estacionado no outro lado da rua.

— Sim, embora muito cansativa.

— Vamos para o hotel, para você descansar um pouco. Depois vou te apresentar à cidade — sugeri.

— E o *trekking*? — ele quis saber.

— Já está tudo organizado. Sairemos segunda-feira de madrugada, de ônibus, para Jiri. Lá iniciaremos a marcha pela Estrada do Everest, até o Acampamento-base, de onde, se tudo tiver dado certo, escalaremos o Kala Patar.

— Estrada do Everest? — perguntou, mais uma vez, Amrit, com seu sorriso malicioso, ao ouvir a palavra Everest.

— Amrit, você quer me intrigar com meu amigo alemão? — disse-lhe, em um tom repressivo.

— Não. Só queria saber se você já explicou ao gringo aí atrás como é este caminho que vocês chamam de Estrada do Everest — ele respondeu, displicente, achando que Horst não entendia inglês, por estarmos conversando em espanhol.

— Normalmente estas cidades da Ásia têm um grande movimento nas ruas, ao contrário do que estou vendo aqui — disse Horst, mudando de assunto, e se referindo ao pequeno tráfego de automóveis nas ruas de Katmandu neste fim de tarde.

— Hoje é sábado — respondi. — E no Nepal, o domingo sempre cai em um sábado.

Lorde Shiva, aborrecido com a multidão de falsos adoradores, transformou-se em um antílope e foi morar na floresta, às margens do rio Bagmati, no vale Katmandu. Os deuses, enfurecidos com seu gesto, pegaram-no e, quebrando-lhe um dos chifres, obrigaram-no a reassumir sua forma divina. O chifre quebrado foi enterrado, passando a ser adorado como um *linga*, órgão sexual masculino, símbolo da fertilidade. Com o passar dos anos, perderam sua localização.

Séculos depois, um atônito pastor chamado Nepa viu uma das suas vacas aguando a terra com leite do seu próprio úbere. Intrigado com o fenômeno, começou a cavar um profundo buraco no local, onde encontrou o *linga* perdido pelo divino Pashupati, o Lorde dos Animais, uma das 1.008 formas assumidas por Shiva.

No lugar foi construído um santuário, cujos estudos arqueológicos datam de 1500 a.C., embora existam referências sobre o local no poema *Mahabharat*, escrito há mais de 5 mil anos. Com o passar do tempo, novos prédios foram sendo agregados, formando o complexo de Pashupatinath. É o segundo sítio hindu mais sagrado do mundo, perdendo em importância apenas para Veranasi, às margens do rio Ganges, na Índia. No templo principal estava o *linga* de Shiva, motivo de grande adoração pelos fiéis. E, por entre os diversos templos, passava o rio Bagmati, em cuja barranca estavam as *ghats*, plataformas onde eram cremados os corpos dos hindus, cujas cinzas, levadas pelas águas do Bagmati, chegavam até o rio Ganges.

Shiva, na forma do deus Pashupati, tornou-se a mais importante divindade do país, dominador do vale Katmandu e protetor do Nepal. Ele era invocado nos tratados locais, tanto comerciais como políticos, e sua figura aparecia nas moedas e nos brasões das diversas famílias reais que governaram a nação. No ano 879 da Era Cristã, os moradores do vale criaram um novo calendário em homenagem a Pashupati. Por isto, atualmente, eles estavam no ano 1119.

No dia seguinte levantamos cedo, queríamos visitar Pashupatinath. O táxi do Amrit quebrou no meio da rua, e Horst e eu seguimos a pé até o local, a meio caminho entre a cidade e o aeroporto. Chegando, como não podíamos ingressar no interior do templo principal — em forma de pagode —, passamos algumas horas caminhando pelos jardins, vasculhando os antigos prédios, admirando os monumentos, imagens, inscrições, mosteiros, *lingas* e *yanis* gigantes espalhados ao longo do rio.

Visitamos alguns homens-sagrados, um dos quais vivia dentro de uma cela há quase cem anos, se alimentando apenas de leite. Outro morava em uma caverna, escavada na rocha, na barranca do rio, de onde não saía desde criança. Encontramos *sadhus*, encantadores de serpentes, peregrinos, vacas e muitos macacos correndo por entre as pessoas.

Para os hindus, o macaco era um animal sagrado. Uma vez o deus Krishna estava cortando seu próprio cabelo, quando começaram a cair alguns piolhos no chão. Então ele transformou os fios de cabelos em árvores, e os piolhos, em macacos.

Em frente a um pequeno monumento, um homem, muito magro, levantava uma enorme pedra apenas com a força do seu pênis.

Cruzamos o rio e nos dirigimos à outra margem, em frente às *ghats*, onde diversos corpos estavam sendo cremados, em um ritual que chegava a ser agressivo, tão normal era a sua execução. Os mortos iam chegando e sendo depositados na barranca do rio, com os pés dentro d'água. Depois eram retirados dali e tinham suas roupas substituídas por um manto amarelo de seda. Ficavam mais algum tempo no chão, sendo a seguir colocados sobre as piras de lenha, onde ardiam, sobre as chamas, durante seis horas.

Em uma das piras, o cadáver se contraiu, devido ao calor, e uma das pernas do morto levantou-se, como se quisesse sair caminhando. Um dos familiares pegou um pedaço de lenha e empurrou a perna de volta para o centro do braseiro.

— É uma cena macabra — comentou Horst, enquanto eu tirava algumas fotos. Ao redor, garotas bonitas e falantes ofereciam artesanato para os turistas. Um rapaz ofereceu um baralho ao Horst, com imagens do *Kama Sutra*.

— *Good price, sir* — ele disse.

Horst fez menção de não entender inglês, então o rapaz falou em espanhol, italiano e francês. E, diante dos olhos perplexos do Horst, o cara falou também em alemão. Algumas palavras, é claro, mas o suficiente para negociar com quem quisesse comprar seu *Kama Sutra*.

— Não sei o que é mais espantoso — falei ao Horst. — Se a cremação em si ou esses caras vendendo figuras eróticas em um lugar sagrado como este.

Quando restavam apenas cinzas sobre a *ghat*, elas eram varridas para o rio. Um sacerdote lavava o piso com água sagrada, fazia uma benzedura com arroz, e tudo era jogado para dentro d'água. No final do trabalho, as pessoas que participaram da cerimônia entravam no rio para banharem-se, purificando seus próprios corpos. A seguir, iniciava-se outra cremação.

Todo o trabalho ocorria na maior rotina, como algo feito em série, quase uma festa. Pelo jeito, ao queimarem aqueles corpos, pareciam mesmo estar se livrando de uma casca que não mais lhes serviria. Era normal para os hindus, mas chocante para os cristãos.

Esse esquema encontrava-se sustentado por um dos princípios essenciais da cultura hindu, o carma: uma lei férrea de causa e efeito, que controlava todo o curso da vida do indivíduo em suas várias encarnações. A crença do carma procurava explicar o universo como um interminável fluxo de renascimentos, em cada um dos quais a pessoa assumia nova forma física e novo *status*, dependendo da qualidade de suas ações nas encarnações passadas. Eram elas que determinavam a encarnação presente, assim como as ações agora praticadas determinariam o caráter da próxima encarnação.

Hinduísmo foi a denominação dada pelos europeus ao conjunto de princípios, doutrinas e práticas religiosas surgidas na Índia, a partir do ano 2000 a.C., fazendo dele uma das religiões mais antigas que conhecemos. Segundo ela, a existência estava composta por três mundos convivendo em uma genuína correspondência: o primeiro era o físico, o segundo, o espiritual, e o terceiro, o universo dos deuses.

O termo era ocidental e não encontrava correspondente nos idiomas indianos. Era conhecido pelos seguidores como *Sanatana Darma*, do sânscrito, e significava "a ordem permanente". Estava fundamentado nos quatro livros dos Vedas — conhecimento, em sânscrito —, um conjunto de textos sagrados compostos de hinos de louvores e ritos.

A tradição védica surgiu com os primeiros árias, povo de origem indo-européia que se estabeleceu nos vales dos rios Indo e Ganges. Baseava-se em uma memória coletiva sobre deuses tribais e cósmicos dos antepassados. A partir de 1500 a.C., essa herança foi registrada em livros sagrados, os chamados Vedas, distribuídos em quatro volumes no século X a.C.

Os Vedas continham as verdades eternas reveladas pelos deuses e a ordem — *darma* — que regia os seres e as coisas, organizando-os em categorias distintas, as castas. Cada casta possuía seus próprios direitos e deveres espirituais e sociais. A posição do homem em determinada casta era definida pelo seu carma, conjunto de suas ações em vidas anteriores, indicando o seu *status* espiritual.

Segundo eles, a alma era imortal, e, quando alguém morria, seu espírito transferia-se para outro corpo para resolver problemas pendentes da vida anterior e aprender as lições de vida do mundo material. Então, por intermédio das sucessivas reencarnações, se chegaria à salvação espiritual, concluindo o ciclo de renascimento, *samsara*. Assim conseguia-se atingir o nirvana, a sabedoria resultante do conhecimento de si mesmo e de todo o Universo.

O caminho para o nirvana passava pelo ascetismo, pelas práticas religiosas, pelas orações e pelo ioga.

Os brâmanes, sacerdotes, criaram o sistema de castas, que se tornou a principal instituição da sociedade indiana. Sem abandonar as divindades registradas nos Vedas, estabeleceram Brahma como o deus principal e o princípio criador. Ele fazia parte da Trimúrti, a tríade divina completada por Shiva, o princípio destruidor e libertador, e por Vishnu, o princípio conservador.

De acordo com a tradição, Brahma teve quatro filhos, que formaram as quatro castas originais: brâmanes, saídos dos lábios de Brahma, são os sacerdotes considerados puros e privilegiados; xátrias, os guerreiros, originários dos braços de Brahma; vaiciais, os lavradores, comerciantes e artesãos, oriundos das pernas de Brahma; e sudras, servos e escravos, saídos dos pés de Brahma. Os párias eram pessoas que não pertenciam a nenhuma casta, por terem desobedecido a leis religiosas. Não podiam viver nas cidades, ler os livros sagrados e banhar-se no Ganges.

Cada casta possuía suas normas de conduta devidamente ordenadas, isto é, o seu *darma* particular. Assim, por exemplo, o brâmane deveria praticar a não-violência, custasse o que custasse, enquanto um membro da casta dos guerreiros deveria recorrer a todos os meios, mesmo violentos, para fazer triunfar a justiça.

O hinduísmo inspirou a produção de extensa literatura enunciando preceitos relativos à vida cotidiana e à organização social. Todas as atividades do dia-a-dia tinham um sentido religioso. Entre as práticas sagradas estavam as peregrinações a lugares santos, caso das nascentes dos grandes rios. Do século IX ao XIV, floresceu o tantrismo, pregando o aperfeiçoamento espiritual pelo domínio da mente e do corpo.

Os cultos de Shiva e Vishnu e as lutas travadas entre as diferentes tribos hindus foram narrados nos textos épicos *Mahabarata* (O Grande Combate dos Bharata) e *Ramaiana* (Feitos de Rama). O *Mahabarata* compõe-se de 100 mil estrofes, de dois e quatro versos, oito vezes maior do que a *Ilíada* e a *Odisséia* reunidas.

Ao sairmos do templo, subimos uma pequena colina, caminhamos por dentro de um bosque repleto de macacos e nos afastamos de Pashupatinath. Cruzamos por algumas vilas na periferia e poucas horas mais tarde chegamos a Bodnath, local sagrado dos budistas.

Uma menina chamada Kangma pediu ao rei toda a terra que pudesse ser envolvida por um couro de búfalo, porque queria construir um templo. Tão logo o rei deu sua aprovação, ela cortou a pele em estreitas tiras e as uniu, formando um longuíssimo laço que, ao ser estendido na terra, determinou a circunferência sobre a qual foi construído o prédio dedicado a Bodnath, deus da razão.

A *stupa* de Bodnath, a maior do Nepal, media 36 metros de altura e era considerada sagrada pelos budistas tibetanos. Eles acreditavam estarem aqui enterrados os ossos de uma das reencarnações de Buda, o

Kashiapa Buda. Construída no ano 50 d.C., estava cercada por 45 mosteiros budistas e tratava-se do mais importante monumento localizado fora do Tibete, em cujo redor vivia a maior comunidade tibetana no exílio, desde quando os chineses massacraram os seguidores do Dalai Lama, em 1959. Era constante centro de peregrinação religiosa.

Começou a chover, e resolvemos voltar de táxi para o Thamel. Horst queria comprar alguns equipamentos, eu precisava de um novo bastão de *trekking*. À noite fomos jantar no Bhojan Griha, um restaurante típico nepalês. Meu amigo estava ansioso para provar a culinária local.

Após uma entrada de bananas e pipocas, comemos *poleko banel*, um prato feito de fatias de carne assada e depois fritas em um picante molho de pimentão, tomate e cebola iaque, acompanhado de batatas fritas e salada de pepino, tomate, cenoura e rodelas de nabo.

Bebemos *raquixi*, a cachaça do Nepal, um destilado feito a partir do arroz e com um teor alcoólico de 80%. O garçom colocou sobre nossa mesa uma *salincha*, minúscula tigela de argila, e despejou o aguardente, proveniente de uma jarra de prata, a mais de 1 metro de altura, sem derramar uma única gota.

Ainda estávamos chocados com as cenas grotescas — para nós! — das cremações vistas em Pashupatinath, e a cachaça logo soltou nossas línguas.

— Creio ter presenciado hoje uma das cenas mais chocantes de todas as minhas viagens — falei para Horst, olhando para o fundo do pequeno copo de *raquixi* vazio na minha mão.

— Eu também — ele respondeu, enquanto o garçom, com extrema habilidade, nos servia mais cachaça.

— Fiquei tão impressionado com a forma banal como terminam os seres humanos, que preciso repensar algumas coisas na minha vida — falei.

— O que vimos hoje foi uma espécie de extermínio em série do que sobrou do ser humano — disse Horst, enquanto o garçom se afastava para atender uma outra mesa.

— É como se a vida, este grande mistério, perdesse sua magia diante dos nossos olhos, nos transformando em cinzas — completei.

— Tu és pó e ao pó voltarás — disse Horst, citando o livro sagrado dos cristãos.

— Sim — respondi. — Mas não precisava ser assim tão cruamente.

— Mesmo assim acho a maneira hindu de morrer melhor do que a cristã — ele disse, tomando mais um gole de *raquixi*. — Nós, cristãos, escondemos a morte, em uma cerimônia que nos distancia dela, enquanto os hindus lidam com ela de frente. E estão preparados para ela. Já, para nós, a morte é uma coisa que não existe. Na Alemanha, quando colocam um anúncio fúnebre no jornal, não escrevem "fulano morreu", mas utilizam diversos eufemismos para evitar a palavra morte.

A seguir Horst contou-me sobre um grande amigo de infância que estava com câncer, esperando por sua "passagem", enquanto falei-lhe do meu avô, João Machado, meu primeiro contato com a morte em minha família.

— A verdade é que a morte é certa — disse Horst. — Só lamento que a vida aqui termine com os macacos do templo comendo o arroz da cerimônia.

SEGUNDA PARTE

Everest

"Todas as capitais se parecem: ali, as pessoas se parecem, os costumes se confundem. Não é lá que se descobrem os povos."

Jean-Jacques Rousseau

Ano: 1998
Café Northfield

Chegamos ao Thamel, atravessamos o pátio cheio de mesinhas e nos dirigimos à portaria da Katmandu Guest House, onde meus amigos brasileiros estavam hospedados. Tinha acabado de escurecer, fazia calor e estava um pouco abafado. Os ruídos da cidade estavam sendo substituídos pelo lusco-fusco do final do dia, quando as luzes dos bares e restaurantes começavam a invadir os sentidos das pessoas que transitavam pelo bairro.

— Gostaria de falar com um casal de brasileiros hospedado aqui — eu disse ao porteiro, na recepção do hotel, fornecendo-lhe seus nomes.

— *Hello* — disse Viviane, no outro lado do interfone.

— Pode falar português — respondi, da portaria do hotel.

— É o Ortiz? — ela perguntou.

— Sim. Nós vamos nos reunir daqui a pouco para tomar uma cerveja. Gostaria que vocês nos acompanhassem, se não estiverem muito cansados — convidei.

— Já vamos descer — respondeu Viviane. — Estou só esperando o Marcelo se arrumar.

Tão logo desceram, seguimos para o Café Northfield, poucos metros dali, um ótimo restaurante com um belo jardim, onde, espalhadas entre as árvores, as velas sobre as mesinhas criavam mais sombras do que luz. No caminho cruzamos por Pascal Sochon e Boujard Frederic. Horst

Schejok, que falava francês, os convidou para nossa festa, mas não quiseram ir. Acabavam de chegar das montanhas, estavam muito cansados. E ainda precisavam confirmar o vôo para Paris.

No local esperava-nos Leland Risk, acenando de uma mesa, bebericando seu inseparável gim-tônica. Nos acomodamos e pedimos cerveja, enquanto escolhíamos o que comer no variado cardápio do restaurante. Logo chegaram Sean Dowsey, Louise Mead, Samuel Loose, Samantha Dorney-Smith e Elske van de Burgt. Faltavam apenas a japonesa Sacuri, ainda no Himalaia, e Sammy Rubinstein, já em Nova York.

A conversa rolou solta, animada pela cerveja e pelas muitas histórias que cada um tinha para contar. Aos poucos, fomos relembrando aqueles dias maravilhosos passados na Estrada do Everest — onde todos se conheceram —, e dos quais já estávamos com saudades. Nossa jornada nas montanhas do Himalaia havia deixado sua marca. Fazíamos a catarse.

Mas foi ficando tarde e o pessoal começou a se recolher, estava na hora de cada um voltar para seu país. Ou então seguir em frente, na sua estrada particular.

Os primeiros a sair foram Marcelo e Viviane. No dia seguinte, pela manhã, pegariam um avião até Nova Delhi e de lá para Belo Horizonte, via Londres e São Paulo.

Os próximos a se despedir foram Samantha, que voltaria para Londres, o inglês Sean Dowsey, que iria para a Tailândia fazer um curso de mergulho, e o irlandês Samuel Loose, cujo destino era a França, onde pretendia trabalhar em uma fazenda.

O restaurante fechou, e Leland sugeriu mudarmos para um *pub*, no outro lado da rua, de onde vinha um jazz da melhor qualidade. Tomamos mais algumas cervejas, contamos mais algumas vantagens, demos muitas risadas. Mas nós também precisávamos ir embora, voltar para nossas casas. Elske pegaria seu avião para Amsterdã dois dias depois. Leland, antes de voltar para os Estados Unidos, ainda passaria pela Tailândia. Horst faria escalas em Nova Delhi e Kuwait antes de chegar na Alemanha. E eu pretendia visitar um amigo na África do Sul, no caminho para Porto Alegre.

A londrina Louise havia conseguido emprego como professora de inglês em Katmandu, ficando por mais um ano. Talvez por isso, o brinde tenha sido idéia sua:

— Brindemos a um grupo de amigos que, poucas semanas atrás, um sequer sabia da existência do outro.

— Brindemos às montanhas — disse Horst.

— Brindemos ao Himalaia — disse Leland.

— Brindemos à Estrada do Everest — eu disse.

Dia 1

Katmandu, 1.300 metros, a Jiri, 1.860 metros
12 horas

Sonhava com uma praia ensolarada quando bateram na porta do quarto do hotel. Levantei com a nítida sensação de estar iniciando uma nova etapa em minha vida. Não voltaria o mesmo do Himalaia. Se é que voltaria.

Quando fechamos a última mochila eram cinco horas. E nada de o guia aparecer. Resolvemos descer para o desjejum, ir adiantando. Somente às 6h15min, quando tomávamos um demorado café, nosso guia, Mr. Devendra Thapa, chegou. Desculpou-se pelo atraso, alegando que estivera esperando o carregador que, mesmo assim, não aparecera.

Mas podíamos tomar nosso café com calma, palavras que soaram como música aos ouvidos do Horst. E como pânico, aos meus. Como poderíamos estar tomando um descansado café se o ônibus deveria sair em quinze minutos e ainda estávamos no hotel? A resposta a esta pergunta — bem como a uma série de outras, como em breve descobriria — logo apareceu: estávamos no Himalaia, onde o tempo tem outro ritmo.

Saímos em um velho táxi em disparada pelas estreitas e movimentadas ruas de Katmandu, despertando para mais um dia de trabalho. Quando chegamos na rodoviária, o ônibus já estava partindo. Devendra desceu do táxi, em meio à multidão, e saiu correndo — e gritando! e gesticulando! — atrás do ônibus. Alguns passageiros ouviram, bateram na lataria externa do carro, chamando a atenção do motorista — que dirigia com a porta aberta, para ouvir a “campainha” —, e logo o ônibus parou. Para meu desespero, colocaram nossas mochilas no bagageiro externo. Entramos pela porta traseira e nos acomodamos nos dois últimos bancos vazios, na fileira de trás, junto com as mochilas de mão.

Eram 6h35min quando deixamos a rodoviária de Katmandu rumo ao cume do monte Kala Patar, 5.545 metros de altitude, no coração do Himalaia, em uma viagem que mexeria fundo em nossa adrenalina.

Estávamos em um velho ônibus Tata, fabricado na Índia, com 34 assentos distribuídos na fila esquerda de dois lugares e na direita de três lugares. Mas também tinha gente no corredor e em cima do ônibus. Dentro não havia bagageiro, o que nos obrigava a levar as mochilas pequenas entre nossos pés. O teto era tão baixo que não podíamos ficar em pé no corredor. Mas para os baixinhos nepaleses não havia problemas.

Como o tráfego no Nepal era em mão inglesa, o motorista dirigia no lado direito do carro, em uma cabina com mais oito passageiros. O ônibus tinha duas portas no lado esquerdo — uma na frente e outra atrás — e três cobradores — um dos quais ia em cima do teto —, em uma frenética competição de quem batia mais forte na lataria e gritava mais alto:

— Leeeva!

Ao cruzarmos pela periferia da cidade, nos pontos onde pessoas se aglomeravam na calçada, o motorista diminuía a velocidade, e o cobrador, com mais da metade do corpo para fora da porta, batia na lataria do ônibus e gritava:

— Jiri! Jiri!

Quando alguém se manifestava, o ônibus parava e o passageiro subia, com diversas sacolas, caixas, latas, enfiando-as onde houvesse lugar.

Saímos da cidade e pegamos a rodovia Arniko Rajmarg, uma impressionante estrada construída pelos chineses para ligar Katmandu a Lhasa, no Tibete. Passamos por Baktapur, de onde partiam as expedições para o Everest até o início dos anos 60, deixamos Banepa para trás e atingimos Dhulikhel, a cidade na saída do vale Katmandu. Após Dolalghat cruzamos o rio Indrawati, local de partida do primeiro *trekking* comercial para o Himalaia, em 1967, na época ponto final desta rodovia.

Às 8h30min cruzamos o rio Sun Kosi — Rio do Ouro, devido a sua coloração —, entrando no seu vale, por onde seguimos até às 9h30min, quando chegamos a Lamosangu — longa ponte —, distante 78 km de Katmandu e a apenas 50 km da fronteira com o Tibete. Segundo os costumes locais, era hora do almoço.

No Nepal, há um bom tempo, comi um *dal bhat tarkari* em um dos pequenos restaurantes do vilarejo. Prato típico do interior do país, era composto por uma picante sopa de lentilha (*dal*), arroz branco (*bhat*) e legumes cozidos (*tarkari*), servidos em uma única bandeja. Horst preferiu comer uma fruta, guardada na mochila. Havia chovido, e a estrada no local estava coberta por poças d'água, rodeadas por um barro escorregadio.

Em Lamosangu deixamos a rodovia Arniko e dobramos para o leste, cruzando novamente o Sun Kosi sobre uma sólida ponte, onde um poste de cimento marcava o quilômetro zero da estrada que nos levaria a Jiri, 110 km adiante. Esta rodovia fora feita pelo governo suíço como parte de um programa de demonstração do uso de técnicas especiais na construção de estradas nas montanhas.

As máquinas de alto custo normalmente exigidas em uma obra deste porte foram substituídas por trabalhadores da região. Rochas foram quebradas com martelos e muito suor, e toda a tela protegendo as pedras de possíveis deslizamentos fora entrelaçada manualmente, demandando uma grande quantidade de trabalho. Além do pagamento em dinheiro, a alimentação vendida aos operários fora altamente subsidiada para reduzir o impacto de tamanho esforço sobre a desnutrida força de trabalho local. A única máquina pesada utilizada foi um rolo compressor, para socar os aterros.

Iniciamos uma fantástica viagem, durante oito horas, atravessando, uma a uma, as serras — e os vales entre elas — que nos separavam de Jiri. Descíamos até o fundo do cânion, cruzávamos o leito do rio em precárias pontes e subíamos pela outra margem, até atingirmos a borda, para, a seguir, mergulhar no próximo desfiladeiro e subir novamente pela parede oposta.

Às vezes, descíamos até à beira do rio e descobríamos não existir ponte para atravessá-lo. Era preciso costeá-lo até à nascente, contornar sua cabeceira, passar para a outra encosta e reiniciarmos a subida. Pela janela, acompanhávamos uma das paisagens mais bonitas que já vira: em um mesmo cenário, altas montanhas verdes furando as nuvens e tocando o céu; e profundos vales, por onde escorriam limpíssimos e espumantes filetes de água.

O ônibus seguia, em primeira marcha, gemendo e largando fumaça, pela estreitíssima estrada, onde só cabia um veículo e cujo traçado lembrava um caracol. Quando encontrávamos outro ônibus — automóveis de passeio eram raríssimos — tínhamos que parar e, muitas vezes, dar marcha a ré até um local onde o outro carro pudesse cruzar. Seguíamos sempre na borda de um precipício, empoleirados em um barranco que às vezes descia mais de 1.000 metros verticais. Não raro, o pneu rodava a menos de meio metro da beira do penhasco.

O motorista entrava em cada curva buzinando freneticamente. E eu torcendo para que não viesse outro em sentido oposto. Neste poleiro, bastaria um pequeno toque para um dos veículos ser jogado montanha abaixo. Foram as oito horas mais longas da minha vida.

Quando o ônibus estava subindo a serra em direção ao passo Muldi, a 2.050 metros de altitude, sua velocidade era tão baixa, que algumas crianças, brincando na beira da estrada, subiram no teto pela escada externa em sua traseira. Imediatamente nosso guia, Devendra, chamou um dos cobradores, que subiu para expulsar os caroneiros. Eles poderiam muito bem, como mais tarde nos explicou Devendra, jogar uma das nossas mochilas para baixo do ônibus sem percebermos.

O grande número de turistas que chegavam a cada ano ao Nepal estava atraindo um novo tipo de profissional: o ladrão, algo raro antes de o país ser aberto aos estrangeiros, em 1965. E muitos atuavam nesta rota, obrigando alguns *trekkers* a comprarem uma passagem extra para colocar a mochila dentro do ônibus, sobre o banco, apesar dos protestos dos demais passageiros, na sua grande maioria viajando em pé, no corredor.

No quilômetro 55 fizemos uma parada na aldeia Charikot, 1.980 metros, onde subiu um senhor com um pequeno cabrito e decidiu que entre Horst e eu havia espaço para mais um sentar, simplesmente porque não estávamos "grudados" um no outro. Mais do que sentar, ele jogou-se entre nós. E colocou o cabrito no chão, no meio das pernas. O bicho ficou berrando e cheirando tudo que estivesse ao alcance do seu focinho. Eu já não sabia mais se apreciava a maravilhosa paisagem pela janela do ônibus ou se cuidava para o cabrito não comer minhas botas novas, recém-compradas em Katmandu e ainda cheirando a couro.

Continuamos descendo até o vale do rio Tamba, onde o cruzamos na aldeia Tribeni, 840 metros, a altitude mais baixa entre Katmandu e Jiri. O ônibus parou para abastecer, e o senhor do cabrito desceu, para alívio de todos os ocidentais — tanto do Brasil quanto da Alemanha — a bordo. Embora fosse realmente uma rodovia muito sólida, costumava fechar no inverno, quando caíam fortes nevascas na região.

Subimos lentamente de novo pelo outro lado do vale até atingirmos o passo Hanumante, 2.560 metros. A partir daqui, descemos durante mais de uma hora até chegarmos a um posto da polícia, em Kot, para mostrarmos nossos *trekking permits* e preenchermos um livro de registros.

— Vocês mesmos podem escrever seus dados — disse-nos Devendra. — Será mais rápido.

Mais tarde descobri que o guia, embora falasse inglês, não sabia escrever utilizando nosso alfabeto.

Poucos quilômetros abaixo estávamos em Jiri, onde dormiríamos para, no dia seguinte, iniciar nossa caminhada pela Estrada do Everest, pois a partir deste ponto não avançava nada que necessitasse mover-se sobre rodas.

Tínhamos pela frente 150 km de trilhas íngremes até o Acampamento-base do monte Everest, cujo percurso pretendíamos cobrir em uma marcha de dezesseis dias. Se conseguíssemos, a recompensa seria subir ao cume do monte Kala Patar, no final da trilha, de onde se tinha — segundo alguns — a vista mais bela deste planeta. Eu estava ansioso para conferir a veracidade desta afirmação, mas sabia que não seria nada fácil. Estávamos ainda no começo. E o pior viria logo a seguir.

Jiri ficava na entrada de um fértil vale e, devido à conclusão da estrada, em 1984, tornara-se uma próspera vila. A população predominante era da etnia Jirel, cuja origem, segundo uma lenda local, fora um casamento entre uma mulher sherpani e um homem sunuwar. Existiam também sherpas, e com a estrada chegaram os comerciantes newars. A eletricidade vinha de Lamosangu e era utilizada somente na iluminação das moradias. Tinha banco — que não fazia câmbio —, hospital, escola secundária e uma estação experimental agrícola, mantida pelo governo suíço.

1808

Dehra Dun, norte da Índia
680 metros

Em 1808, o Instituto Topográfico da Índia, encravado nas montanhas de Dehra Dun, a 140 km de Nova Delhi, deu início ao difícil projeto de mapear todo o subcontinente indiano. Um dos objetivos era descobrir se o Himalaia, como os britânicos já suspeitavam há muito tempo, abrigava mesmo a mais alta montanha do mundo. O desafio, já imenso por si próprio, tornou-se ainda maior porque tanto o Nepal quanto Tibete, China, Butão e Sikkim estavam fechados à presença estrangeira, com medo de uma intervenção de outros países em seus territórios, especialmente a Inglaterra.

O Tibete, 142 anos depois, acabou sendo invadido, sim. Mas pelos soldados chineses. E acabou recorrendo ao Ocidente para libertá-lo. E o Nepal também terminou sendo invadido, mas pelos turistas ocidentais, hoje responsáveis por 30% das receitas do país.

Mas naquela época esta região era apenas um desconhecido território separando as ambições imperialistas da Grã-Bretanha, ao sul, e da Rússia dos Tzares, ao norte. Desbravá-lo, portanto, passou a ser uma das questões políticas mais importantes do mundo no século XIX.

Para chefiar o Instituto Topográfico da Índia, encarregado de mapear os interesses ingleses na Ásia, foi nomeado o coronel George Everest. Ele chegou ao país em 1823, comandando o Instituto até 1843, realizando um grande trabalho político e cartográfico.

DIA 2

Jiri, 1.860 metros, a Bhandar, 2.200 metros
10 horas

Nosso guia, Devendra Thapa, acordou-nos às sete horas. Conversamos um pouco, e perguntei-lhe se gostava de futebol. Disse gostar muito e que na Copa do Mundo apostara no Brasil, perdendo um bom dinheiro. Para amenizar seu prejuízo, dei-lhe de presente uma camiseta da seleção brasileira.

— Espero que esta camiseta seja o símbolo de uma grande amizade entre nós — falei-lhe.

Ele agradeceu, emocionado, e apresentou nosso carregador, um jovem magro e muito simpático, de nome Barrado, morador de Jiri.

— Namastê — disse o jovem, juntando as mãos em forma de prece e fazendo a tradicional inclinação com o corpo em nossa direção.

— Namastê — respondemos, fazendo um pequeno gesto com a cabeça. Eu, que tenho o hábito dos gaúchos de sair apertando a mão de todo mundo, precisava me conter no Nepal. Barrado deu um largo sorriso e nos chamou de *sahib*, o nome pelo qual os nativos do subcontinente indiano chamavam os ocidentais e os japoneses. Ele não falava inglês, mas não foi difícil comunicarmo-nos, dada sua grande afabilidade. Quando nos despedimos, no final da viagem, presenteou-nos com uma *kata*, uma echarpe de seda branca, símbolo da amizade na tradição budista.

Horst achava que este franzino rapaz não teria condições de levar nossas duas mochilas, queria um segundo carregador, como havíamos combinado com a agência, em Katmandu.

— Eu e o Ortiz somos muito experientes nas montanhas, andamos depressa. Temo que ele não possa acompanhar nosso ritmo e acabe nos atrasando — alegou Horst, meio contrariado.

Mas Devendra garantiu que não teríamos problemas, os carregadores no Himalaia levavam até 45 quilos. Minha mochila pesava quinze, e a do Horst, 22 quilos.

— Mesmo assim, se ele tiver problemas, contratamos outro carregador no caminho — prometeu Devendra.

Se era assim, estava tudo bem, embora o alemão não tivesse ficado muito convencido.

Fazia calor, então vestimos apenas uma camiseta de mangas curtas e uma calça de tactel. Utilizando um pequeno espelho de bolso passamos no rosto — e nas orelhas! — bloqueador solar com fator de proteção 40, acomodamos as mochilas dentro do *doko*, o balaio de bambu que Barrado levaria nas costas, e descemos para o desjejum, um ótimo café com grandes panquecas com mel.

Saímos, os quatro, em fila indiana. Devendra primeiro, Barrado fechando o grupo. O sol estava forte, e tínhamos pela frente uma longa jornada. Marcharíamos para o leste durante os próximos cinco dias, até atingirmos o rio Dudh Kosi, quando dobraríamos para o norte e seguiríamos, por dentro do seu vale, por mais quatro dias, até Nanche Bazar. De lá teríamos mais sete dias até o Everest. Eu estava preparado para tudo, mas a gente nunca sabe o que nos espera na próxima curva. E esta viagem teria muitas curvas.

Todos os rios e serras no caminho desciam no sentido norte/sul, e nós iríamos no sentido oeste/leste. Assim, até o vale do Dudh Kosi, estaríamos em um constante sobe e desce. Se colocássemos todas as subidas em uma mesma seqüência, até o Acampamento-base do Everest — final da nossa estrada —, subiríamos algo em torno de 10 mil metros, ao longo de 150 km, em dezesseis dias. Como o desnível entre o Acampamento-base e o cume do Everest era de 3.450 metros, seria como se subíssemos três vezes o Everest. Da mesma forma, se colocássemos todas as descidas em uma mesma seqüência, no mesmo percurso desceríamos algo em torno de 6.500 metros.

Este desnível foi ainda maior, acrescido de 2.000 metros, porque acabamos fazendo um desvio da rota original para escalarmos duas montanhas que não faziam parte da Estrada do Everest: o Chukung e o Kala Patar.

Cruzamos toda a extensão da vila — na verdade apenas uma rua com casas em ambos os lados —, passamos por trás do hospital e iniciamos a subida de uma pequena colina, coberta por uma floresta úmida. Eram nove horas, um pouco tarde. Mas como pretendíamos dormir no próximo povoado, Shivalaya, a pouca distância, estava tudo bem, embora eu estivesse um pouco tenso.

O primeiro dia de uma expedição é para mim sempre o mais difícil. Não sei o que vou encontrar pela frente, quais as dificuldades físicas que precisarei enfrentar, como serão as pessoas em quem vou ter de confiar. E, especialmente, como vou reagir, física e mentalmente. Preciso de algum tempo para me aclimatar. Como já me conheço, no início nunca me exijo muito, sou um pouco condescendente comigo mesmo. Displicente, até. Neste primeiro momento me contento em apenas ter quebrado a inércia, ter partido.

Mas sei também que à medida que vou avançando minha mente vai ganhando confiança e exigindo cada vez mais do meu corpo. Por isso sabia que em breve estaria tentando romper meus próprios limites montanha acima. Se iria conseguir, era uma pergunta que só o tempo responderia.

Encaro toda situação adversa como uma forma de aprender um pouco mais sobre minhas reações e, portanto, prever meu comportamento em situações semelhantes no futuro. Por isso, se esta jornada acabasse bem, sem acidentes graves pelo caminho, teria muito a descobrir sobre mim mesmo. E isto era bem estimulante.

Tão logo chegamos ao topo da pequena colina, um grupo de crianças veio em nossa direção, com pequenos cadernos escolares nas mãos, pedindo dinheiro. Combinamos não darmos esmolas. Quando voltássemos a Katmandu, faríamos uma doação a alguma instituição de caridade voltada para as crianças. Aliás, esta era também a própria orientação do governo do Nepal.

Passamos pela minúscula aldeia Ratmate, cruzamos ao lado de uma cachoeira e às 10h30min paramos em Chitre para nossa primeira bebida na trilha. Horst tomou chá com leite de vaca. Eu bebi um refrigerante. O local chamado Chitre era, na verdade, apenas um galpão semi-aberto onde funcionava um *bhatti*, pequena casa de chá, primeira parada para os carregadores que partiam de Jiri com seus *dokos* abarrotados de mercadorias em direção às isoladas aldeias do Himalaia.

Ao redor do galpão algumas cabras comiam o que ainda restava de uma rala e amarelecida vegetação. As pessoas pareciam desanimadas. Estávamos em uma das áreas mais pobres de toda a Estrada do Everest. Ao longo do caminho iríamos encontrar muitos locais parecidos, aldeias que não passavam de duas ou três casas, uma das quais um pequeno parador para os carregadores descansarem e tomarem chá com manteiga de iaque, uma ótima bebida para repor as energias gastas com suas pesadas cargas.

Para nós as bebidas eram mais necessárias ainda, pois precisávamos, além de repor as energias, de aclimatarmo-nos às grandes altitudes do Himalaia. Para isso teríamos de tomar cinco litros de líquido por dia para facilitar nossa aclimatação. Para Horst, que, quando em casa, tomava dois litros de chá no café da manhã, era fácil. Para mim, que não tinha este hábito, era um suplício. Se ainda tivéssemos um chimarrão...

Subimos a serra Danda e às onze horas chegamos ao passo, de onde avistamos, lá ao longe, na linha do horizonte, a pontinha do nosso primeiro pico nevado do Himalaia: o Nangpa Teng, 4.629 metros de altitude.

Andamos alguns minutos pelo topo da cordilheira e começamos a descer pelo outro lado, em direção à aldeia Mali, onde paramos novamente para mais uma bebida. A aldeia tinha quatro casas e uma vista muito bonita. Podíamos ver à nossa frente, lá embaixo, no fundo do vale, o rio. E, do outro lado, a íngreme serra que teríamos de subir tão logo saíssemos de Shivalaya.

Reiniciamos a abrupta descida, passamos pela nascente do rio Yelung e descemos ao fundo do vale, onde encontramos o rio Khimti, o qual cruzamos através de uma grande ponte pênsil — minha primeira ponte pênsil no Himalaia! — e chegamos a Shivalaya, onde iríamos almoçar, apresentar nossos *trekking permits* para a polícia local, descansar um pouco e pernoitar. Minha primeira aldeia no Himalaia! Um espírito juvenil, era como me sentia.

Shivalaya, 1.767 metros de altitude, ficava em um local muito bonito, um amplo vale na confluência dos rios Yelung, Moabir e Khimti. Um ótimo lugar para repor as energias. Significava "Casa de Shiva" e tinha oito pousadas e algumas casas de chá, todas construídas há pouco tempo. A aldeia velha ficava um pouco mais abaixo, mas, com a chegada da estrada até Jiri, o comércio na região aumentou, e a trilha teve seu traçado alterado, passando um pouco mais acima do caminho original. Então os moradores também mudaram a aldeia de local.

Quando estávamos chegando a uma pequena pousada para nosso primeiro almoço na trilha, dois rapazes se preparavam para sair.

— Vocês estão atrasados — disse-nos o mais alto deles, em francês.

— Sim. É que saímos tarde de Jiri — respondeu Horst, que falava francês.

— De onde são? — era a pergunta inevitável, que iniciava todo contato entre os estrangeiros na trilha.

— Eu sou da Alemanha, e meu amigo é do Brasil — respondeu Horst.

— Nós somos franceses — disse o mais baixo, levantando da mesa.

— É, já deu para notar — falei, em inglês, pois não falo francês.

Ao se despedirem, para criar um clima menos formal, falei para o mais alto, que arranhava no inglês:

— Daqui a quatro anos o Ronaldo vai estar mais maduro, não vai tremer de medo diante de uma final de Copa do Mundo. E o Zidane vai estar muito velho.

Eles deram uma larga risada. E, para meu alívio, o mais alto disse:

— Eu não gosto de futebol. Não é mais praticado por esportistas, mas sim por um bando de mercenários. Esporte é isto que estamos fazendo, nesta trilha.

— Nosso esporte preferido é o ciclismo — disse o mais baixo.

Ótimo, pensei. Assim fico livre das flautas desses caras.

O minúsculo restaurante era atendido pelo proprietário, cuja jovem esposa fazia a comida, em uma cozinha nos fundos, sobre a chapa escaldante de um enorme fogão de barro, queimando muita lenha. Pedi para Devendra perguntar se podia fotografar a sherpani cozinhando, no que concordaram.

Ao lado do fogão, na cozinha de chão, ela estava descalça, usava um lenço colorido na cabeça, grandes brincos dourados em forma de argola e trajava um *bakhu*, o tradicional vestido do Himalaia, uma longa peça de seda, sem mangas e descendo até os pés, sobre uma blusa de lã. E na cintura o *pangden*, o avental multicolorido, significando tratar-se de uma mulher casada.

Devendra comeu seu *dal bhat tarkari* com a mão, como mandava a etiqueta local. Com as pontas dos dedos ele pegava um punhado de arroz, misturava com a lentilha e o jogava na boca, com gestos rápidos e extremamente eficientes. Enquanto isso apenas belisquei um pouco de arroz. Horst comeu bem, disse estar faminto. Não vi onde Barrado, nosso carregador, comeu. Se é que comeu.

— Meu nome é muito grande — disse Devendra, enquanto almoçava, em uma mesa ao lado da nossa. — Vocês podem me chamar pelo apelido: DB.

Achei muito engraçado, não pude perder o mote.

— DB, para nós — disse-lhe, brincando —, significa *Deutsch* & Brasil, o nome dos nossos países. E também o nome informal da nossa expedição. Informal porque, pelo contrato assinado com nosso patrocinador, o nome da expedição era *Yeti Expedition*.

Horst riu muito. E já que estávamos tão felizes, sugeriu continuarmos mais um pouco. Assim, ganharíamos tempo. Também achei bom, pois me sentia bem, não tinha por que pernoitar aqui, embora esta fosse a regra entre todos os *trekkers* amadores que faziam esta trilha.

Saímos às duas da tarde para subir os 938 metros verticais que nos levariam ao passo, em uma penosa caminhada montanha acima. Como estávamos atrasados, DB solicitou pressa. Era o meu dia mais difícil, e ainda estava de tênis, calçado que normalmente uso no início, para ficar mais leve e ter menos dificuldades. A trilha serpenteava por dentro de uma densa e úmida floresta, ladeada por enormes árvores de rododendro, a planta símbolo do Nepal.

Passamos ao lado da aldeia Sangbadanda, 2.240 metros de altitude, formada por duas pousadas e uma casa de chá. Na saída da aldeia a trilha se bifurcava. O caminho da esquerda fazia um pequeno desvio para subir até Todung, 3.090 metros, onde existia uma importante fábrica de queijos cujo processo de industrialização fora introduzido pelos suíços, usando a mesma técnica das pequenas queijarias dos Alpes. Mas o nosso caminho era o da direita.

Cruzamos uma ponte de madeira, coberta, sobre a garganta de um cânion, e continuamos subindo. Começamos a ver os primeiros *manis* (muretas de pedras pequenas, chatas, com inscrições budistas sagradas, entalhadas em sânscrito) do caminho, indicando estarmos saindo de uma região hindu e passando para uma região predominantemente habitada pelas etnias tamangas e sherpas, budistas tibetanos que imigraram para este lado do Himalaia há cerca de quinhentos anos.

Caminhávamos sobre um terreno coberto por grandes pedras soltas arrastadas até aqui pela água da chuva que descia montanha abaixo, formando uma larga, pedregosa, perigosa e escorregadia valeta.

A duras penas, quase me arrastando, três horas depois de termos saído de Shivalaya, chegamos ao passo Deorali, 2.705 metros de altitude, envolto em uma espessa camada de nuvens, deixando o final da tarde ainda mais escuro. Normalmente se tem uma bonita vista aqui de cima, mas não na hora em que chegamos. Que pena!

Deorali significava "passo" na língua nepali, e por isso muitas aldeias tinham este nome. Havia uma pousada, mas decidimos não ser aconselhável em nosso primeiro dia na montanha dormir a 2.705 metros de altitude. Assim, já que tínhamos nos metido nesta enrascada, o melhor era seguir em frente, descer a montanha pelo outro lado.

DB e Horst, que não tinham luz, desceram na frente, em direção a Bhandar, a próxima aldeia, 505 metros verticais abaixo do passo. Coloquei a lanterna frontal e segui atrás, em um ritmo mais lento, iluminando o caminho para Barrado. À medida que descíamos, saíamos de dentro das nuvens, o que nos dava mais claridade, a ponto de poder desligar a lanterna.

Cruzamos por uma área cultivada, atravessamos algumas pastagens e às 18h45min — noite alta no Himalaia — chegamos a Bhandar, uma pequena aldeia esparramada pela encosta da montanha. Bhandar tinha um *gompa* (mosteiro budista tibetano) e dois *chortens* (relicário ou memorial himalaio budistas).

Fora um dia muito puxado, pois andáramos 25 km em dez horas, além de termos saído tarde de Jiri.

DB já tinha conseguido hospedagem no Buda Lodge, uma pequena pousada, um pouco abaixo do mosteiro. Acomodamos as mochilas em um pequeno quarto no segundo andar da casa de madeira e fomos tomar um relaxante banho. Pude até fazer a barba, pois tínhamos água quente em abundância, algo que se tornaria mais raro à medida que fôssemos avançando Himalaia adentro.

A luz vinha de um gerador Siemens movido por uma roda de água e produzia um quilowatt de energia, suficiente apenas para iluminar uns poucos e amarelecidos bicos de luz.

Embora nesta região não fosse costume a utilização de chaves nas portas, o dono da pousada, atento aos seus desconfiados hóspedes ocidentais, vindos de um mundo tão civilizado, colocou um minúsculo cadeado em cada quarto. Pretendia com isso acalmar aqueles que não conseguem dormir se não estiverem bem trancados. Mas o cadeado era tão pequeno, que Horst perdeu a chave.

Fomos convidados para jantar na mesa do proprietário da pousada. Então DB, em uma gentileza toda especial, sabendo que eu tinha me alimentado mal ao meio-dia, trouxe-me alguns pedaços de galinha frita, que estavam cozinhando em uma casa ao lado, no que me pareceu ser uma festa. O dono da pousada, um gentil e falante comerciante, para não chocar seus hóspedes estrangeiros, de hábitos tão refinados, resolveu comer seu *dal bhat tarkari* com uma colher, o que por certo não lhe foi fácil.

Enquanto isso comi minha galinha com as mãos, um hábito aprendido com os italianos na Serra gaúcha. E bebi três refrigerantes gelados enquanto Horst tomava seu litro de chá quente.

Tivemos um sono agitado, pois fazia 21 graus, deixando desconfortáveis nossos sacos de dormir, feitos para clima mais frio.

1830

Fronteira da Índia com o Nepal
70 metros

Em 1830, o trabalho de mapeamento do subcontinente indiano finalmente chegou à fronteira da Índia com o reino proibido do Nepal. Impossibilitados de cruzarem para o outro país, os topógrafos resolveram continuar o projeto dali mesmo. Foi determinada uma linha base da extensão da cordilheira, e em 1847 iniciou-se a medição dos picos norte, usando cálculos trigonométricos baseados na altura e distância de pontos conhecidos.

As condições eram as piores possíveis. As regiões onde os agrimensores precisavam trabalhar estavam infestadas pela malária, e as monções destruíam as torres de observação a cada nova estação.

No inverno, um sistema de alta pressão sobre o planalto tibetano produzia ventos gelados, soprando-os sobre o Himalaia em direção ao Nepal e ao norte da Índia, trazendo tempo frio e seco.

No verão, o sol aquecia a península indiana, e um sistema de baixa pressão sobre o norte da Índia forçava uma mudança dos ventos em direção ao Tibete, trazendo da baía de Bengala calor e muita chuva.

Este sistema climático, conhecido pelos árabes como *mausim* — estação —, que determinava o ritmo dos trabalhos dos agrimensores naquela época, continuava influenciando o comportamento das atividades econômicas na região.

Na primavera, quando os ventos gelados vindos do Tibete já haviam perdido sua força e as chuvas ainda não haviam chegado; e no outono, quando a estação chuvosa já havia se ido e os ventos frios ainda estavam por chegar, tínhamos o melhor tempo no Nepal. Tanto para trabalhar na terra quanto para escalar montanhas.

Dia 3

Bhandar, 2.200 metros, a Sete, 2.575 metros
11 horas

Ainda estava escuro quando o relógio de cabeceira do Horst despertou, às seis em ponto. Acordei surpreso: ele trouxera um relógio de cabeceira na bagagem! Mas esta não seria a última novidade a sair daquela mochila. O alemão levantou, resmungando:

— Ortiz, acorda.

Abri os olhos, sacudi a cabeça e precisei de alguns instantes para me dar conta de onde estava.

— *Buenos dias* — disse-me ele, vendo-me acordado. Como já acontecera no ano anterior, quando escalamos juntos o Kilimanjaro, na África, conversávamos em espanhol. Eu não falava alemão, ele não falava português e não se sentia à vontade falando inglês. Mas falava um bom espanhol devido ao tempo em que viajou pela América do Sul, alguns anos antes.

Nós até tentamos. Desta vez ele chegou ao Nepal com um dicionário Alemão/Espanhol. E eu havia comprado no Brasil um dicionário Português/Alemão. Muitas vezes Horst parava no meio da frase, puxava o dicionário e procurava o significado, em espanhol, do que queria dizer. Era uma confusão. Então eu pedia para ele falar em Alemão mesmo. E procurava o significado no meu dicionário, tornando a confusão ainda maior. Desistimos. Adotamos o castelhano como língua oficial da *Yeti Expedition*. Afinal, não era assim uma expedição tão grande...

— *Buenos dias* — respondi. — Como passou a noite?

— Não tive um bom sono. Dentro do saco de dormir estava muito quente, fora do saco estava frio.

— Pra mim esta noite também foi um saco — falei. Mas como ele ficou me olhando sem entender o trocadilho, meu senso de humor foi pro saco. Também pudera, pois em espanhol "saco de dormir" se diz "bolsa de dormir". Na próxima vez que não gostar de algo, preciso dizer-lhe: que *bolsa*! Ou então: estou com *la bolsa llena*!

Como faria todas as manhãs, a partir deste dia, ele tirou a roupa com que dormira, passou creme Nivea por todo o corpo, vestiu-se novamente e desceu para o *desayuno*.

Levantei-me na maior preguiça e desci para o banheiro. Precisava primeiro escovar os dentes e lavar o rosto. Só depois disso me sinto acordado. Voltei para o quarto, vesti-me, calcei as botas e desci para o café, servido na varanda da casa. Horst já estava lendo um grosso livro enquanto tomava chá com *chappati* — o tradicional pão frito, em forma de pizza, do Himalaia — e dois ovos cozidos. Eu tomei um copo de café com leite e comi meio *chappati*. Não consigo comer logo ao levantar, especialmente quando acordo cedo.

No lado oposto da rua os dois franceses, que haviam dormido na pousada no passo, se preparavam para continuar, dando os últimos retoques em suas mochilas, depois de terem parado em Bhandar para tomar café. Quando nos viram, ficaram surpresos. Como no dia anterior estavam duas horas à nossa frente, imaginaram que tínhamos ficado para trás. E agora partiam na frente, de novo. Por certo não perdiam tanto tempo em uma refeição.

Após o desjejum voltamos para o quarto, arrumar nossas mochilas. Era a primeira vez na trilha que as refazíamos. Como já dava para ter uma idéia mais precisa do que iríamos necessitar, trocamos algumas coisas de lugar. Passei alguns objetos para a mochila pequena e devolvi outros para a mochila grande, levada pelo nosso carregador. E fiz um terceiro volume, um pequeno saco onde botei os tênis — que não iria mais usar — e a roupa suja. Este volume acomodei no fundo do balaio do Barrado, onde sobrava espaço. Só então Horst foi lavar-se, fazer a barba.

Passar bloqueador solar no rosto era algo extremamente desagradável para mim. Não gosto de fazê-lo nem mesmo quando ando na praia. Como estava usando um grande chapéu de caçador, comprado na África, exatamente para proteger-me do sol, desta vez lambuzei apenas as orelhas.

Às oito botamos o pé na estrada novamente. Ainda continuávamos descendo, tão alto fora o passo por onde cruzáramos no dia anterior. Passamos por diversas casas de agricultores e chegamos ao fundo do vale, seguindo pela margem do rio, por uma escorregadia trilha, dentro da floresta, caminhando sobre um chão muito úmido. O agradável cheiro da terra molhada fundia-se com o orvalho caindo das árvores e com a brisa que subia do rio, formando uma suave bruma dentro do bosque nesta linda manhã de outono.

Pelo caminho encontramos diversos carregadores, mulheres indo para as plantações e crianças para a escola. Estávamos atravessando um local bem povoado, como eram todos os vales nesta região. Podia-se ouvir um galo cantando, ao longe.

— Quando um galo canta fora de hora, é sinal de tempo bom – expliquei ao Horst, enquanto caminhávamos.

— E como você sabe disso? — ele perguntou.

— Aprendi com os escoteiros, no Brasil — respondi, meio ríspido, por ele estar duvidando dos meus conhecimentos.

— E será que os escoteiros brasileiros ensinaram o mesmo para os galos do Himalaia?

O cânion estreitou-se, abruptamente, cortando o nosso caminho. Para continuarmos foi preciso cruzar uma pequena ponte de madeira que nos levou à outra margem do rio. Havia um *bhatti*, onde fizemos um lanche. Eram 9h30min, e Horst já estava com fome. Tomou chá e comeu mais um *chappati*, enquanto bebi um refrigerante e provei um pedaço de cereal em barra. DB também tomou chá, enquanto Barrado descansava com o balaio escorado na *chautaara*, uma plataforma de pedra feita especialmente para os carregadores apoiarem suas pesadas cargas.

Nos locais onde havia uma casa de chá, normalmente era erguida, ao lado, uma plataforma de pedra, uma espécie de pequeno muro, em dois níveis. Os carregadores sentavam na parte mais baixa e apoiavam o *doko*, ou o que trouxessem nas costas, na parte mais alta. Assim eles podiam descansar o peso do balaio sem largá-lo no chão, evitando levantá-lo novamente na hora de atrelá-lo às costas.

Previdente, Barrado, como os demais carregadores, tinha também um *teko*, um grosso bastão em forma de "T", utilizado para manter o equilíbrio nos terrenos escorregadios e descansar o balaio, quando não havia um outro ponto de apoio no local em que parava para tomar o seu indispensável chá com manteiga de iaque.

Tudo que não era produzido no local precisava ser transportado nas costas dos carregadores, uma espécie de "caminhão" do Himalaia. As trilhas eram tão íngremes e tão estreitas — em alguns casos era preciso engatinhar por sobre as rochas, montanha acima —, que se tornavam intransponíveis para qualquer "coisa" que não se movesse sobre duas pernas. Os próprios doentes, quando precisavam ser levados para uma aldeia com melhores recursos, eram carregados nas costas destes homens.

Eles levavam até 45 quilos nos seus balaios. Às vezes, enquanto eu, com uma mochila de 5 quilos, arfava montanha cima, um deles, com um armário nas costas (eu disse armário, mesmo!) e com as pernas mais finas que já vi, passava por mim, assobiando.

Um dos segredos era estarem adaptados à altitude, possuíam o tórax mais desenvolvido, maior volume de sangue circulando e maior quantidade de glóbulos vermelhos, o que lhes assegurava uma oxigenação perfeita.

Revigorados, continuamos a marcha, entrando no vale do rio Likhu, pela sua margem esquerda. Um pouco mais abaixo precisamos trocar de margem, cruzando uma grande ponte pênsil, que nos levou à aldeia Pekarnasa, a 1.580 metros de altitude, onde alguns *trekkers* descansavam em uma casa de chá. Desde Bhandar havíamos descido 620 metros verticais.

Horst seguiu na frente, enquanto larguei a mochila e os bastões de *trekking* e sentei-me em uma pedra.

Eu usava uma macia luva preta, de couro, sem as pontas dos dedos. Mantinha o tato na hora de tirar fotos e diminuía a fricção do cabo do bastão de *trekking* nas minhas mãos, para evitar o aparecimento de bolhas. Mesmo assim, na parte interna do dedão da mão direita, único local desprotegido pela luva, surgiu uma grande bolha, já incomodando. Parei para colocar um Band-aid, que trazia na caixinha de primeiros socorros.

Um dos *trekkers* presenciou a cena, aproximou-se e me estendeu um esparadrapo especial.

— Coloca este esparadrapo sobre o Band-aid que vai te proteger melhor — disse-me ele. Peguei o esparadrapo, fiz um curativo caprichado e nos apresentamos.

Sean Dowsey era um simpático inglês com 25 anos e muita energia. Aborrecido com o trabalho de administrador em Londres, resolvera deixar o emprego e passar dois anos viajando pelo mundo. Apaixonado por fotografia, já estivera na Índia e agora visitava o Nepal. Depois pretendia fazer um curso de mergulho na Tailândia e trabalhar como instrutor deste esporte na Austrália. Ou talvez fosse lecionar inglês na América do Sul.

Segui a nascente do rio, apressando o passo, pois ficara para trás. Pouco depois, às 11h20min, cheguei a Kenja, onde Horst me aguardava, em frente ao posto policial, para apresentarmos nossos *trekking permits*. Preenchemos um livro de registro, conversamos um pouco com o simpático guarda e fomos almoçar em um *bhatti*, ali perto.

Kenja era um bonito vilarejo onde viviam newars, sherpas e magars, trabalhando em diversas lojinhas, restaurantes e hotéis, tudo muito limpo. Em 1984, existiam aqui apenas duas pousadas e cinco casas, mas a população vizinha foi atraída pela possibilidade de ganhar dinheiro com o crescente fluxo de turismo. Em 1989, o lugar foi contemplado com um projeto japonês de eletrificação. Hoje, nove pequenos geradores produziam 55 quilowatts de energia, suficientes para cozinhar, aquecer água e mesmo alimentar alguns aparelhos de som. O proprietário do Sherpa Guest House, onde almoçamos, garantiu-me que quando voltasse a Kenja iria poder assistir a um filme no videocassete, em uma demonstração de que não pretendiam ficar de fora das modernidades do mundo, seja lá o que isto significasse.

Enquanto esperávamos pelo almoço, Horst ficou lendo seu livro, e eu caminhei um pouco, ao redor da casa, para tirar algumas fotos. DB levou-me a uma pequena elevação, nos fundos da moradia, de onde pude tirar as primeiras fotografias do Himalaia com seus picos cobertos de gelo, refletindo a forte luz do sol.

Um pouco mais adiante entramos na floresta, onde vimos alguns macacos cinzentos brincando sobre grossas árvores. Ali perto iniciava a trilha que subia ao cume do pico Pike, moradia do benevolente espírito protetor desta área.

Horst comeu bem, como sempre. Seu apetite me impressionava. Ele normalmente iniciava com uma sopa de alho, depois algum prato à base de batatas ou arroz e dois ovos fritos, além de um litro de chá fumegante e uma sobremesa. Já eu estava seguindo rigorosamente a dieta preferida da Gabriela, minha filha de seis anos: refrigerante e chocolate. Mas era bom não comer muito, mesmo. Tínhamos uma árdua etapa pela frente nesta tarde: cruzar a cordilheira Lanjura.

Ao cair da noite do dia anterior, havíamos atingido 2.705 metros, no passo Deorale, no topo da serra. Então descemos até Bhandar, 2.200 metros, para dormir. Hoje continuamos descendo até Kenja, 1.634 metros, no fundo do vale do rio Likhu.

Agora precisávamos novamente trocar de vale, isto é, cruzar uma cordilheira e entrar no outro vale. Para isso, tínhamos que subir a montanha à nossa frente, chegar ao seu topo e descer pelo lado oposto, até o vale do rio Junbesi, onde ficava a vila Junbesi.

Na verdade, não existia uma trilha que fosse direto ao Everest. Esta constatação fez-me lembrar de Amrit, o motorista de táxi de Katmandu que ficou me gozando quando lhe disse que pretendia percorrer a Estrada do Everest, à procura do Yeti.

O que havia eram diversas aldeias espalhadas pelas encostas do Himalaia. Por isso, o que estávamos fazendo era seguir, de uma povoação para outra, buscando nos aproximarmos da grande montanha. Como estes assentamentos ficavam sempre no fundo de um vale, onde a terra podia ser cultivada, precisávamos subir e descer montanhas, passando de um cânion para outro. À medida que nos aproximávamos do espinhaço central da grande cordilheira, os vales ficavam em lugares mais altos. Assim, íamos ganhando altitude.

Kenja, ao pé da cordilheira Lanjura, ficava a 1.634 metros de altitude. A crista da serra estava a 3.780 metros. Mas, um pouco mais abaixo do topo, a 3.530 metros, existia um passo, por onde poderíamos cruzar para o outro lado e descer em direção ao próximo vale.

Tínhamos pela frente um desnível de 1.896 metros, em uma curta distância, tornando a subida extremamente difícil, impossível de ser realizada em um único dia. Então, a escalada foi quebrada no meio, em Sete, a 2.575 metros de altitude, um refúgio onde existia a possibilidade de pernoitarmos. Mesmo assim tínhamos, nesta tarde, uma subida de 941 metros. E, na manhã seguinte, mais 955 metros verticais.

Saímos de Kenja à uma da tarde, subindo horas e horas por uma interminável trilha muito íngreme e serpenteando por entre as árvores que cobrem a montanha. Logo adiante o caminho dividia-se: o da esquerda seguia para Sagar, onde existiam uma escola e pequenas pousadas. O da direita, para Sete, nosso destino.

Quando chegamos a Sete já não víamos a luz do sol. O refúgio, na verdade, era formado por duas casas e um pequeno mosteiro. Não existiam luz nem água. Era uma típica construção sherpa, pois a partir daqui estaríamos em seu território. A casa onde ficamos, como todas as casas sherpas, era de pedra e tinha dois andares. No térreo ficavam os animais, no segundo andar havia três quartos e no sótão uma pequena cozinha, com um fogão a lenha e uma grande mesa ao lado.

Esquentei um balde com água sobre a chapa do fogão e o levei para a latrina, nos fundos da casa. Tirei a roupa e despejei a água quente por cima. Foi um dos mais maravilhosos banhos que já tomei na vida.

Na improvisada pousada trabalhavam apenas homens. Quando subimos para jantar, encontramos os franceses, que haviam chegado antes de nós. Comemos sob a luz de um lampião a querosene e conversamos um pouco.

Agora, com mais calma, foi possível fazermos as devidas apresentações. O mais alto chamava-se Pascal Sochon e o mais baixo Boujard Frederic. Eram ciclistas e estavam no Himalaia como parte de um programa de treinamento para uma competição.

Pai de dois adolescentes, Guilherme, de dezesseis anos, e Cyril, de doze, Pascal tinha quarenta anos e há vinte trabalhava como técnico em comunicação. Nascera na Normandia e vivia na região de Paris.

— Infelizmente bem longe das montanhas — como gostava de dizer. Apaixonado por esportes, além do ciclismo praticava judô e *trekking*.

Finalizada a ceia, empurrei os pratos para o lado e desdobrei as plantas cartográficas pelas quais vínhamos navegando. Com minha lanterna mostrei-lhes as trilhas que pretendíamos seguir e medi suas distâncias com meu curvímetro, um pequeno aparelho de fabricação francesa com uma ponta esférica. Rolando-a sobre o mapa, mostrava-nos a distância na escala programada.

Eles ficaram impressionados por eu estar carregando este peso extra. Pego no contrapé, fiquei meio sem jeito. Só me ocorreu explicar que era jornalista e que precisava de uma série de informações de que eles talvez não necessitassem.

Os mapas Schneider, que estava utilizando como referência na trilha, eram considerados as melhores cartas topográficas sobre esta região do Himalaia. Publicados pela editora Freytag-Berndt und Artaria, de Viena, na escala de 1:50.000, cobriam todo o nosso trajeto em apenas três mapas. O primeiro, Tamba Kossi & Likhu Khola, cobria a rota de Jiri até Junbesi. O segundo, Shorong/Hinku, cobria a rota entre Junbesi e Nanche Bazar, e o terceiro, Khumbu Himal, cobria a área de Nanche Bazar até a fronteira com o Tibete, onde estava o monte Everest.

Por ser o dialeto falado pelos sherpas uma língua oral, existiam diversas maneiras de escrever os nomes das aldeias e dos picos pelos quais passávamos, já que se recorria a uma grafia fonética. Além disso, era preciso traduzir os nomes sherpas para a língua nepali, escrita em caracteres devanagari, alfabeto derivado do sânscrito. A partir daí, traduzir para o inglês e depois para o português. Para não colocar mais uma mistura nesta salada, os nomes dos locais citados neste livro, sempre que possível, foram tirados dos mapas Schneider.

As alturas das montanhas também divergiam. Era fácil encontrar altitudes diferentes — pequenas, coisa de meia dúzia de metros, mas diferentes — em cada livro que se lia sobre o Himalaia. Muitas vezes meu altímetro mostrava uma altitude alguns metros diferente do altímetro de outro *trekker*, ao meu lado. Então, as informações sobre altitudes aqui mencionadas também seguem os mapas Schneider, material imprescindível para qualquer pessoa que queira conhecer este caminho.

O alpinista e agrimensor Erwin Schneider iniciou seu trabalho de topografia na região do Everest em 1955, como integrante de uma expedição internacional que tentou, pela primeira vez, escalar o monte Lhotse. Se alguém for refazer a minha jornada a partir das informações constantes neste livro, poderá conjugá-las com as detalhadas plantas cartográficas escritas por Erwin Schneider. A única exceção é o passo Khari, cuja nova trilha — um desvio perigosíssimo — ainda não consta no mapa. Mas isso só descobri quando cheguei lá.

Na hora de dormir, para chegarmos ao nosso alojamento, precisávamos passar por dentro de um outro quarto, onde havia se instalado uma jovem japonesa. Tratei logo de explicar-lhe que, por ter bebido muito líquido durante o dia, costumava levantar à noite, para ir ao banheiro. Que ela não se assustasse.

Como estávamos em um lugar alto, na encosta da montanha, fazia muito frio. Já antevíamos uma maravilhosa noite em nossos quentinhos sacos de dormir, embora, a esta altitude, tivéssemos apenas 73% do oxigênio a que estávamos acostumados a respirar, no nível do mar. Mas, por enquanto, o grande problema mesmo seria levantar para "ir lá fora", tropeçar na japonesa e ser acusado de assédio sexual no Himalaia. Já dava para imaginar a manchete de *The Katmandu Post*: "Brasileiro tarado tenta estuprar turista japonesa no Nepal." Comentei com Horst, e ele teve uma idéia brilhante: caso isto acontecesse, poríamos a culpa no Yeti.

Como precaução, "fui lá fora" antes de deitar. No céu, milhões de estrelas refulgiam através da noite de ar rarefeito.

1852

Calcutá, na Índia
10 metros

Em 1847, o coronel Andrew Waugh foi nomeado superintendente-geral do Instituto Topográfico da Índia, dando novo impulso ao trabalho iniciado por George Everest.

Até a metade do século XIX, pensava-se que o Kanchenjunga, no Sikkim, com cerca de 8.534 metros, fosse o pico mais alto do Himalaia. Mas a curiosidade de Andrew Waugh foi despertada por outra montanha, conhecida nos meios topográficos como pico B. Ela parecia ser ainda mais alta do que o Kanchenjunga. O superintendente convenceu seus oficiais a mudarem o local de observação e se dedicarem com mais atenção ao pico B, agora renomeado Pico XV pelo topógrafo Michael Hennessy.

Em 1852, cálculos publicados pelo Instituto confirmaram as suspeitas de Andrew Waugh: existia uma estranha montanha, na fronteira do Nepal com o Tibete, mais alta do que todas até então conhecidas.

Partindo dos levantamentos feitos três anos antes por topógrafos ingleses, que haviam medido pela primeira vez o ângulo de elevação do tal Pico XV, com um teodolito de 60 centímetros, o matemático bengalês Radhanath Sikhdar e seu jovem assistente Michael Hennessy, funcionário do escritório do Instituto em Calcutá, chegaram à conclusão de que ela media 8.839,80 metros acima do nível do mar. Tinha 257 metros mais do que o Kanchenjunga, sendo, portanto, o ponto mais alto do planeta.

A exatidão desta primeira medição foi fantástica, considerando o fato de que as duas montanhas estavam respectivamente a 174 e 242 km das torres de observação dos agrimensores de campo. Para chegar a esta medida, Radhanath Sikhdar precisou levar em conta a curvatura da Terra, a refração atmosférica, a deflexão da linha de prumo e as mudanças na densidade do ar, que mudam a curvatura da luz.

É irônico que essa mesma medição não possa ser realizada nos dias atuais, devido à poeira e à poluição atmosférica sobre a cordilheira do Himalaia, fruto da industrialização do planeta.

Em 1950, medições feitas no Nepal, usando laser e transmissões via satélite com tecnologia de ponta e efeito Doppler, determinaram uma nova altitude para o Everest: 8.848 metros. Portanto, apenas 8 metros mais alto do que a medição feita um século antes. Mas não era tudo.

No dia 5 de maio de 1999, uma equipe de alpinistas liderada pelo americano Pete Athans chegou ao cume do Everest para mais uma medição. Ele acionou dois receptores do sistema GPS, e as informações registradas foram analisadas pelos técnicos do Departamento de Ciências Aeronáuticas da Universidade do Colorado, em Boulder.

Os especialistas, de posse dos novos dados, determinaram a nova, e segundo eles, exata altitude do Everest: 8.850 metros. Portanto, 2 metros a mais do que se pensava nos últimos cinqüenta anos.

A novidade foi anunciada pela Sociedade Geográfica Nacional durante a realização do 87º Congresso Anual do Clube Americano de Alpinismo, em Washington, nos Estados Unidos, em 11 de novembro de 1999.

Dia 4

Sete, 2.575 metros, a Junbesi, 2.675 metros
9 horas

O implacável despertador do Horst nos acordou às seis da madrugada, depois de uma ótima noite de sono. Estava frio, e o melhor: não senti vontade de ir ao banheiro. Sair do saco de dormir foi a parte mais difícil, por tratar-se de um sarcófago bem justo, aberto apenas na boca. Feito de pena de peito de ganso, pesava só novecentos gramas. Mas suportava até 10 graus abaixo de zero.

— Que dia é hoje? — perguntou-me Horst, enquanto passava creme no corpo.

— Depende — respondi, calçando as botas.

— Depende do quê? — ele quis saber, meio confuso.

— Depende do calendário que você utilizar — expliquei, em um tom propositadamente arrogante. — Se você quer saber a data pelo calendário gregoriano, utilizado no Ocidente, estamos no ano 1998. Se você quer saber a data pelo calendário Bikram Samvat, oficial do Nepal — este que está carimbado no seu visto de entrada no país —, estamos no ano 2055. Mas se você quer saber a data pelo calendário Newari Samvat, utilizado pelo povo newar, no vale Katmandu, estamos no ano 1119. Agora, se você quer saber a data pelo calendário Ortiz...

— Calendário Ortiz?

— Não vai me dizer que vocês na Alemanha não conhecem o calendário Ortiz? — ironizei, fazendo cara de bravo.

— Não, não conhecemos. Deve ser algo moderno demais para a Europa.

— Então vou explicar: hoje é o quarto dia desta viagem. Portanto, pelo calendário Ortiz, hoje é o dia quatro.

Como ele ainda não havia entendido muito bem, acrescentei:

— Quando estou nas montanhas o mundo externo deixa de existir. O mundo e o tempo. Não interessa que dia da semana, do mês ou do ano é hoje em Brasília ou Berlim. Para mim só interessa que hoje faz quatro dias que estamos neste outro mundo, neste nosso mundo particular, onde inclusive o calendário também é pessoal.

— Então deixa eu acertar o calendário do meu relógio — ele falou, bem sério. E acrescentou, franzindo a testa: — Acho bom você fazer o mesmo.

— Já fiz quando saímos de Katmandu.

Precisei mostrar-lhe meu relógio para que acreditasse. Ele balançou a cabeça e subiu para o café, por certo pensando que isso só podia mesmo ser coisa de brasileiro maluco. Mas a brincadeira pegou, inclusive entre os outros *trekkers* que encontramos pelo caminho. Quando alguém perguntava que dia é hoje, não estava interessado em saber se era sábado, quarta-feira ou 23 deste ou daquele mês, pois neste local isto não tinha a menor importância. Na verdade estava perguntando a data apenas para saber a quantos dias estava na trilha. Pois o calendário Ortiz já dava a data corrigida, ora bolas!

Ao passar pelo quarto da japonesa, notei que já havia partido. Madrugadora, pensei. Fui até a cozinha e consegui uma caneca com água fria — quero dizer: gelada —, suficiente para escovar os dentes e lavar o rosto com uma única mão, enquanto a outra segurava a vasilha.

No sótão, onde nos reunimos para o café, solicitei um copo de água para tomar um comprimido chamado — acreditem! — *Neu Königsfelder Mineral Tabletten*, que Horst trouxera da Alemanha. Tratava-se de uma vitamina desenvolvida pelos médicos do Departamento de Esportes da Universidade de Friburgo. Continha ferro, cálcio, magnésio, zinco..., por aí. Servia para repor os minerais perdidos com o suor e que não estavam sendo repostos com a comida local.

Pascal, o ciclista francês, vendo este coquetel de vitaminas, perguntou-me se não queria ajudá-lo a carregar sua mochila. Não, eu não queria. E falava sério; sabia o que nos esperava neste dia.

Quando saímos, às 7h20min, estava mais quente, fazia 10 graus. Como a experiência com a sombra do chapéu dera certo no dia anterior, suspendi de vez o bloqueador solar, sentindo-me "mais limpo". Só passei a usá-lo novamente ao substituir o chapéu pelo gorro de lã, na última etapa da viagem, quando o frio aumentou muito, e os fortíssimos raios ultravioletas do sol atingiam-me diretamente no rosto.

Uma hora mais tarde, quando parei para tirar uma foto — e tomar fôlego! — do Nangpa Teng, o mesmo pico visto na saída de Jiri, já tínhamos 15 graus.

Esta técnica: parar para tirar fotos — e tomar fôlego! — iria demonstrar-se extremamente eficiente nos dias seguintes, à medida que íamos ganhando altitude e a trilha ficando cada vez mais difícil. Quando não agüentava mais, estava nas últimas forças, e os companheiros lá na frente, no maior papo, eu parava. Com a maior cara de pau, largava a mochila, armava o tripé, montava a máquina e batia algumas fotos. O pessoal, sabendo que ali estava um jornalista trabalhando arduamente, aguardava sem reclamar. Minutos depois eu levantava acampamento, revigorado, e passava por eles, com o passo largo, dizendo:

— Vamos lá, turma, estamos atrasados.

O difícil foi arrumar lugar em casa para guardar os mais de mil *slides* que trouxe.

A subida da cordilheira Lanjura era tida como um dos dias mais difíceis da Estrada do Everest, com a qual chegara a sonhar na noite anterior. Após sair de Sete, a trilha subia através de um longo caminho rodeado por florestas de coníferas, rododendros, magnólias e bétulas.

Para facilitar um pouco, a trilha avançava em ziguezague. Desta forma, não atacávamos a montanha de frente, mas a íamos contornando.

Caminhávamos alguns metros para a esquerda, ganhando um pouco de altitude. Depois virávamos para a direita e subíamos mais um pouco. Além disso, dentro da própria trilha — que em alguns lugares chegava a ter 1 metro de largura — eu caminhava também em ziguezague.

Boujard Frederic, o outro francês, que saíra depois de mim, já estava ao meu lado. Vendo a minha aflição, parou para dar algumas dicas de como utilizar melhor o bastão de *trekking*.

— Ortiz, tenho muita experiência nisto, pois pratico esqui há muito tempo. Quando vamos subir uma trilha muito íngreme e com muitas pedras, precisamos ir saltando de uma pedra para a outra. Isto significa sobrecarregar as pernas com o esforço de levantar o corpo a todo momento. O que cansa não é caminhar, o ato de espichar a perna para a frente. O que cansa é a perna ter que levantar o peso do corpo, como acontece em uma subida. E para diminuir este impacto é que inventaram o bastão de *trekking* — disse-me ele, pegando o meu bastão. E iniciou uma demonstração: — Veja: diminuímos o tamanho do bastão. Vamos colocar o seu com 1 metro. Assim, você coloca o bastão na mesma pedra em que está o seu pé de apoio. Olha: tanto o meu pé direito quanto o bastão na minha mão direita estão sobre esta mesma pedra. Então, com a palma da mão apoiada na ponta do bastão, você coloca nele todo o peso do corpo e levanta o pé direito, colocando-o na pedra mais acima. O peso do meu corpo está sobre a perna esquerda, que está parada, e o bastão direito, que também está parado. Não estou fazendo a menor força com a perna direita. Olha, ela está livre — dizia ele, balançando a perna no ar. E continuou: — Agora você utiliza o bastão para dar um impulso no corpo, jogando-o para cima e se firmando no seu pé direito. Viu? Você subiu um degrau sem que sua perna fizesse a menor força.

Peguei os dois bastões, ajustei-os na altura, e comecei a subir, utilizando a mesma técnica. No começo precisava pensar antes de fazer cada movimento, mas aos poucos fui sincronizando as passadas com os braços e em seguida já andava em outro ritmo. Foi fantástico! Parecia que minhas pernas estavam descansando enquanto eu caminhava montanha acima.

Vendo-me encantado com aquilo, Boujard Frederic resolveu continuar com a aula.

— Ortiz, agora vamos ver a mesma subida, só que num piso sem pedras, só de terra — ele disse. Pegou meu bastão e iniciou a demonstração. — Precisamos alongar o bastão, deixando-o com 1,20 metro. Os movimentos são os mesmos, só que agora quem avança primeiro não é o pé, mas sim o bastão. Veja: meu pé direito está parado enquanto movo a ponta inferior do bastão direito uns 10 centímetros terreno acima. Então, na hora de levantar a perna direita, para dar a passada, utilizo o bastão para puxar meu corpo. É como se me dependurasse no bastão enquanto mudo o pé de lugar. O importante é que o peso do corpo recaia sempre sobre o bastão e não sobre a perna. Vale o mesmo para descer.

— Para descer? — perguntei, intrigado.

— Sim. Para descer aumentamos ainda mais o tamanho do bastão. Vamos deixá-lo com 1,40 metro — ele explicou. E começou mais um show. — A grande diferença é que, na descida, a posição do bastão e da perna são alternadas, isto é, quando avança o bastão direito, avança junto a perna esquerda. Por quê? — Boujard perguntou. E ele mesmo respondeu: — Porque na descida nós apenas largamos a perna para baixo, sem fazer força. Certo? — perguntou, me olhando.

— Certo — respondi, depressa. Ele continuou.

— Então o problema na descida é o impacto no tornozelo e no joelho. Jogando antes o bastão, no qual você coloca o seu peso, ele amortiza a batida do pé no chão. Aliás, a função de se alternar o bastão com as pernas é para que estas sirvam apenas para você manter o equilíbrio enquanto desce.

Estava me sentindo bem melhor, chegando a aumentar o ritmo, embora a subida fosse realmente difícil. Concentrei-me, liguei o piloto automático e fui em frente, montanha acima.

Parei para uma bebida em Dagchu, uma aldeia recente com seis casas, de onde, olhando-se para o lado direito, podia-se ver o topo gêmeo do pico Pike. Mas creio que o espírito da divindade local estava ausente; não consegui vê-lo.

Às 9h30min passamos por Goyem, 3.300 metros, uma minúscula aldeia encravada na ladeira da montanha. Daqui, olhando para o lado esquerdo, tinha uma bonita vista dos picos nevados do Himalaia. Ainda faltavam 230 metros verticais até o passo.

O caminho ficou mais plano, permitindo dirigirmos nossa concentração às enormes e belas árvores ladeando a trilha, onde rododendros, pinheiros e ciprestes formavam um bosque verde, pelo qual corria uma agradável brisa. A vontade era estender um forro no chão, sobre as folhas secas derrubadas pelo outono, e deitar para uma soneca. Mas este devaneio estava tão longe da nossa realidade, que não cheguei a levá-lo a sério.

Às 11h40min chegamos a um refúgio, poucos metros abaixo do passo, onde os carregadores se aqueciam ao redor de um imenso fogão a lenha. Ficamos surpresos por não encontrarmos Horst, que andava na frente. Ele deveria estar esperando aqui, último local nesta montanha onde se poderia comer e beber alguma coisa.

Cansado, não tinha a menor fome. Mas era preciso comer algo, pois a partir deste ponto não teria mais onde me alimentar, a não ser em Junbesi, a vila para onde estávamos indo e que deveríamos atingir no final do dia.

Pedi para DB conseguir-me um prato com batatas fritas, única coisa que imaginei poder engolir nesta altura. Tomei três garrafas de refrigerante e reparti metade das batatas com um cachorro que apareceu por ali, muito arisco, mas que acabou ficando meu amigo.

Reiniciamos a subida, eu, DB e Barrado. Nem rastro do alemão. Saímos em meio a diversos *manis* — passando sempre pelo lado esquerdo, como manda a tradição budista — e meia hora depois chegamos ao passo Lanjura, 3.530 metros de altitude, onde alguns *chortens* e uma série de bandeirolas de orações marcavam o portão de entrada da região Shorong e o ponto mais alto entre Jiri e Nanche Bazar. Aliás, a própria Nanche Bazar, capital do território sherpa, não estava tão alta, pois ficava a 3.441 metros.

Fazia muito frio, e tínhamos um vento forte. Embora estivéssemos no começo de outubro — saindo do verão —, era normal cair neve nesta época. Apesar do local descampado, a trilha chegava a passar semanas sem ser tocada pelo sol. O passo estava encoberto pelas nuvens. Ou melhor: estava dentro de uma grande nuvem, impossibilitando que tivéssemos uma vista bonita do Himalaia a partir deste ponto, algo possível em dias claros. Foi uma pena, parecia que a cordilheira estava brincando de esconde-esconde comigo.

Iniciamos uma longa descida, pelo outro lado da montanha, em direção a Junbesi, na base do pico Numbur, onde pretendíamos passar a noite. Os picos gêmeos Numbur, 6.959 metros, e Katang, 6.853 metros, formavam a Shorong Himal, cordilheira em cujo topo residia o deus sherpa protetor da área de Shorong. Podíamos acampar em seu pé; jamais tentar escalá-lo.

No começo, caminhávamos por dentro da floresta, onde, segundo DB, se tivéssemos sorte, veríamos alguns macacos. A água que descia da montanha, na época das chuvas, cavara uma profunda fenda, uma espécie de minicânion, cheio de pedras, por dentro do qual andávamos. Cruzamos muitas vertentes, cujas águas escorriam pela trilha, obrigando-nos a redobrarmos o cuidado com as resvaladas. Para prevenir possíveis quedas, às vezes precisávamos cravar o bastão de *trekking* no barranco antes de mudar o pé de lugar.

No fundo do desfiladeiro saímos da floresta e entramos em uma ampla campina, totalmente cultivada. As altas paredes de rocha das montanhas cercando o vale estavam desconfortavelmente próximas, transmitindo um certo sufoco. Faziam sentir-me muito pequeno neste ambiente tão amplo, tão majestoso.

Logo encontramos uma casa. Um pouco mais e chegamos a Tragdobuck, 2.860 metros, onde descansamos alguns minutos. Em frente às poucas casas podíamos ver alguns altos postes de madeira com as bandeiras de orações contendo os mantras sagrados que deveriam ser levados aos deuses pelo vento. A partir daqui, como sinal da forte religiosidade do povo sherpa, veríamos estes postes em frente a quase todas as casas por onde passássemos.

Continuamos descendo, por dentro do vale, até fazermos uma grande curva para o Norte. A trilha se abriu e aumentamos nosso ritmo, pois começaram a cair alguns pingos de chuva, e o meu poncho impermeável estava no fundo da mochila. Os pingos eram enormes, mas, por sorte, bem ralos. Em um determinado momento senti uma fisgada na sola do pé esquerdo. Parei, dei uma olhada, pisei firme no chão: tudo bem.

Mas estava dado o alerta: a partir deste momento seria preciso monitorar com precisão meu estado físico. Não pretendia sair daqui resgatado por um helicóptero. Até porque meu seguro-saúde não cobria este luxo. Nenhuma seguradora brasileira quis fazer um seguro-saúde cobrindo um *trekking* no Himalaia.

Chegamos em Junbesi, uma pitoresca vila no vale do rio Junbesi, três horas depois de termos cruzado o passo Lanjura. Havíamos descido 855 metros nesta tarde. Como pela parte da manhã subíramos 955 metros, desde Sete até Lanjura, havíamos ganhado apenas 100 metros de altitude. E assim seriam os próximos dias: muito sacrifício em um interminável sobe e desce até atingirmos o espinhaço central do Himalaia, quando, então, só subiríamos, até o nosso objetivo final: o cume do monte Kala Patar, de onde diziam ter-se uma visão privilegiada da Morada das Neves.

Junbesi era mais do que um povoado, era uma vila, a maior desde Jiri. As diversas boas pousadas tinham fama de fazerem a melhor comida no caminho entre Jiri e Nanche Bazar, e muitos dos ingredientes utilizados em suas cozinhas eram plantados na própria vila. Tinha eletricidade gerada por uma pequena usina hidrelétrica, posto policial, correio e até uma padaria.

Em 1964, foi aberta a primeira escola na região, com a ajuda de Edmund Hillary, e administrada pelo Himalaia Trust até 1975, quando o governo do Nepal nacionalizou o ensino primário no país. Em 1983, foi criado o segundo grau, uma escola paga pelos próprios alunos, como eram todas as escolas secundárias no Nepal. Existia também um posto de saúde que não se limitava apenas a atender os moradores da vila. Seus profissionais visitavam as localidades vizinhas aplicando vacinas e ministrando programas de orientação sanitária.

O Himalaia Trust era uma organização não governamental criada por Edmund Hillary para auxiliar os moradores das redondezas do monte Everest. Nos últimos trinta anos, havia ajudado a implantar mais de trinta escolas, diversos hospitais e construído muitas pontes e pistas de pouso nas regiões Shorong, Pharag Hinkul e Khumbu. O trabalho podia ser notado ao longo de todo o caminho, fazendo desta a área rural mais desenvolvida do país.

Esse sucesso exemplar era resultado direto do envolvimento pessoal de Edmund Hillary, que, ainda hoje, voltava ao Nepal todos os anos para dar continuidade ao trabalho, pois os moradores viam nele alguém capaz de realizar seus projetos locais. Na verdade, todos os projetos eram definidos pelos próprios sherpas, em vez de serem impostos pelo governo ou por organizações estranhas aos nativos. Eles entravam com o trabalho e as terras, cabendo a Edmund Hillary conseguir ajuda externa para a aquisição dos equipamentos necessários.

O envolvimento da população tinha sido a chave para o sucesso do Himalaia Trust, pois, após concluídas as construções, ela se encarregava também da manutenção dos prédios e das pontes. E a organização distribui mais de cinqüenta bolsas de estudos por ano, dando ênfase especial às meninas.

Nas proximidades de Junbesi existiam diversos mosteiros, sendo Tubten Choling o mais importante deles, onde viviam cinqüenta monges e mais de duzentas monjas, a maioria refugiados tibetanos, muitos recém-chegados. Os belos murais enfeitando o mosteiro foram pintados no início dos anos 70, logo após sua fundação.

Ao entrarmos na vila encontramos Horst tomando chá no pátio do Ang Chokpa's Lodge, onde nos hospedamos. A chuva não veio, para felicidade de todos.

Além do lugar ser muito bonito, foi a melhor pousada até agora. Um bonito quarto enfeitado com cortinas de renda na janela, banheiro perto, banho quente no térreo, em um quartinho ao lado da cozinha — para aproveitar a água quente vinda do fogão a lenha —, onde apenas homens trabalhavam, calefação na sala de jantar e boa comida. Parecia um hotel de lazer. Deu até para fazer a barba. Senti vontade de ficar hospedado aqui alguns dias.

Fomos ao posto policial fazer nossos registros, uma medida importante na hipótese de nos acontecer algum acidente. Era preciso deixar um rastro bem legível caso nossas famílias necessitassem nos localizar na eventualidade de um desaparecimento. Sempre era bom saber por onde começar as buscas.

Quando estávamos jantando chegou a japonesa que havia saído de madrugada de Sete. Meio tímida, ficou sozinha em um canto, escrevendo seu diário. Fiquei pensando qual seria sua reação caso fosse atacada pelo Yeti. Esse Horst tinha cada idéia...

Os franceses sentaram conosco, e Horst sugeriu que comêssemos batata cozida com manteiga. Aceitei a oferta e me dei mal. Elas vieram com casca e sem tempero. Mas o alemão adorou. Raspava a casca, abria e passava manteiga. Devia estar bom mesmo porque ele comeu todas. Inclusive as minhas. Por sorte era o prato mais barato do cardápio. Meu prejuízo foi de apenas 80 centavos de dólar.

Antes de cair na cama para um saudável desmaio, tomei um comprimido para evitar uma inflamação no músculo do pé, onde sentira a fisgada, e um analgésico, para não sentir dor. Troquei o curativo na bolha do dedão da mão e notei outra começando a surgir no dedão do pé esquerdo. Estava sentindo também uma irritação na virilha, causada pelas cuecas de algodão, impróprias para longas caminhadas, por manterem-se úmidas. Havia deixado para comprar cuecas de seda mais tarde e acabara esquecendo.

Horst tirou da sua mochila mágica uma cordinha de náilon e dois pregos. Fez um varal dentro do quarto, onde estendeu a roupa recém-lavada. Aproveitei e pendurei minhas meias.

1865

Nova Delhi
210 metros

O Pico XV, embora ostentando o título de mais alta montanha da Terra, ficou sem nome ocidental até 1865. O critério utilizado na época para a nomeação das montanhas era manter seus nomes nativos. Os primeiros mapas conhecidos da região, feitos por volta do ano 1700, davam ao tal Pico XV a denominação de Tschoumoulancma.

Mas o topógrafo-geral da Índia, Andrew Waugh, resolveu quebrar esta regra e chamar o Pico XV de monte Everest, em homenagem ao seu predecessor no cargo, George Everest, responsável por grande parte do trabalho de medição feito no Himalaia.

A proposta encontrou muita resistência nos meios acadêmicos londrinos. O próprio George Everest tinha como regra batizar as montanhas com seus nomes locais. Mas todos concordavam que Pico XV era pouco significativo para identificar o ponto mais alto da Terra. E como o Nepal não tinha um nome para sua montanha, a Sociedade Geográfica Real acabou oficializando a sugestão do topógrafo-geral. E o mais alto obelisco do planeta passou a chamar-se monte Everest.

A sugestão foi logo adotada em todo o Ocidente, embora os tibetanos e sherpas continuassem chamando sua grande montanha pelos nomes que vinham usando desde o século XVIII.

Os tibetanos a chamavam Chha-mo-lung-ma, como era conhecida pelos chineses, mas traduzido como Qomolangma ou Chomolungma, também usado pelos sherpas.

Sendo difícil de se fazer uma tradução mais acurada, passou-se a aceitar como significando "Deusa mãe do universo", embora os sherpas às vezes o traduzam como "Lar da deusa do vento". Ou "Lar do deus — ou deusa — que protege as mães".

O nome nepalês, por sua vez, foi uma criação ainda mais recente do que o Everest dos britânicos. Eles o chamam de Sagarmatha, com diversas traduções: "Parte que toca o céu", "Cabeça no céu", "Cabeça acima de todas as outras" ou mesmo "Oceano de existência".

As poderosas lentes dos teodolitos gigantes dos agrimensores britânicos haviam identificado o Everest, mas nada mais se sabia a seu respeito. Além de uma certa latitude, para os ocidentais havia apenas um vácuo geográfico. Os mapas topográficos continham grandes espaços em branco. Ou estavam rabiscados com linhas fantasiosas.

Na verdade, a grande montanha ainda pertencia ao mundo da imaginação. O Himalaia continuava um mistério a fascinar os grandes aventureiros. Os homens intrépidos do planeta sonhavam com a possibilidade de voltarem aos tempos em que a humanidade partira em busca de novas terras e mundos imaginários.

Durante vinte anos os ingleses tentaram de todas as maneiras possíveis cruzar as fronteiras políticas e naturais que os separavam do Everest. Planos mirabolantes e estratégias secretas foram postas em prática para chegar aos territórios proibidos.

Alguns indianos, vindos de diferentes partes do país e que tinham semelhanças físicas com os nativos de ambos os lados da montanha, foram submetidos a um longo treinamento pelos oficiais J.T. Walker e T.G. Montgomerie. A idéia era criar um pequeno grupo de agentes secretos, capazes de cruzarem as fronteiras sem serem detectados.

Algo semelhante ao realizado pelos aventureiros William Moorcroft e Hyder Young Hearsey em 1812, quando, disfarçados de faquir, cruzaram o Himalaia e chegaram ao alto planalto tibetano, antes de serem presos.

Os agentes secretos do Instituto Topográfico da Índia se disfarçavam de peregrinos ou mercadores. Treinados para usarem sextantes e habilitados a medirem a altitude a partir do ponto de ebulição da água, eles penetravam no território vazio medindo a distância pelo número de passos que davam, marcados em um rosário budista. E as anotações iam sendo guardadas dentro dos cilindros de orações, dos cajados e dos amuletos religiosos ocos.

Alguns voltaram anos mais tarde sem uma única informação. Outros foram roubados ou feitos prisioneiros. E muitos simplesmente desapareceram no ar rarefeito.

Mas teve quem obtivesse sucesso. O espião conhecido como Nain Singh chegou até Lhasa, e o lendário Hari Ram saiu de Darjeeling, cruzou o Nepal e chegou a Shigatse, no Tibete, explorando muitas montanhas ao redor do Everest.

Suas observações, cruzadas com as histórias contadas por antigos aventureiros, forneceram ao Instituto material para iniciarem um incipiente mapeamento das remotas e desconhecidas áreas desta parte da Ásia.

Dia 5

Junbesi, 2.675 metros, a Nuntala, 2.250 metros
8 horas

A chuva que ameaçou no final da tarde chegou apenas à noite, muito forte. Dormimos com os grossos pingos d'água tamborilando na vidraça da janela. Quando o relógio despertou, às seis, Horst levantou e foi dar uma conferida no tempo.

— Vamos ver se o tempo está bom, se dá para sairmos logo — disse ele, enquanto espiava pela janela. Eu, de dentro do saco de dormir, fiquei torcendo para que tivéssemos um lamaçal na rua. Adoraria ficar mais um dia descansando nesta bonita vila. — Temos tempo muito bom — falou, exultante, o desmancha-prazer.

A cada dia íamos acomodando melhor nossas coisas nas mochilas. Barrado colocava seus poucos objetos e a pequena mochila de DB no fundo do balaio. Depois, atravessadas, a minha mochila, de 55 litros, e a do Horst, de 75 litros. Amarrava bem, corria uma cinta de juta pelo fundo do *doko*, colocava-o nas costas e passava a tira pela testa. Este arranjo distribuía o peso do cesto ao longo da espinha e das próprias pernas, usando a cabeça como contrapeso para equilibrar a carga com um mínimo esforço. Este curioso princípio de engenharia sherpa distribuía o peso da carga melhor do que as pequenas mochilas, de 35 litros, levadas por nós.

Para evitar as assaduras nas virilhas, que já começavam a incomodar, resolvi dispensar as cuecas. Enquanto Horst tomava seu demorado *desayuno*, um litro de chá, uma panqueca, dois *chappatis* e dois ovos fritos, fui fotografar um moinho de orações movido a água, na entrada da vila. Era o primeiro deste tipo que encontrávamos na trilha.

— Por que é movido a água? — quis saber Horst.

— Porque assim os sherpas não precisam ficar o tempo todo rodando o moinho. A água cai sobre ele e o faz girar, levando aos céus suas orações — expliquei.

— É muito cômodo, como se alguém fosse à igreja por você — foi o sarcástico comentário do alemão. Tive que concordar.

Seguimos em frente, às 7h20min. Logo ao sair cruzamos o rio Junbesi em uma pequena ponte de madeira e iniciamos a subida pela outra margem, de onde podíamos avistar, um pouco abaixo, a pequena hidrelétrica que fornecia luz para a vila. Precisávamos sair do vale. Apesar do caminho ser bem íngreme, só parei às 9h50min, em Salung, 2.984 metros, para tomar água. Subi 309 metros verticais em duas horas e trinta minutos, no maior pique. Estava orgulhoso do meu ritmo. Eu era o cara!

Pela primeira vez, desde Jiri, passamos a caminhar pela encosta da montanha, fora da floresta. Tínhamos uma vista muito bonita do vale cultivado, lá embaixo, embora a trilha, muito estreita e desprotegida de árvores, fosse bastante perigosa.

Logo começamos a descer pelo outro lado da cordilheira. Passamos à direita da aldeia Gonbo e mergulhamos novamente na floresta, até o fundo do próximo vale, onde corria o rio Beni, último lugar onde se podia lavar roupa. Os próximos rios — que desciam direto das geleiras — tinham as águas muito frias. Passamos por bonitas cachoeiras e, na margem do rio, encontramos alguns carregadores sherpas acampados, cozinhando.

Ao cruzar sobre a velha ponte do rio, para passar para o outro lado do vale e iniciar nova subida, meu altímetro marcava 2.500 metros. Quer dizer: estava exatos 175 metros mais abaixo do que ao sair de Junbesi, no início da manhã. Não só havia anulado minha maravilhosa performance ao subir 309 metros em duas horas e trinta minutos, como tinha descido mais ainda. Que coisa!

Dava vontade de chorar.

Para manter o moral elevado, só tinha uma saída: encarar a próxima montanha — que, aliás, estava bem à minha frente —, cujo passo, Trakshindo, ficava a 3.071 metros. Precisava, portanto, subir mais 571 metros verticais em uma distância de 2 km.

Então, bastão na estrada!

A partir da ponte a trilha subia, abrupta, até Ringmo, 2.700 metros, uma bonita aldeia a meio caminho do passo, onde chegamos às 11h30min para comer algo. Estávamos em uma área amplamente cultivada com macieiras, pessegueiros e damasqueiros. A região era a principal fornecedora de frutas para a vila de Nanche Bazar. Existia também no local uma fábrica de queijos. As naquis, fêmeas do iaque, eram ordenhadas no verão e no outono e seu rico leite transformado em uma tonelada de queijo de naqui puro, embora todos erroneamente se referissem a ele como queijo de iaque. Víamos placas dizendo "Temos queijo de iaque" nas próprias casas de chá.

Enquanto almoçávamos a especialidade da casa — sanduíche de alho, que, segundo Horst, serviria para manter afastado até o próprio Yeti —, uma moça, com uma faixa de pano amarrada na coxa da perna direita, entrou e sentou-se ao meu lado.

— O que aconteceu com sua perna? — perguntei, para começar um assunto.

— Acordei sentindo fortes dores. Então resolvi enfaixar. Espero que melhore — respondeu, muito simpática. Era alta, magra e tinha cabelos pretos, cortados em estilo channel. Usava óculos de grau, o que lhe dava um ar professoral.

— Você está viajando sozinha?

— Sim — ela respondeu, com a maior naturalidade.

— Você sabe que no Nepal não é costume uma mulher viajar sozinha?

— Por quê?

— Aqui, quando uma mulher deseja ir a algum lugar, vai toda a família junto. Eles dizem que deixar uma mulher viajar sozinha significa que ninguém gosta dela, não tem quem se preocupe com ela. Por isso, da próxima vez, é aconselhável você não dizer que está viajando sozinha — aconselhei.

— O que devo dizer então?

— Diga que seu marido está vindo aí atrás, com os carregadores. A propósito, onde está seu carregador? — eu quis saber.

— Não tenho carregador. Viajo só com um guia, e eu mesma levo minha mochila.

— É um desafio e tanto. Dá para machucar a perna mesmo. De onde você vem? — indaguei, enquanto terminava de almoçar.

— De Katmandu — disse, meio displicente.

— Todos estamos vindo de Katmandu. Quero saber onde você mora — retruquei, com a energia que a situação pedia.

— Em Katmandu — ela insistiu, parecendo não se intimidar muito com a minha "energia".

— Estou te achando um pouco alta demais para uma nepalesa. E um pouco branca demais também — ironizei, pois ela parecia estar se fazendo de desentendida.

— A verdade — respondeu, largando o garfo de lado — é que moro em Londres, claro. Mas vim para o Nepal para lecionar inglês em uma escola particular. Ficarei em Katmandu durante um ano. Então, antes que se iniciem as aulas, no final de outubro, resolvi fazer um *trekking*.

— É um bom motivo — disse. E acrescentei: — Turismo sempre é um bom motivo.

— Claro, mas não estou só fazendo turismo — disse. Agora era ela quem parecia irritada.

— Hum, tem outro motivo, então. E qual é este outro? Posso saber?

— Meu namorado foi escalar na África do Sul e disse que eu não poderia ir porque não tinha condições de escalar por lá. Então estou aqui, que é um pouco mais difícil.

— Opa! Gostei. É isso aí. Esses caras ingleses são muito machistas mesmo. Então, seja bem-vinda entre nós, os cavalheiros latinos — eu disse, fazendo um gesto abrangendo também Horst, que de latino nada tinha

— Obrigada.

— Creio que nossos amigos nepaleses têm razão quando dizem que mulher viajando sozinha é mulher mal-amada — disse Horst, em espanhol, dando uma risada.

— O que ele disse? — ela me perguntou, desconfiada.

— Ele disse que ainda não tinha visto você na trilha.

— Meu guia se perdeu, na saída de Sete. Levei dois dias para percorrer o trajeto feito por vocês em um único dia.

— Quantos anos você tem?

— Tenho 25 anos.

— Como é seu nome?

— Louise Mead — ela disse, acrescentando: — Alguma outra pergunta?

— Não, por enquanto é só. Obrigado — falei, enquanto escrevia no meu bloco de notas.

— Você é jornalista? — ela perguntou, levantando-se.

— Como você descobriu?

Saímos de Ringmo pouco depois do meio-dia, cruzamos pelo lado esquerdo de dois imensos *manis* de 50 metros de extensão e, tão logo os deixamos para trás, tivemos o cuidado de dobrar para a direita, iniciando a subida em direção ao passo Trakshindo.

O caminho da esquerda seguia pelo passo Lumding em uma rota de quatro dias através de trilhas isoladas . Era utilizado como alternativa pelas primeiras expedições ao Everest, quando as fortes chuvas destruíam a velha ponte sobre o rio Dudh Kosi, pouco abaixo de Jubing.

Em 1952, uma expedição suíça ao Everest teve dois carregadores sherpas mortos devido às extremas condições climáticas enfrentadas neste trecho, acidente que levou os suíços a construírem a atual ponte sobre o Dudh Kosi, a qual deveríamos cruzar no dia seguinte, após sairmos de Nuntala.

Uma hora mais tarde alcançamos o passo Trakshindo, dentro das nuvens, em uma frenética subida, sem parar, apesar das dificuldades encontradas no caminho. Havia um *bhatti* onde alguns carregadores tomavam chá, uma velha *stupa* branca no ponto mais alto e um *khani*, uma espécie de pórtico, cheio de rodas de orações, por dentro do qual cruzamos. Girei os cilindros no sentido horário para os mantras neles escritos elevarem-se no ar. E como reforço fiz também minha própria prece: ó Senhor, por que colocastes tantas montanhas no meu caminho?

Não sei se o meu Deus, cristão, iria entender a linguagem dos moinhos de orações, budistas. Mas, pensando bem, já tinha muitos problemas, estava cansado e longe de Nuntala, onde pretendíamos dormir. Portanto, os deuses lá em cima que se entendessem. Tinha feito a minha parte, e pronto!

Ao atravessarmos o passo estávamos saindo do Shorong, onde entráramos quando cruzamos o passo Lanjura, e ingressando na região Pharag Hinku. Estas duas regiões formavam a área sherpa conhecida por Solu. No inverno costumava nevar com freqüência, e o passo ficava coberto de gelo.

Tão logo iniciamos a descida, passamos pelo impressionante mosteiro Trakshindo, construído em 1946 pelo lama de Tengpoche. Então descemos durante duas horas através de uma bonita floresta de rododendros até chegarmos a Nuntala, a vila onde dormiríamos esta noite.

Foram oito horas na trilha, em um dos dias mais fatigantes até agora. E o mais incrível era estarmos a exatamente 425 metros abaixo do início do dia. Então comecei a fazer outra conta, enquanto estivéssemos neste sobe e desce: a partir de agora, iria medir meus avanços em dias percorridos, e não em ganho de altitude. Faria me sentir melhor.

Nuntala estava situada em um amplo vale, rodeada por plantações de chá. Possuía uma rua central pavimentada com pedras locais, ladeada por uma série de pousadas com belos pátios na frente. Uma mini-hidrelétrica fora instalada em 1991 pelo empresário Pasang Sherpa, proprietário de um hotel, com recursos obtidos junto a um banco nepalês. O pequeno gerador fora transportado nas costas dos carregadores sherpas, pois a utilização de um helicóptero teria dobrado o custo do empreendimento.

Nós nos instalamos em um pequeno quarto, no andar superior de uma velha hospedaria. O banheiro tinha uma enorme janela, dando para uma vista maravilhosa das montanhas em frente. Mas estava frio, ventava forte, e eu teria trocado a bela vista por um vidro na janela.

Então lembrei-me de que um vidro, em Nuntala, precisaria ser transportado, desde Jiri, nas costas de um carregador, fazendo o mesmo percurso que eu vinha fazendo, subindo e descendo montanhas sem parar.

Enforquei o banho. Sem remorsos!

Na hora do jantar, encontramos a japonesa novamente. Sacuri morava em Tóquio, havia pedido demissão do emprego e estava viajando pelo mundo. Após o Nepal, iria para a Índia, onde pretendia ficar uns seis meses.

— Ou enquanto durar o dinheiro — disse, com um sorriso tímido.

— E onde está o seu carregador? — perguntei.

— Não tenho carregador. Viajo apenas com um guia, pois eu mesma levo minha mochila — respondeu, com a maior naturalidade.

Não! Não, duas alfinetadas destas no mesmo dia eram demais para o meu orgulho de macho. Esta história estava me deixando deprimido. Horst e eu, dois grandalhões representantes do chamado sexo forte, tínhamos um carregador, nos limitando a levar apenas uma pequena mochila não pesando mais do que 5 quilos. E as garotas carregando sua própria carga! Precisava repensar meus métodos de fazer *trekking*.

Finalmente eu sentia uma fome dos diabos! Fiquei feliz, estava me adaptando à montanha. Bom sinal, bom sinal! Comi dois pratos de *dal bhat tarkari* (são repetidos quantas vezes você quiser, como os *buffets* livres no Brasil) e uma imensa tigela de batatas fritas com dois ovos. Pela primeira vez tomei chá com Horst, que ainda pediu uma sobremesa: arroz-doce com canela moída.

Nisto, entrou um grupo de quarenta peregrinos tibetanos. Eles estavam cruzando o Nepal em direção a Daramsala, na Índia, onde o Dalai Lama mantinha um governo paralelo no exílio. Como a polícia chinesa não permitia aos tibetanos saírem do Tibete sem uma boa explicação (boa para os chineses, é claro!), eles não tinham documentos. Viajavam, portanto, apenas de noite. Se fossem pegos no Nepal seriam deportados para o Tibete, presos pelos chineses e jogados na cadeia em Lhasa até alguém em Pequim decidir seus futuros.

Havia caído uma pequena chuva, tão logo escurecera, molhando completamente os velhos panos em que estavam enrolados. Também não tinham dinheiro para comprar comida, o que os fazia lançarem famintos olhares sobre o meu jantar. Um deles se aproximou, iluminou com a lanterna as sobras no meu prato e perguntou-me o que era aquilo.

Logo hoje que havia conseguido comer tão bem!

Como todo bom cristão, pensei em pagar alguma coisa para comerem, mas eram tantos. E, depois, sem conhecer muito bem sua cultura, poderia até os estar ofendendo. Mas Sacuri, também budista, estava mais à vontade, foi mais prática: recolheu algumas barras de chocolate da sua mochila, juntou com outras que oferecemos e deu-lhes.

Ela havia comprado em Katmandu um cartão-postal com a foto do Dalai Lama. Deu-lhes também. Cada um pegou o cartão, colocou-o sobre a testa, em um ato de reverência, e fez a sua prece. Deitaram no chão, sem forro, um ao lado do outro, esperando a chuva passar.

Subi para o quarto pensando naquilo. A trilha que vinha percorrendo era um passeio perto do que estavam enfrentando. Viajavam à noite, sem documentos, sem comida e ainda corriam o risco de serem presos a qualquer instante. Tudo para ver o líder espiritual da sua Igreja. Lembrei-me de quantas vezes passei em frente ao Vaticano, em Roma, sem me ocorrer a idéia de ver o Papa.

1904

Lhasa
3.607 metros

Mesmo depois de o Everest ter sido reconhecido como a montanha mais alta da Terra, foram precisos 65 anos até que uma expedição pudesse tocá-lo. Os principais interessados eram os ingleses, mas tanto o Nepal quanto o Tibete desconfiavam de que, na verdade, eles queriam era estender seu poderio colonial até o Himalaia.

O Nepal já tinha um residente britânico em Katmandu, instalado como observador permanente após o país ter perdido a guerra de 1814 para a Grã-Bretanha. E um morador estrangeiro, na opinião dos nepaleses, já era mais do que suficiente.

Lhasa era uma cidade proibida, fechada aos estrangeiros por mais de um século. E, para piorar as coisas, em 1904 o Exército Britânico, comandado pelo diplomata Francis Younghusband, invadiu o país do Dalai Lama, massacrando setecentos nativos e abrindo caminho à força até a capital. Naquela altura o Dalai Lama já havia se refugiado na Mongólia, e os ingleses impuseram ao regente tratados comerciais amplamente favoráveis ao vice-reino da Índia, inclusive proibindo a entrada de russos no Tibete, principal objetivo da missão.

Enquanto o exército estava baseado em Kamba Dzong, um dos oficiais da expedição, J. Claude White, furtivamente conseguiu fotografar a face oriental do Everest. Pela primeira vez alguém chegava tão perto da montanha: "apenas" 150 km.

Mesmo assim os lamas continuaram irredutíveis, especialmente quanto a autorização para uma expedição de alpinistas ao Everest.

Mas em 1910 foram os chineses os invasores do Tibete, obrigando o Dalai Lama, desta vez, a se refugiar na Índia, sob proteção dos britânicos. Em 1912, os tibetanos expulsaram os chineses, libertando o país, e o 13º Dalai Lama voltou para Lhasa.

Com a proclamação do explorador norte-americano Robert Peary de que alcançara o Pólo Norte, em 1909, e com a chegada do norueguês Roald Amundsen ao Pólo Sul, em 1911, o Everest — na época chamado de Terceiro Pólo — tornou-se a conquista mais desejada no reino das explorações terrestres.

— Chegar ao seu topo é uma questão de empenho humano universal, uma causa da qual não há como fugir, sejam quais forem as perdas exigidas — declarou o inglês Gunther Dyrenfurth, um importante cronista das primeiras expedições ao Himalaia.

Durante muitos anos John B. Noel, um jovem capitão do Exército inglês, tentou em vão obter permissão do Tibete para se aproximar do Everest. Cansado de esperar, em 1913 ele entrou disfarçado no país, a partir do Sikkim, sendo descoberto pelo Exército tibetano a apenas 60 km do Everest. Nunca antes um ocidental chegara tão perto da grande montanha. Tão perto que ele pôde avistar, com clareza, os últimos 300 metros do topo do Everest sobressaindo-se por cima da cordilheira.

Entusiasmado com sua façanha, John Noel fez uma série de palestras em Londres, despertando o interesse dos jovens montanhistas ingleses. A febre de conquistar a mais alta montanha do planeta se espalhou como uma grande epidemia.

Dia 6

Nuntala, 2.250 metros, a Bupsa, 2.350 metros
7h30min

Acordei antes do despertador. Já andava no ritmo da montanha, isto é, do sol, pois às oito da noite estava dormindo e antes das seis da manhã acordado. Desta vez, enquanto Horst tomava seu demorado café, fotografei alguns garotos brincando em frente à casa. Como já tinha feito em outras viagens, aqui também segui o mesmo critério: toda vez que fotografava alguém, pagava. E as crianças adoravam.

— São meus modelos, precisam ser remunerados — dizia para o Horst, já que havíamos combinado não dar dinheiro na trilha.

Quando saímos, olhei no relógio: 7h20min. Caramba, já estava virando rotina! Era impressionante esta capacidade do ser humano de se adaptar rapidamente a um novo ambiente, fiquei pensando.

Continuamos descendo por um verde e bonito vale, parecia estarmos na Suíça. Neste trecho, a trilha era tão larga que Horst e eu podíamos caminhar lado a lado, o que até então não havia sido possível. Ele comprou frutas em uma pequena barraca enquanto eu fotografava um alfaiate costurando, com uma máquina de mão, no meio do caminho. Paguei 20 rupias — 30 centavos de dólar —, e ficamos todos muito felizes.

Pouco mais abaixo tivemos à nossa esquerda, na linha do horizonte, a primeira vista do cume congelado do Kongde, o maciço em frente a Nanche Bazar. Era para lá que iríamos nos próximos dias.

Logo depois paramos em um *bhatti*, em Kirant, onde um grupo de *trekkers* tomava chá. Reconheci o rapaz que me ajudara com o curativo na bolha do dedão, quando saía de Bhandar, alguns dias atrás. Era Sean Dowsey, o londrino que queria ser instrutor de mergulho.

— Como está o *trekking*? — perguntei-lhe.

— É a coisa mais difícil que já fiz em toda minha vida, mas estou adorando — respondeu.

— E o que você está achando do Nepal? Quero dizer, em relação à Índia?

— Estou gostando mais do Nepal do que da Índia.

Enquanto tomávamos chá, um outro rapaz, ouvindo-nos falar espanhol, ensaiou algumas palavras em castelhano para nos contar que percorrera a Trilha Inca, no Peru, alguns anos atrás.

Samuel Loose era um simpático jovem irlandês de dezenove anos, com sua mochila percorrendo o mundo há dois anos e pretendendo continuar a fazê-lo pelos próximos três. Quando esteve na América do Sul para conhecer a cordilheira dos Andes e percorrer a Trilha Inca, até Machu Pichu, trabalhou no Peru como professor de inglês. Depois foi garçom de boate no Mediterrâneo e por aí afora.

Sua família mudara-se para Glasgow quando ele tinha quatro anos, mas não gostava da Escócia porque, segundo ele, chovia doze meses por ano. Por isso seu projeto futuro era morar em algum lugar onde tivesse muito sol e belas praias.

— Mas enquanto este dia não chegar — explicou —, meu plano imediato é trabalhar com um amigo em uma fazenda no sul da França para juntar dinheiro e passar algum tempo na Espanha.

— Se você quer um país com muita praia, conheço um para indicar — falei-lhe.

— A Austrália? — ele perguntou.

— Não, cara! O Brasil.

Continuamos descendo e às 9h30min atingimos as margens do rio Dudh Kosi, cruzando-o por uma enorme ponte pênsil. Meu altímetro marcava 1.563 metros de altitude, o ponto mais baixo da Estrada do Everest, chegando mesmo a estar 297 metros abaixo de Jiri, nosso ponto de partida. E 3.982 metros abaixo do Kala Patar, nosso ponto de chegada.

O Dudh Kosi era um dos três mais importantes rios do Nepal. Nascia no topo da cordilheira do Himalaia, cortava todo o país e desaguava no rio Ganges. Dudh era a palavra nepali para leite, e Rio do Leite lhe era um nome mais do que adequado. Sua cor leitosa era causada pelo pó solto das rochas trituradas pela força das geleiras abrindo caminho vale abaixo. Suas turbulentas e gélidas águas arrancavam as pesadas pedras da sua margem, jogando-as para fora do leito com uma fúria impressionante.

A partir de agora daríamos uma grande guinada e seguiríamos para o norte, por dentro do seu cânion, rio acima, até Nanche Bazar, distância que pretendíamos percorrer em quatro dias, se tudo desse certo.

Tão logo cruzamos a ponte e saímos na outra margem, vimos que um deslizamento havia soterrado a trilha. Foi preciso muita cautela e sangue-frio para cruzarmos um longo trecho de barranco se esfarelando sob nossos pés, pouco acima de um leito com geladíssimas e violentas águas espumosas descendo a uma grande velocidade, como em todos os rios na região.

Barrado seguia na frente, abrindo caminho. Devido ao peso que carregava, seus pés afundavam na terra fofa da barranca do rio, marcando uma trilha. Nós vínhamos atrás, seguindo suas pisadas e tomando cuidado para não resvalarmos nem provocarmos outro deslizamento, o que seria suficiente para soterrar todos em poucos segundos. Depois de passarmos, Sean Dowsey e Samuel Loose, que vinham atrás, tomaram coragem e nos seguiram.

Era preciso sair do leito do rio, onde imensas cachoeiras bloqueavam o caminho. Então iniciamos uma longa subida por seu barranco durante uma hora, sem parar. Às 10h30min cruzamos à esquerda de Jubing, 1.676 metros, uma aldeia habitada pelos rais, um grupo recrutado entre o regimento gurkha, os quais adotam como religião tanto o hinduísmo quanto o budismo. Era a única povoação não sherpa nesta região.

Subimos durante mais uma hora e quinze minutos até chegarmos ao passo Mane Dingma, 2.134 metros de altitude. Levamos, ao todo, duas horas e quinze minutos para subir os 571 metros verticais que nos tiraram do cânion do Dudh Kosi. Do passo tínhamos uma bonita vista do cume rochoso e nevado do Giachung Kang, 7.922 metros, normalmente confundido pelos guias como sendo o Cho Oyu, a primeira montanha com mais de 8.000 metros escalada por um brasileiro, Sérgio Beck, um montanhista gaúcho.

Para seguirmos em frente era preciso cruzar o rio Khari, um dos principais afluentes desta margem do Dudh Kosi.

Começamos a descer. Mais quinze minutos e chegamos a Khari Khola, uma aldeia a 2.050 metros, onde paramos para almoçar. Estava com muita fome e com prazer comi um delicioso *dal bhat tarkari*, pelo qual paguei exatamente 1,5 dólar. Não só minhas pernas e meu relógio biológico estavam entrando no ritmo da montanha, como também meu estômago. Em função disso, estava trocando os refrigerantes por água mineral, o que vinha fazendo com muito prazer.

Enquanto almoçávamos, em uma mesinha no lado de fora da casa de chá — ou *casita de té*, como Horst gostava de dizer, em espanhol —, a japonesa Sacuri passou por nós com sua pesada mochila e um guia que não carregava nada, além de uma colorida sombrinha.

Ela nos mostrou haver descolado a sola da bota, obrigando-a a amarrá-la com diversas voltas de fita crepe. Mas estava contente. E com pressa.

— Não posso me demorar muito — explicou. — Como ando em um ritmo bem mais lento do que vocês, faço paradas menores e a intervalos maiores.

Normalmente os *trekkers* dormiam em Khari Khola, pois a saída do leito do rio Dudh Kosi era muito puxada, e para atingir a próxima aldeia, Bupsa, seria preciso descer 250 metros até o rio Khari, cruzá-lo em uma estreita ponte de madeira e, a partir daí, subir 550 metros, pois Bupsa ficava a 2.350 metros de altitude. E tudo isso em uma distância muito curta, tornando a descida e a subida muito fortes.

Mas, como estávamos nos sentindo bem, resolvemos seguir adiante. Se no dia seguinte também avançássemos um pouco mais do que o planejado no início da expedição, poderíamos chegar a Nanche Bazar dois dias antes.

Bem alimentados, voltamos à trilha. Cruzamos o rio, passamos por Sacuri e uma hora e quinze minutos depois chegávamos a Bupsa, uma minúscula aldeia com uma *stupa* branca nos fundos.

A decisão de seguirmos até Bupsa tinha sido mesmo a mais correta, pois logo chegaram também os outros *trekkers* que estavam na trilha: Louise Mead, a professora de inglês; Sean Dowsey, que queria ser instrutor de mergulho na Austrália; e Samuel Loose, o irlandês que já estivera no Peru. Um pouco mais tarde chegou Sacuri.

Nos fundos do alojamento, no andar de baixo, havia um chuveiro com água quente descendo de uma grande panela sobre o fogão a lenha. Tomei banho — por meio dólar, o mesmo preço do quarto duplo — e fiz a barba. Limpo, tratei de cuidar dos ferimentos, o que não dera para fazer no quarto escuro em que dormira na noite anterior, em Nuntala.

Troquei o curativo do dedão da mão direita e notei a bolha cicatrizando. Bom, muito bom, pensei. Mas ruim era a bolha sobre o dedão do pé esquerdo: rebentara e se transformara em uma ferida aberta. Lavei com água oxigenada, passei um secante e cobri com um Band-aid. A seguir enfaixei o dedão com esparadrapo até me certificar de que estaria protegido da fricção contra o couro da bota, no dia seguinte, quando reiniciasse a caminhada.

Vesti roupas limpas, calcei um confortável chinelo de dedos e coloquei na cabeça um boné com as cores e o nome do Brasil estampado na frente. Estava me sentindo em casa.

Quando entrei no refeitório, junto ao fogão da cozinha, fui aplaudido pelos outros *trekkers* jogando carta em uma grande mesa. Sentei-me junto ao grupo e, enquanto Horst lia seu grosso livro, conversamos um pouco.

— O que você está fazendo aqui, Samuel? Quero dizer: por que você viaja? — perguntei-lhe, pois gostava de ouvir os planos de cada um dos viageiros encontrados pelo caminho.

— Eu viajo porque me sinto feliz quando estou fazendo coisas de que gosto. E viajar é uma delas — ele respondeu, enquanto largava as cartas sobre a mesa, batendo o jogo.

— Você se considera um nômade? — perguntou-lhe Sean Dowsey, embaralhando as cartas.

— Não. Quando encontrar a praia ensolarada que procuro vou fincar estacas. Mas por agora ainda não estou preparado para isso. Antes preciso ganhar experiência de vida, conhecer lugares e encontrar novas pessoas.

— Pessoas interessantes como nós, não é, Samuel? — eu disse, baixando as cartas, pois agora tinha chegado a minha vez de ganhar.

— Claro — ele respondeu. E todos rimos muito.

— E você, Ortiz, se considera um nômade? — era Sean, dirigindo-me sua intrigante pergunta, enquanto recolhia as cartas do baralho espalhadas sobre a mesa.

A pergunta era profunda demais, merecia uma pausa no jogo. Notei que todos me olhavam, esperando uma resposta. Passei a mão sobre a mesa, afastei as cartas que ele estava me dando, tomei um gole de chá e falei, pausadamente, escolhendo bem as palavras:

— Olha, acho que na escala evolutiva da minha vida ainda não atingi este patamar. Sinto-me como aqueles monges noviços do mosteiro Trakshindo: talvez alcance esta graça na próxima reencarnação. Por enquanto sinto-me apenas um andarilho.

— Você acredita em reencarnação, Ortiz? — perguntou Samuel.

— Não, não acredito em reencarnação. Estava apenas usando-a como uma figura de linguagem.

— No que você acredita, então? — ele insistiu.

— Acredito em ressurreição, o que é um pouco diferente.

Os papéis estavam se invertendo. Normalmente sou eu quem faz as perguntas, mas agora sentia-me como se estivesse dando uma entrevista coletiva.

Templo hindu Kastamandap, que deu origem à cidade de Katmandu

Rua do centro comercial de Katmandu

Turista tomando sol na praça Durbar

Estátua do Yeti, em frente à sede da Companhia Aérea do Nepal

Sadhu, o homem-santo do hinduísmo nepalês

Cremação no templo Pashupatinath, às margens do rio Bagamati

Ônibus que nos levou de Katmandu a Jiri

O irlandês Samuel Loose e o inglês Sean Dowsey na Estrada do Everest

Sherpani cozinhando para os trekkers em uma das muitas pousadas da trilha

No vale do rio Dudh Kosi, o trecho mais perigoso da trilha

Pequeno avião, entre as nuvens e o rio, no vale do Dudh Kosi

Ponte pênsil sobre o cânion do rio Dudh Kosi

Tahr, a cabra selvagem do Himalaia, vive em penhascos de difícil acesso aos caçadores humanos

Nas encostas do monte Nanche está a vila de Nanche Bazar, maior centro urbano na Estrada do Everest

No centro da foto, o monte Tengpoche, cuja trilha leva ao mosteiro. No canto direito, o Ama Dablam, com seus dois picos. No centro, o Nuptse; e no extremo esquerdo, o Everest

O mosteiro de Tengpoche, principal centro cultural e religioso dos sherpas

O lama de Katmandu recebe uma kata do lama de Tengpoche, após visitar o mosteiro

Casal sherpa carregando o filho na cesta

Pheriche

Iaque, em Pheriche

Pico Imja Tse, no vale Imja. Uma montanha isolada, como se fosse uma ilha flutuante em meio à cordilheira

Saída de Dingboche

Lobuje, o pior abrigo na Estrada do Everest, conhecido como o sovaco do Nepal

Memorial budista em homenagem a Scott Fischer, alpinista morto no cume do Everest em 10 de maio de 1996

Gorak Shep, último local onde era possível construir um abrigo de pedra nesta região do Himalaia

Morena na geleira Khumbu, em direção ao Acampamento-base do Everest

Geleira Khumbu. Uma crosta de gelo sobre a água e debaixo de uma fina camada de cascalho

Pedra sobre um pilar de gelo, na geleira Khumbu

Acampamento-base do Everest

No Acampamento-base, em frente à Cascata de Gelo do Everest

No cume do monte Kala Patar. Ao fundo, vê-se a pirâmide superior do Everest

Ama Dablam visto do cume Le do Kala Patar

Nuptse visto do cume do Kala Patar

Everest visto do cume do Kala Patar

Horst Schejok

Devendra Thapa

Pascal Sochon

Louise Mead

Samantha Dorney-Smith

Leland Sisk

Pemba Sherpa

Elske van de Burgt

PANGBOCHE MANASTERY

— Você se sente mesmo um andarilho? — era Louise Mead quem perguntava.

— Sim — respondi. E acrescentei: — Um adorável andarilho.

Todos rimos muito. Mas Louise estava levando a sério a conversa e insistiu:

— Pode explicar melhor?

— Posso...

— Então...

— Então que quando fico batendo pernas por aí, rodando por este mundo afora, me dispo do meu lado sério, do meu lado lógico, que insiste em dar uma explicação racional para tudo, que teima em enquadrar este mundo tão complexo dentro de uma fórmula social padronizada. Quando me livro das amarras cartesianas e faço as coisas apenas por fazer — apenas por fazer! —, me sinto irresponsável. E quando me sinto irresponsável me torno extremamente criativo. E só Deus sabe o quanto preciso disso para viver.

Olhei ao redor e notei todos compenetrados, até os guias sherpas sentados numa mesa ao lado. Então prossegui, com a solenidade que o ambiente merecia:

— Vagabundear me abre o espírito, me faz perplexo diante das novas coisas que descubro. Vagabundear significa colocar todo meu intelecto a serviço da minha intuição. E é ela, a minha intuição, que me mostra os caminhos mais adoráveis. As pessoas mais adoráveis. As coisas mais adoráveis. E me faz também adorável. Um adorável... andarilho.

Nesta altura todos haviam parado seus afazeres e prestavam atenção na conversa que, para meu gosto, estava ficando séria demais.

— Você se considera um herói? — perguntou-me uma voz com sotaque sherpa, às minhas costas. Virei-me, surpreso com a questão, e respondi para o dono da estalagem, que ouvia nossa conversa enquanto colocava os pratos na mesa.

— Não, não me considero um herói. Heróis não têm conflitos. E sem conflitos, a vida não teria a menor graça. Se eu fosse acabar com meus conflitos internos, estaria eliminando a metade da minha capacidade de viver, de sentir as coisas como elas verdadeiramente são. Estaria mais para um supercomputador da NASA do que para um feliz humano do Brasil.

Antes que alguém fizesse outra pergunta, o encanto foi quebrado quando Sacuri entrou no refeitório com um tubo de cola em uma das mãos e uma bota na outra.

— Alguém consegue abrir este tubo para eu colar minha bota? — ela perguntou.

Todos imediatamente apontaram para Horst, já consagrado entre o pessoal como o homem das mil e uma utilidades, habilidade adquirida quando se mora sozinho. Ele abriu o tubo e ajudou a japonesa a colar o solado da bota, até então amarrado com fita crepe. A sherpani começou a servir a janta. Recolhemos o baralho e fomos tratar de alimentar o corpo, nesta altura pedindo mais urgência do que o espírito.

O ambiente estava tão descontraído, que resolvi provar um copo de *chang*, a cerveja do Himalaia, um fermentado feito a partir do arroz. Horst, para manter a boa tradição germânica, tomou dois copos. Comemos bem e fomos dormir: livres, leves e soltos!

Como era bom estar neste lugar!

1921

Everest
6.700 metros

Em 1920, Charles Bell, diplomata britânico encarregado dos negócios com o Tibete, depois de muita pressão, convenceu o 13º Dalai Lama a permitir uma primeira expedição de reconhecimento ao Everest, seguindo a trilha desbravada por John Noel, em 1913, que os acompanharia como guia.

A expedição de 1921 foi organizada pela Sociedade Geográfica Real. Formada por diretores da Sociedade, topógrafos, geólogos, médicos e montanhistas do Clube Londrino de Alpinismo, era chefiada por Charles Kenneth Howard-Bury, um tenente-coronel do Exército inglês com 37 anos de idade.

Muitos dos mais promissores jovens alpinistas tinham morrido na Primeira Guerra Mundial, elevando a idade média dos membros da expedição de reconhecimento para 44 anos. Embora composta por montanhistas experientes, tratava-se de experiência em montanhas européias, com menos da metade da altura do Everest.

Pouco era conhecido sobre os efeitos da altitude, bem como roupas e equipamentos específicos para o ambiente que iriam enfrentar, sendo muitas das melhores avaliações da época impróprias para os padrões atuais. Cada um levou para a montanha o que achou que iria necessitar.

Os nove membros da expedição não formavam o que se poderia chamar de um grande time, e após uma extenuante caminhada de 640 km, desde o Sikkim, apenas seis chegaram à base da montanha. Para ajudá-los, os britânicos contrataram alguns sherpas que haviam imigrado para a Índia, dando início a uma das maiores parcerias étnicas no montanhismo himalaio: sherpas budistas e ocidentais cristãos.

Os sherpas foram recomendados pelo médico e botânico escocês Alexander Mitchel Kellas, um veterano do Himalaia, com 53 anos, que já os havia empregado em suas andanças em busca de conhecimentos sobre a flora da região. O próprio Dr. Kellas acompanhou a expedição, vindo a morrer dias depois, no interior do Tibete, vítima de um ataque cardíaco.

Mas a principal figura da primeira expedição foi George Leigh Mallory, um professor com 35 anos. Com seu parceiro de montanhismo, G. H. Bullock, ele primeiro gastou um árduo mês explorando a área que o levaria com menos dificuldade até o sopé da montanha, a misteriosa geleira Rongbuc Oriental.

Ficou óbvio ser o verão, durante o período das monções, a época menos favorável para qualquer coisa que se quisesse fazer no Himalaia. Mas não desistiram, apesar da exaustão e das doenças que atingiram alguns integrantes do grupo.

O incansável George Mallory continuou bisbilhotando a montanha até chegar ao passo Lho, 6.006 metros, uma falha na cordilheira que o permitiu passar do Tibete para o Nepal. Dali pôde fazer uma minuciosa observação da geleira, em forma de tobogã, cobrindo o vale, com cerca de 4 km entre o Everest e o Nuptse, acima da Cascata de Gelo, a qual batizou de Cwm — vale, em galês — Ocidental, além de se tornar o primeiro europeu a ver a Cascata de Gelo e o vale Khumbu, no lado nepalês.

Mallory voltou para o acampamento e, depois de trocar muitas informações com os outros alpinistas, concluiu ser a Cascata de Gelo um caminho intransponível. Portanto, melhor continuar tentando pelo lado tibetano, através do Colo Norte, localizado entre o Everest e o Changtse, que ficava bem em frente, e a partir dali escalar pela aresta norte, à esquerda da face norte.

Apesar do mau tempo e dos precários equipamentos, três sherpas e três alpinistas, incluindo George Mallory, alcançaram o Colo Norte, a 6.700 metros de altitude, às 11h30min do dia 24 de setembro de 1921. Mallory queria continuar, hipnotizado pelo desafio, mas os outros estavam cansados demais para acompanhá-lo. Além disso, uma tempestade os obrigou a regressarem ao Acampamento-base.

No final, o que acabou mesmo sendo o ponto alto da expedição foi a detalhada exploração topográfica feita no lado tibetano do maciço do Everest, além de, pela primeira vez, um ocidental ter visto o vulto e as pegadas gigantescas do Yeti.

Estava quebrado o tabu da montanha intocável.

Dia 7

Bupsa, 2.350 metros, a Lukla, 2.834 metros
8 horas

A partir de Bupsa, continuamos a subir pela encosta direita do desfiladeiro do Dudh Kosi. Horst, muito animado, logo se distanciou, junto com Barrado e DB.

Os outros *trekkers* haviam saído antes de nós, pois não se demoravam tanto tempo no café, como Horst. Mas o alemão fazia questão de cruzá-los, um a um, ao longo do trajeto, e chegar ao próximo povoado antes de todos, quando então ficava esperando, sentado a uma mesa, tomando chá e lendo seu livro de 1.200 páginas. Como em uma longa jornada destas cada um mantém seu próprio ritmo, acabávamos nos espalhando ao longo do caminho. Mas para ele era uma questão de honra ser o último a sair e o primeiro a chegar.

Meu ritmo, embora mais lento do que o de Horst, era bem mais rápido do que o dos demais. Logo os encontrei, descansando e tomando chá, em frente a um minúsculo *bhatti* empoleirado entre a trilha e o precipício. Tínhamos uma vista encantadora do vale à nossa frente, possibilitando fazermos belas fotos uns dos outros.

— Ortiz, deixe-me tirar uma foto para mostrar em Londres o meu novo amigo brasileiro — disse Louise.

— Você é brasileiro? — perguntou uma moça que chegava ao local e ouviu Louise falar.

— Sim, ele é brasileiro — disse Louise.

— Mas eu não sabia que no Brasil existiam brancos — falou a moça, tão admirada que veio olhar-me mais de perto.

— No Brasil existem negros, mulatos, índios, mamelucos, mestiços, amarelos e brancos — falei, com um tom professoral, tentando disfarçar o constrangimento por estar sendo analisado tão de perto.

— E vocês falam espanhol?

— Não. Falamos português.

— O seu chapéu é muito bonito — disse ela, mudando repentinamente o foco do seu interesse.

— Obrigado.

— Onde você o comprou?

— Na África.

— Eu tinha um igualzinho ao seu, mas perdi na Índia. Estava caminhando em meio a uma multidão e quando vi o chapéu havia sumido da minha cabeça.

— Sinto muito.

— Eu também.

Samantha Dorney-Smith era uma impetuosa ruiva de 28 anos, com um olhar muito atrevido. Ela viera ao Nepal para encontrar-se com o namorado, que morava na Tailândia. Pouco antes de sair da Inglaterra, o rapaz suspendeu o encontro, mas ela veio do mesmo jeito. Pretendia ficar duas semanas em Katmandu, mas encontrou na cidade alguns amigos que a convenceram a fazer o *trekking*, algo que não estava em seu plano original. Acabou ficando sete semanas no país, no que considerou uma das suas melhores viagens.

— Agora quero conhecer todos os lugares, ver todas as coisas — ela me disse.

— E quanto ao namorado? — eu quis saber.

— Ah, isto é uma longa história...

— O que você faz em Londres?

— Já trabalhei em diversos lugares, mas todos muito aborrecidos. Agora sou enfermeira.

— Você gosta de ser enfermeira?

— Eu detesto dizer isto, mas realmente é o que gosto de fazer.

— Por quê?

— Porque como enfermeira posso falar bastante...

— Você está gostando do *trekking*?

— Estou adorando, embora fisicamente me seja muito penoso. Mas tudo é tão bonito, o povo é tão simpático, vale qualquer esforço. Além do mais, as pessoas que a gente encontra nas montanhas logo se tornam nossas amigas.

— Até onde você pretende chegar?

— Se conseguir chegar a Gorak Shep, me darei por satisfeita.

— Mas você estará tão perto do Everest. Poderia tentar chegar até o Acampamento-base.

— Ficarei feliz em apenas ver o Everest, sem precisar tocá-lo.

— E o Kala Patar?

— Não tenho condições de escalar o Kala Patar. Mas não estou aqui para isso. Estou aqui apenas para ver o Everest.

— Do que você mais gostou no Nepal?

— Da viagem de ônibus de Katmandu até Jiri. Eu e meus amigos viajamos no teto do ônibus.

— No lado de fora?

— Sim, foi incrível. A viagem durou dez horas. Então nós lanchamos, tomamos banho de sol e até cheguei a tirar uma soneca em cima do ônibus. Foi sem dúvida a coisa mais memorável que já fiz na Ásia.

— Você não ficou com medo? Eu estava dentro do ônibus e quase morri de medo, especialmente nas curvas.

— Se não sentisse medo, não teria graça.

— Vocês contrataram o *trekking* em Katmandu ou estão por conta própria?

— Eu e meus amigos saímos de Jiri armados apenas com um exemplar do *Lonely Planet* e uma grande dose de otimismo sobre nossas condições físicas. No entanto... Bem, como você está vendo, contratei um carregador a partir do segundo dia, especialmente por causa das dores que venho sentindo no joelho — ela disse, mostrando o joelho enfaixado.

— E pelo cigarro — acrescentei, interrompendo.

— Sim, pelo cigarro também — ela concordou, rindo.

— Quanto você está pagando para o carregador?

— Seis dólares por dia.

— Você está inflacionando o mercado de carregadores no Himalaia.

— Você acha que estou pagando muito?

— Acho que você está pagando pouco, mas bem acima do que normalmente se costuma pagar.

— Mas ele é ótimo. E fala um inglês bem razoável.

Após nosso encontro no Nepal, Samantha foi trabalhar como enfermeira na Austrália. Depois pretendia conhecer a América do Sul. Conversamos mais um pouco e continuei, enquanto ela ficou descansando. Os outros já haviam ido na frente.

Cruzei pela nascente de sete pequenos afluentes descendo da montanha em direção ao grande rio e comecei a ganhar altura, rumo ao passo Khari, até aqui o trecho mais perigoso do caminho, mas também o mais bonito.

No passo, onde a trilha não tinha mais do que meio metro de largura, eu estava a 2.831 metros de altitude. À minha esquerda, a parede do cânion do rio Dudh Kosi se precipitava, em uma queda vertical de 1.081 metros, pois o rio corria, lá embaixo, espumoso e violento, a 1.750 metros de altitude. Bem à minha frente, estava o cânion do rio Puiyan, um grande afluente do Dudh Kosi, correndo 1.050 metros verticais abaixo dos meus pés.

Senti medo. Muito medo, para dizer pouco. Uma pisada em falso, um mal-estar súbito, uma lufada de vento mais forte e despencaria rochedo abaixo. Mas a beleza do lugar era impressionante, merecia uma foto. Com todo cuidado tirei a câmera da mochila, troquei de lente e bati uma fotografia pegando a junção dos dois cânions lá embaixo. Bati a foto e — incrível! — acabou o filme.

Eu estava em uma situação extremamente perigosa, era preciso sair logo deste lugar. Mas então ouvi um ruído. Parecia um avião. E não apenas parecia, era um avião! Como estávamos nos aproximando de Lukla, onde havia uma pista de pouso, os pequenos aviões que faziam o trajeto até Katmandu passavam bem abaixo de onde eu estava.

Abaixo, não acima! Abaixo!

No fundo do cânion corria o rio. De cada lado, uma parede com 1.000 metros de altura. Acima, ligando as paredes do cânion, como um teto branco, as nuvens. Então o vale formava uma espécie de funil, por onde seguiam os helicópteros e os pequenos aviões ligando Katmandu ao Himalaia.

Por Deus — ou por Buda! —, precisava fotografar isto. Era a primeira vez que, estando com os pés na terra, via um avião de cima para baixo!

Enquanto colocava o filme na máquina, trocava a lente por uma objetiva de trezentos milímetros, montava o tripé e fixava a câmera, rezei para Deus, Buda, Shiva, São Francisco (do qual sou devoto) e ainda fiz uma oração extra, sem destinatário. Nesta altura, estava aceitando a ajuda de qualquer divindade que passasse por perto. Ou estivesse meio de folga.

Durante meia hora, fotografei quatro aviões e um helicóptero voando lá embaixo. Como são engraçados, vistos de cima. Nunca tinha me dado conta disso. Mas, como aqui no Himalaia a gente não vê os aviões de baixo para cima, mas de cima para baixo, tudo bem.

Satisfeito, guardei o equipamento e tratei de sair logo deste lugar. Dobrei a direita, em direção à cabeceira do rio, e comecei a contornar o cânion. Três horas depois de ter saído de Bupsa, cheguei à aldeia Puiyan, 2.835 metros, do outro lado rio, no fundo do vale. Horst estava sentado em frente a um *bhatti*, lendo seu livro e tomando chá com leite.

— Por que você demorou tanto, Ortiz? — perguntou-me, enquanto me sentava ao seu lado para tomar uma água mineral.

— Estava tirando fotos.

— Mas do quê? Não vi nada interessante nesta manhã — respondeu, enquanto repassava bloqueador solar no rosto.

A área ao redor de Puiyan foi uma cerrada floresta de rododendros, desmatada pelos sherpas para fazer carvão. A prática foi abolida em 1992 para tentar salvar o que restou das árvores e preservar a barranca do Dudh Kosi.

Subimos pela outra encosta até o passo Chutok, 2.945 metros, de onde tivemos uma bonita vista do Kusum Kangguru, 6.369 metros. Esta montanha era reverenciada pela população local, e seu nome significava "Montanha Branca, Morada dos Três Deuses", pois, dependendo do ângulo que se olhasse, podiam-se avistar os seus três picos nevados. Começamos a descer novamente, agora em direção ao vale do rio Surkhe, 606 metros abaixo. Estávamos cruzando, um a um, os afluentes da margem esquerda do Dudh Kosi.

Devido ao meu atraso, acabamos chegando ao próximo povoado, onde paramos para almoçar, à 1h15min da tarde.

Em Surkhe, 2.339 metros, encontramos apenas Louise, pois os outros *trekkers* já haviam seguido em frente. Segundo uma lenda, esta área foi outrora um grande lago, o que explicaria seu solo fértil. Bua, o nome sherpa de Surkhe, significava depressão úmida, facilmente explicável pela constante falta de sol no local, envolvendo a aldeia em um clima de solidão e melancolia. Se eu tivesse que escolher um lugar triste nesta viagem, seria este.

Como estávamos atrasados — até no Himalaia a gente se atrasa! —, DB e o guia de Louise foram na frente, até Lukla, a próxima vila, onde existia um campo de aviação, para confirmar nossas reservas, pois quando voltássemos do Everest pegaríamos um avião em Lukla para Katmandu. Assim, não precisaríamos refazer a pé o percurso de volta entre Lukla e Jiri.

Aproveitamos o almoço para nos conhecer um pouco mais, já que estávamos compartilhando a mesma estrada.

— Você acredita — falei para Louise — que o Horst veio de Frankfurt pela companhia aérea do Kwait, para pagar menos pela passagem?

— Bem, não posso criticá-lo — ela respondeu. — Vim de Londres pela companhia aérea do Paquistão, pelo mesmo motivo.

— Não acredito! — exclamei. — Vocês são muito pão-duros.

— E você, Ortiz, saiu do Brasil pela companhia aérea do seu país? — retrucou Louise.

— Não — respondi. — Viajei pela companhia aérea da África do Sul.

— Por quê? — quis saber o alemão.

— Porque era mais barato!

Louise terminou seu almoço e saiu. Em seguida saiu Horst. Minhas reações com o fato de ele normalmente seguir na frente eram contraditórias. Às vezes eu classificava como falta de companheirismo, pois, quando eu saía antes, sempre o esperava na próxima curva. Mas às vezes gostava que ele determinasse o ritmo, bancando o coelho. E disso eu entendia.

Quando era atleta e estava na iminência de quebrar algum recorde, normalmente os organizadores da competição colocavam alguém na minha frente. Eu corria 100 metros rasos e esta pessoa, chamada "coelho", largava 20 metros mais adiante. Instintivamente tentava alcançá-la, forçando minha velocidade ao máximo, o que não aconteceria se estivesse correndo apenas contra os demais competidores.

Tão logo terminei de comer meu *dal bhat tarkari* também saí, junto com Barrado. Cerca de quinze minutos depois deixamos a trilha principal, que corria ao longo da barranca do Dudh Kosi, e dobramos à direita, subindo o monte Lukla, em direção à vila Lukla, em seu topo, onde chegamos uma hora depois.

Nos hospedamos no Khumbu Resort, uma grande e confortável pousada com muito movimento e um bom restaurante. Nos instalamos no segundo andar, em um quarto cuja janela dava para a pista de pouso, por onde chegavam e saíam os helicópteros e pequenos aviões que eu fotografara no caminho.

Tomei banho, fiz a barba e troquei de roupa. No jantar comi espaguete com molho de carne de iaque e tomei um copo de *chang*.

A distância entre Lukla e Nanche Bazar era feita em dois dias. Mas, como estávamos nos sentindo bem, resolvemos ficar duas noites em Lukla e depois cobrir o trecho até Nanche Bazar em apenas um dia. Por isso, esta noite, caímos na farra. Depois de ficar até tarde no restaurante da pousada conversando com os *trekkers* recém-chegados nos aviões, Horst e eu fomos dar uma volta pela vila.

Para nossa surpresa, descobrimos um *pub* — ou o que os sherpas chamam de *pub* — com uma pista de dança e um alegre grupo de turistas australianos e neozelandeses. Nos enturmamos, caímos na farra e bebemos algumas cervejas, ao som da *Macarena*.

1922

Everest
8.323 metros

A expedição seguinte, liderada por Charles Granville Bruce, um general com 56 anos, iniciou sua jornada antes das monções e gabava-se de ser formada por um grande time de treze pessoas, entre os quais os veteranos John Noel, George Mallory e um cinegrafista. Segundo eles, estava abastecida com alimentação especial: champanhe, caviar e espaguete. Que congelou nos acampamentos mais altos.

Eles realmente tinham uma alimentação bem mais adequada, mas roupas não. A famosa foto onde aparecem George Mallory e Edward Felix Norton, no alto da montanha, os mostra vestindo calças de lã e jaquetas de jérsei. Eles usavam chapéu, óculos escuros, machadinhas de gelo e cordas, como se estivessem indo para um passeio em um parque inglês de inverno.

Para facilitar a logística da operação, diversos acampamentos intermediários foram estabelecidos. O acampamento IV foi montado no Colo Norte, e o acampamento V, a uma altitude de 7.600 metros. Embora este acampamento estivesse baixo demais para servir como base de um ataque ao cume, a primeira tentativa foi feita por George Mallory, Edward Norton e Howard Somervell, um cirurgião com 32 anos. Eles subiram a 8.170 metros, sem oxigênio suplementar, antes de descerem com sintomas de congelamento para o acampamento IV, onde chegaram às 23h30min, completamente exaustos.

A segunda tentativa foi realizada pelo australiano George Finch e Geoffrey Bruce, filho do líder da expedição. Passaram a noite dormindo com auxílio de oxigênio suplementar, o que os manteve mais bem aquecidos e permitiu-lhes um bom sono, embora alguns membros do grupo — entre os quais Mallory — fossem contra por acharem tal atitude antiesportiva. Além disso, cada equipamento com quatro cilindros do que os sherpas chamavam "ar inglês" pesava 15 quilos.

Mesmo com todo este peso, Bruce e Finch partiram do acampamento VI, precariamente montado a 7.800 metros, na manhã seguinte, levando na mochila apenas uma garrafa térmica de chá. Subiram até 8.323 metros, estabelecendo um novo recorde de altitude. E só não foram mais alto porque o equipamento de Bruce estragou. Estava provado que o oxigênio artificial seria imprescindível para alguém alcançar o cume do Everest.

A terceira tentativa terminou prematuramente no dia 7 de junho, 200 metros abaixo do Colo Norte, quando uma avalanche colheu Mallory, Somervell, Colin Crawford e treze sherpas. Sete carregadores morreram. Ao saber da notícia, no Acampamento-base, o general Bruce ordenou a retirada da montanha.

O Everest começava a cobrar seu tributo de quem o ousava desafiar.

Mas eles não desistiram, iniciando uma campanha de arrecadação de fundos para voltarem ao Himalaia.

Durante um ciclo de palestras para arrecadar dinheiro, realizado nos Estados Unidos, ilustradas com *slides* das expedições anteriores, quando um irritante jornalista perguntou-lhe por que motivo alguém teria que escalar o Everest, George Mallory respondeu com o que veio a se tornar a mais célebre frase da história do montanhismo:

— Porque ele está lá!

Dia 8

Lukla
2.834 metros

Lukla significava "curral de ovelhas", pois era o que existia aqui antes de os sherpas, supervisionados por Edmund Hillary, construírem o campo de pouso. O trabalho durou um mês e teve por objetivo o transporte do material a ser utilizado nas pontes, escolas e hospitais levantados na região.

Agora havia se transformado na principal porta de entrada do Himalaia, trazendo turistas de Katmandu em um vôo de 45 minutos pelo preço de 170 dólares. Na alta estação os helicópteros e pequenos aviões chegavam a realizar vinte viagens diárias, fazendo Edmund Hillary se arrepender de tê-lo ajudado a construir.

A vila possuía uma escola primária e um sistema trifásico de quinze quilowatts de energia, alimentado por uma pequena hidrelétrica e utilizado somente na iluminação das pousadas e dos pequenos hotéis. Existia também um depósito de querosene para fornecer combustível às empresas operadoras de *trekking* desde que o governo do Nepal proibira o uso de lenha pelas expedições comerciais que ingressavam no Parque Nacional Sagarmatha. No posto de saúde, construído com o auxílio da França, um médico francês atendia os moradores locais e prestava auxílio aos visitantes.

A sede do Comitê de Controle da Poluição do Sagarmatha também ficava em Lukla. Implantado com a assistência do Fundo Mundial para a Natureza (WWF), o CCPS distribuiu diversos coletores de lixo ao longo das trilhas do Khumbu. Esses recipientes eram esvaziados regularmente, e a maior parte do lixo, transportado para Lukla, para ser incinerado. Graças a este trabalho e a uma constante campanha de conscientização junto aos turistas que chegavam a Lukla, o Khumbu, apesar de ser a região mais visitada pelos estrangeiros, não era a mais poluída do Nepal.

Embora não fosse necessário, acordamos cedo; era bom não quebrar o ritmo adquirido. A bolha na mão tinha desaparecido e a bolha no pé estava quase seca. Levantar sem ter que caminhar nos dava a sensação de domingo, embora eu não tivesse a menor idéia do dia da semana ou do mês. E nem fazia questão de saber. Para mim era apenas o dia 8. E estava me sentindo muito bem.

Depois do café, fui para o campo de aviação, onde passei toda a manhã ao lado da pista de pouso, observando os pequenos aviões Twin Otter, bimotores de dezesseis lugares da Yeti Airways, chegando cheios de turistas e partindo com outros que voltavam de Nanche Bazar. Alguns se hospedavam na Yeti Guest House, uma bonita pousada ao lado da cabeceira da pista.

Segundo os bravos pilotos que faziam a linha Katmandu/Lukla/Katmandu, este era um lugar mágico para aterrissar um avião. A cabeceira inferior da pista de cascalho estava 60 metros abaixo da cabeceira superior, e todo o trabalho precisava ser feito no visual, sem o uso de rádio. Isso quando as nuvens permitiam a aterrissagem, o que acontecia apenas até perto do meio-dia.

Os pilotos apontavam a aeronave para a parte baixa da pista e, quando sentiam que iam bater no solo, levantavam o bico do avião, no último minuto, tocando apenas com as rodas no chão. Então era só deixar correr, pois, como a pista subia montanha acima, logo o avião parava, mesmo que fosse apenas poucos metros antes da parede de rochas na outra extremidade.

Na decolagem o aparelho ia ganhando velocidade em uma frenética descida montanha abaixo, sacolejando pelo acidentado terreno, que raramente recebia manutenção, em direção à cabeceira inferior da pista. Quando estava prestes a atingir a borda do precipício, o piloto levantava o bico do avião e ele pulava no vazio, em direção ao fundo do vale, seguindo para Katmandu por baixo das nuvens. Conforme um piloto da Companhia Aérea do Nepal, no Himalaia não se podia entrar em uma nuvem. Normalmente elas eram feitas de rocha cobertas de neve.

O pessoal chegava de cara limpa, roupa lavada, cheirando a sabonete e com umas imensas mochilas abarrotadas de equipamentos que, na maioria das vezes, voltariam sem ser utilizados. Faziam parte dos grupos que as agências de viagem organizavam na Europa e nos Estados Unidos e eram recepcionados pelos guias e carregadores locais, previamente contratados, que faziam a festa.

A maioria estava fazendo um *tour* pelo Nepal, através de um pacote incluindo o vale Katmandu, o Parque Nacional Real Chitwan e uma "vista inesquecível do Everest", como me contou um simpático casal de americanos na faixa dos sessenta anos.

— Até onde vocês vão, para ver o Everest? — perguntei.

— Vamos até Nanche Bazar. Nos disseram que de lá já é possível ver o Everest.

— É verdade? — perguntou-me a senhora, desconfiada da promessa da agência nova-iorquina que lhes vendera a excursão.

— É verdade — respondi, para seu alívio. — Quanto tempo ficarão em Nanche?

— Três dias. Depois voltamos para Katmandu.

— Estão gostando?

— Com exceção da falta de limpeza nos hotéis em que temos ficado, estamos gostando — respondeu-me a senhora, acrescentando, enquanto olhava ao redor, com um ar desolado: — Mas é um país tão pobre...

— Mas muito bonito — interrompeu o senhor, fazendo-me imaginar ter sido a viagem idéia sua.

A partir de Lukla já se viam as imensas filas de iaques, pequenos bois peludos, habitantes das regiões altas e frias do Himalaia, aqui utilizados para carregar a bagagem dos turistas que não dispensavam alguns dos pequenos confortos que costumavam ter em suas casas.

Os iaques eram nativos de uma ampla área da Ásia Central, se estendendo da Mongólia até o Nepal. Viviam exclusivamente em regiões acima de 3.000 metros de altitude, pois experiências demonstraram que, quando levados para pastos mais baixos, acabavam morrendo. Iaques selvagens ainda eram encontrados em localidades isoladas do Tibete. Imensos, chegavam a atingir 1,80 metro. Pesavam uma tonelada e seus chifres mediam cerca de 1 metro.

Os iaques nepaleses, no entanto, eram bem menores, não passando dos 400 quilos, embora incrivelmente robustos. Podiam sobreviver dormindo na rua em temperaturas que chegavam a 15 graus negativos e eram muito resistentes a doenças, diferentemente dos bois e dos búfalos. Seus chifres tinham duas curvas e ele possuía pêlos longos e ásperos cobrindo boa parte do corpo.

Existiam mais de doze diferentes tipos de iaques, cruzados pelos sherpas para obterem as melhores características de cada animal. A raça mais comum era a conhecida por *dzopkyo*, o macho resultante da cruza entre uma vaca e um iaque. Infelizmente eles acabavam não se reproduzindo devido às grandes dificuldades de acasalá-los.

Ao contrário do iaque, o *dzopkyo* podia sobreviver abaixo dos 3.000 metros de altitude, tornando-se importante para os sherpas que moravam em localidades mais baixas. O *dzopkyo* era também menos temperamental do que o iaque, embora não conseguisse sobreviver em temperaturas muito frias nem carregar peso em trilhas acidentadas.

O iaque era o único animal capaz de cruzar o passo Nangpa, 5.716 metros, a trilha congelada da rota comercial que unia o Nepal ao Tibete antes de ser aberta a rodovia Arniko. Fechado pelo Exército chinês, tão logo invadiram o Tibete, este passo atualmente era utilizado apenas pelos tibetanos que tentavam fugir em direção à Índia para verem o Dalai Lama.

Uma outra cruza também comum era entre o iaque — ou melhor, a naqui, fêmea do iaque — e o búfalo tibetano, chamado *lang*. Eles produziam um animal menor, cuja fêmea, chamada *dzum*, era apreciada por seu leite e muito popular no Shorong e no Pharag Hinku, as regiões mais baixas do Himalaia nepalês.

Contam os sherpas mais antigos que o iaque e o búfalo eram irmãos e viviam na planície, à sombra das grandes montanhas. Em uma certa ocasião, um pouco antes de chegarem as monções, os campos estavam secos e com pouca grama. Foi então que o iaque disse ter avistado algo verde um pouco mais acima, nas montanhas. Seria uma suculenta campina? Ele decidiu subir para investigar.

Mas o búfalo ficou preocupado com a possibilidade de ser muito frio na alta montanha e emprestou seu grosso casaco de pêlos para o irmão, pois ainda era verão e ele não o necessitaria na planície.

O iaque iniciou sua jornada montanha acima e logo descobriu que, se não fosse o casaco do irmão, passaria muito frio. Mas o capim era fresco e muito verde e, quanto mais ele subia, mais comia. Quanto mais alto, mais suculenta era a grama.

Foi então que se lembrou do irmão e decidiu voltar. Mas havia subido tanto, e tão longe estava, que não achou mais o caminho da casa. Encontrava-se completamente perdido. E o iaque nunca mais voltou para devolver o quente casaco ao búfalo. Por isso o iaque possui uma camada de longos cabelos a proteger-lhe o corpo, enquanto o búfalo tem apenas o couro por cima.

Como o búfalo sentia muitas saudades do irmão, começou a procurá-lo, incansavelmente. E é por isso que até hoje ele ainda é visto olhando fixamente montanha acima. O iaque também sentia saudades do irmão e tentou arduamente encontrar o caminho de volta. E é por isso que até hoje ele ainda perambula sem parar, para cima e para baixo, nas trilhas do Himalaia.

Na hora do almoço, o refeitório da pousada estava cheio de novos *trekkers*. Meu bonito chapéu, maravilhosamente me protegendo do impiedoso sol himalaio, fez o maior sucesso junto aos recém-chegados. Alguns não se contentaram em apenas olhá-lo, queriam comprá-lo. Não foi fácil resistir ao assédio dos turistas, especialmente porque me ofereceram um bom dinheiro.

Antes que acabasse vendendo o chapéu — e depois tomasse uma insolação na trilha —, almocei rápido e saí para a rua. Da próxima vez que voltar ao Himalaia, pensei, vou fazer contrabando de chapéu africano.

Passei a tarde fotografando e conversando — com a ajuda de DB, como intérprete — com as pessoas da região, enquanto Horst descansava na pousada, lendo.

Dormimos cedo, pois tínhamos uma árdua jornada no dia seguinte.

1924

Everest
8.572 metros

A expedição de 1924 ainda não tinha roupas adequadas, especialmente de baixo. A cada alpinista foi entregue um kit de vestimentas no valor de 100 dólares. Edward Norton era o mais bem equipado. Gabava-se de usar macacão corta-vento, uma jaqueta de couro e um capacete de motociclista.

Mas lá estavam eles, de novo: os veteraníssimos George Mallory e John Noel, os veteranos Edward Norton, Howard Somervell e Geoffrey Bruce, e os novatos Andrew Irvine, Noel Odell, E. O. Shebbeare e mais dois alpinistas.

Saíram de Darjeeling no dia 25 de março. Duas semanas mais tarde o general Bruce pegou malária, sendo obrigado a voltar. Edward Felix Norton, com 39 anos, assumiu o comando, secundado por George Mallory. Alcançaram o Acampamento-base, na geleira Rongbuc, no dia 28 de abril.

Mas as monções chegaram prematuramente, e violenta tormenta atacou-os, ainda no início da expedição, danificando parte do equipamento de oxigênio e matando dois carregadores. Foram obrigados a voltar para se abrigarem no mosteiro Rongbuc, onde receberam a bênção do lama, o que eles, imprudentemente, não haviam feito quando passaram pelo local em direção ao Acampamento-base.

Embora os céticos britânicos não fossem adeptos do budismo, o tempo melhorou, e eles puderam retornar ao Everest.

O acampamento VI foi estabelecido a 8.170 metros, tendo Edward Norton e Howard Somervell dormido no local. Eles iniciaram o ataque no dia seguinte, muito cedo, mas Howard Somervell foi vencido por um sério ataque de tosse. Sua garganta inchada congelou, quase sufocando-o. Edward Norton seguiu sozinho montanha acima, vencendo, passo a passo, a encosta coberta de neve, até chegar aos 8.572 metros — meros 278 metros abaixo do cume —, estabelecendo um novo recorde de escalada sem oxigênio artificial, uma marca fantástica para a época, só superada em 1978, quando o austríaco Peter Habeler e o italiano Reinhold Messner se tornaram os primeiros homens a chegar ao cume do Everest sem a utilização de oxigênio artificial.

Aliás, os alpinistas mais exigentes consideram como sendo esta a verdadeira conquista do Everest. Em 1980, Reinhold Messner repetiu sozinho a façanha pelo lado tibetano. Mais tarde o italiano se tornou o primeiro homem a escalar as quatorze montanhas com mais de 8.000 metros de altitude, transformando-se no maior alpinista de todos os tempos.

Mas em 1924, se Edward Norton tivesse oxigênio, provavelmente teria alcançado o cume. A volta dos dois para o acampamento foi dramática. Chegaram já de noite. E graças ao auxílio de Mallory e Odell, que os resgataram no meio do caminho.

Naquela noite, com Edward Norton exausto e sofrendo de nifablepsia, uma cegueira temporária provocada pela reflexão da neve, e Howard Somervell fora de ação, George Mallory escolheu o jovem e inexperiente Andrew Irvine para acompanhá-lo na tentativa do próximo dia, embora Norton o tivesse aconselhado a levar o geólogo Noel Odell, mais experiente, bem aclimatado e em melhores condições físicas.

Mas Mallory preferiu Irvine porque o jovem estudante de engenharia possuía grande habilidade em manusear o equipamento de oxigênio.

Os sherpas acompanharam George Mallory e Andrew Irvine até o acampamento VI, onde desistiram de prosseguir, tais as condições adversas do clima. Após um breve descanso, regressaram para informar que, apesar de o fogareiro ter despencado montanha abaixo, tudo estava bem, os dois europeus prosseguiriam, a partir daquele ponto, utilizando oxigênio artificial.

Na manhã seguinte, 8 de junho de 1924, o tempo estava terrível, obrigando George Mallory e Andrew Irvine a deixarem o acampamento muito tarde. Enquanto esperavam para ver se as condições melhoravam, perderam estimáveis minutos, erro que provavelmente tirou-lhes a vida.

George Mallory estava com 38 anos. Filho da alta burguesia, professor, casado e pai de três filhos, era considerado o melhor alpinista britânico da sua época. Dotado de refinada cultura e alto idealismo, possuía também uma apurada sensibilidade romântica. Nos acampamentos no Everest, costumava ler Shakespeare para seus colegas de barraca.

Naquela gelada manhã de 1924, enquanto George Mallory e Andrew Irvine subiam, com extrema dificuldade, em direção ao topo do mundo, Noel Odell escalava do acampamento V ao acampamento VI para estudar a geologia das rochas ao longo do caminho. Às 12h50min, em uma das suas paradas, as nuvens abriram uma brecha no céu e ele pôde ver a silhueta dos dois companheiros subindo. Inicialmente julgou estarem atravessando o segundo escalão antes do cume, mas mais tarde ficou em dúvida quanto a ser realmente este o lugar em que vira Mallory e Irvine. O certo é que eles estavam cinco horas atrasados, já que pretendiam chegar ao segundo escalão antes das oito da manhã.

— Mas estavam movendo-se com deliberação e diligência — contou Noel Odell mais tarde.

Uma forte tormenta de neve formou-se na parte superior do Everest e, quando clareou, duas horas mais tarde, deixando visível a crista noroeste, não existia mais sinal dos alpinistas. Noel Odell, na esperança de que os companheiros estivessem voltando, subiu mais 15 metros além do acampamento VI, de onde gritou por eles. Mas não obteve resposta. Após permanecer um longo tempo esperando pelos amigos, o mau tempo o obrigou a voltar para o acampamento.

Duas horas depois o tempo abriu novamente, possibilitando a Odell olhar detalhadamente tanto para a crista do cume quanto para o muro de rocha. Mas não conseguiu ver ninguém.

Seguindo orientação prévia do próprio Mallory, Odell desceu até o acampamento IV, no Colo Norte, deixando livres as barracas dos acampamentos V e VI, para serem ocupadas por Mallory e Irvine, quando voltassem.

A noite estava clara, e uma luneta foi apontada para o cume, perscrutando cada metro do seu topo gelado. No final da manhã seguinte, Odell e dois sherpas subiram para o acampamento V, onde pernoitaram. Com a ajuda de oxigênio artificial, Odell seguiu sozinho até o acampamento VI, na esperança de encontrar George Mallory e Andrew Irvine.

No entanto, os dois nunca mais foram vistos.

Teriam atingido o cume antes de morrer? Seriam George Mallory e Andrew Irvine os primeiros a terem escalado o ponto mais alto do planeta? Eles haviam morrido na subida ou na descida? Na verdade o desaparecimento dera origem a um sem-fim de conjecturas sobre se teriam ou não sido os primeiros a chegar ao cume do Terceiro Pólo.

Montanhistas de expedições subseqüentes, ao observarem do local onde Noel Odell avistou Mallory e Irvine pela última vez, concluíram que a descrição se enquadrava melhor ao terceiro — e último — escalão do que ao segundo. Ainda hoje alpinistas são facilmente vistos quando atingem este ponto. Se realmente esta foi a situação, Mallory e Irvine possivelmente chegaram ao cume.

Até sua morte, Noel Odell não tinha certeza sobre em qual escalão os vira, embora acreditasse terem eles atingido o cume.

Em 1980, durante uma expedição japonesa, um dos carregadores, o chinês Wang Hong Bao, procurou o chefe da equipe para informar que cinco anos antes, enquanto participava de uma tentativa chinesa, havia encontrado, perto de onde estavam, o cadáver de um alpinista britânico com roupas muito antigas, sentado em um terraço nevado a 8.100 metros. Se o dado estivesse correto, certamente seria o corpo de Mallory ou Irvine.

E, como eles haviam recebido de Edward Norton uma máquina fotográfica, finalmente se poderia ficar sabendo se haviam ou não chegado ao cume.

Mas o mistério continuou, porque no dia seguinte Wang Hong Bao desapareceu sob uma gigantesca avalanche que desabou sobre seu acampamento.

Em 1999, uma expedição americana, liderada pelo experiente alpinista Eric Simonson, partiu para o Everest com o propósito específico de encontrar Mallory e Irvine. Partindo do local onde Wang Hong Bao dissera haver visto o cadáver de "um velho inglês", eles vasculharam cada palmo da área. No dia 1º de maio o alpinista Conrad Anker encontrou, no lado norte, a 8.200 metros de altitude, o corpo que procuravam.

Segundo Dave Hahn, outro membro da equipe, a roupa de Mallory tinha praticamente sumido, assim como boa parte do seu corpo, e a pele estava totalmente branca, parecendo uma estátua de mármore.

— Os outros apontaram na hora para a bota de pregos ainda conservada no seu pé e para a fratura na tíbia e fíbula logo acima. Vi a corda ao redor do corpo, traçada e branca, mais um artefato de decoração do que uma ferramenta vital para sobreviver no mundo vertical — contou Dave Hahn.

George Mallory caíra das rochas e escorregara um pouco mais para baixo pelas rampas de gelo, mas sobrevivera, pois não havia esmagamento nos ossos. Ele fora caindo com os braços esticados, mãos espalmadas e então se posicionara para morrer, cruzando uma perna sobre a outra para um alívio final, o que deve ter acontecido logo a seguir devido às suas precárias roupas para a temperatura do final da tarde.

A cabeça e os braços do alpinista, deitado de bruços e de cabeça para cima, estavam tão congelados que haviam se colado junto ao corpo e à rocha com o passar dos anos. Ele não tinha machado de gelo, nem oxigênio. Provavelmente usara tudo durante a subida e jogara fora as garrafas vazias. Mas alguns objetos marcantes estavam por perto, a começar por um altímetro de 9.000 metros (aparentemente quebrado na queda), uma carta de sua esposa, guardada no peito, perto do coração, e um cachecol perfeitamente conservado. Os óculos de proteção solar, em um dos bolsos, indicavam ter o acidente ocorrido no final da tarde, quando não havia mais luz.

Mas a única coisa que poderia provar se Mallory atingira o topo antes de morrer, a máquina fotográfica, não foi encontrada. Os alpinistas ficaram com a impressão de que "o velho inglês" havia conseguido, mas era impossível provar sem a câmera.

Mesmo com o aparecimento do corpo, o maior mistério do alpinismo continua, 75 anos depois: Mallory morreu antes ou depois de chegar ao cume?

Dia 9

Lukla, 2.834 metros, a Nanche Bazar, 3.441 metros
8h30min

Saímos, como sempre, logo depois das sete, bem antes dos turistas. Cruzamos sobre uma pequena ponte, no final da vila, passamos por dentro do *khani* — sob uma *stupa* — onde, mais uma vez, girei os moinhos de orações e fiz a minha prece. Agora, como estava descansado, fui mais condescendente com as montanhas que Deus colocara no meu caminho.

Iniciamos descendo o monte Lukla — rumo ao vale do rio Dudh Kosi — pelo caminho que ligava a vila à trilha principal, vinda de Jiri em direção a Nanche Bazar, a qual havíamos deixado dois dias antes, quando nos desviamos para confirmar nossas passagens aéreas em Lukla.

Estávamos descendo, então em breve iríamos subir. Subir porque precisávamos ganhar altitude. Mas subir também porque, agora, estávamos descendo. Este sobe e desce me fez criar uma filosofia, logo muito popular entre os companheiros, que batizei de "efeito Jiri": "No Himalaia, toda vez que descemos 10 metros, logo subimos 20."

Apuramos o passo. Para fazer o trecho até Nanche Bazar em um único dia não podíamos perder tempo.

Passamos pela nascente de cinco pequenos rios e menos de uma hora depois chegamos à aldeia Choplung, 2.660 metros, onde voltamos à trilha principal. Cruzamos o rio Kusum Drangka, cujas águas desciam da montanha sagrada Kusum Kamgguru, dobramos à esquerda e nos aproximamos do leito do Dudh Kosi, descendo por um íngreme caminho de pedras rodeado por campos de arroz e casas de lavradores. A seguir passamos por Ghat, 2.492 metros de altitude, uma pequena aldeia cujo nome significava "ponte", em nepali, e que fora diversas vezes utilizada como rota alternativa pelas expedições ao Everest, quando a ponte sobre o Dudh Kosi, em Jubing, era destruída pelas águas das monções. Curiosamente, como vínhamos pela rota normal, não precisamos cruzar a famosa ponte.

Às dez horas chegamos a Phakding, 2.640 metros, uma aldeia esparramada por ambas as margens do rio Panyali Drangka, no exato ponto em que desaguava no grande Dudh Kosi.

Para os turistas que desceram em Lukla, este era o local onde passavam sua primeira noite no Himalaia. Ainda não estavam no pique da montanha, precisavam descansar da caminhada e iniciar sua aclimatação. Mas, para nós, foi parada apenas para um chá.

Ao sairmos da aldeia cruzamos pela segunda vez o Dudh Kosi, em uma enorme ponte pênsil, passando, agora, para a sua margem ocidental. Esta ponte tinha uma história interessante. No local havia uma velha e insegura pinguela de madeira. O proprietário do Alpine Club Lodge construiu uma nova, de metal, um pouco acima, a qual, é claro, saía em frente à sua pousada. No entanto, como para chegar à cabeceira da nova ponte era necessário subir um penoso barranco, os carregadores preferiram continuar utilizando a velha pinguela. A solução foi mudar a ponte de metal para o lado da antiga, mesmo significando menos clientes para o esperto comerciante.

Iniciamos uma subida e passamos por várias pousadas em construção. Em seguida mergulhamos de novo em direção ao leito do rio e seguimos por dentro do vale rumo à nascente. Atravessamos sem dificuldades o córrego Nyambua, deixamos para trás uma bela cachoeira com águas espumantes despencando das altas paredes do desfiladeiro e logo atingimos Benkar. Descemos um pouco e cruzamos novamente para a outra margem através de uma ponte de madeira apoiada em duas pedras gigantes.

Continuamos por uma floresta de pinheiros azuis e cedros do Himalaia e passamos por Chomou, onde uma empresa japonesa administrava um hotel e uma fazenda para produção de frutas e verduras.

Após cruzarmos cinco pequenos afluentes, às 12h30min chegamos em Monjo, 2.800 metros, uma pequena aldeia, onde almoçamos rapidamente. Aproveitei para ir ao banheiro, cuja "casinha", nos fundos da cozinha, largava os dejetos diretamente nas águas do rio, lá embaixo.

Ao reiniciarmos, nos distanciamos um pouco da margem do rio, subindo pela barranca, e logo chegamos a Jorsale, onde ficava a entrada do Parque Nacional Sagarmatha. Pagamos uma taxa de dez dólares, mostramos nossos *trekking permits* emitidos em Katmandu e ingressamos no parque.

O Parque Nacional Sagarmatha situa-se no Khumbu, nordeste do Nepal, fronteira com o Tibete. Esta espetacular área cobre 1.200 quilômetros quadrados de montanhas com mais de 3.000 metros de altitude, inclusive a mais alta do mundo, o próprio Everest. Contém também as cabeceiras dos rios Dudh Kosi, Imja Khola e Bhote Kosi, que drena as águas da cordilheira jogando-as no rio Ganges, formando uma das maiores bacias hidrográficas da Terra.

Por ser de origem muito recente, em termos geológicos, a área tem também um extremo valor científico, com uma das floras e faunas mais notáveis do planeta. A maior parte do parque é montanhosa, com as altas elevações recortadas por profundos cânions e vales congelados, onde moravam cerca de 3.500 sherpas e 4.000 tibetanos.

A decisão de transformar a área em parque nacional foi tomada no Congresso Mundial do WWF, realizado na Alemanha, em 1973. Maior organização não governamental ambientalista do mundo, o Fundo Mundial para a Natureza foi criado a partir de uma campanha na China para a preservação dos ursos pandas. Atualmente operando em mais de cem países e tendo cerca de 2.000 empregados, a pressão do WWF foi fundamental para a criação do parque.

Devido à estreita ligação com a Nova Zelândia, graças aos trabalhos promovidos por Edmund Hillary no Khumbu e tendo em vista a grande experiência deste país na administração de parques nacionais, um acordo firmado entre as duas nações deu à Nova Zelândia a incumbência de implantar e administrar o Sagarmatha durante seis anos, além de promover o treinamento dos sherpas para assumirem o controle no final do tratado. Em 1979, o Parque Nacional Sagarmatha foi declarado pela Unesco como Patrimônio da Humanidade.

As regras de conservação do parque eram simples e eficazes, e estavam no verso do *trekking permit*:

a) proteja o ambiente natural;
b) deixe o local tão limpo quanto você o encontrou;
c) evite o desmatamento — não faça fogo em lugares abertos;
d) queime o lixo em locais seguros;
e) mantenha a água local limpa e evite usar poluentes;
f) as plantas devem ser deixadas florescerem em seu ambiente natural;
g) auxilie seus guias e carregadores a seguirem as regras de preservação;
h) respeite, proteja e mantenha as tradições, a cultura e o orgulho local;
i) quando tirar fotos, respeite a privacidade;
j) respeite lugares sagrados;
k) evite doar dinheiro às crianças, pois isso encorajará a mendicância;
l) respeite a etiqueta local.

Após uma pequena descida, a trilha encontrava o rio, onde o cruzamos, mais uma vez, por uma longa ponte pênsil, para a margem do lado esquerdo. Na verdade não existia uma trilha, apenas um serpentear de pessoas desviando das imensas pedras depositadas ao lado das suas rápidas águas. Era um lugar muito bonito, embora completamente inóspito.

Em setembro de 1997, uma gigantesca avalanche de neve desprendeu-se do Ama Dablam caindo sobre um lago congelado, rompendo suas bordas e jogando uma imensa onda de água vale abaixo. Uma série de pontes, normalmente não afetadas pelas monções, foi destruída, bem como toda a trilha no lado do rio. A rota ainda não fora totalmente reparada, por isso a próxima ponte estava em uma situação que poderíamos chamar de temporária-permanente.

As fundações das pontes resistiam às inundações, mas as grandes árvores descendo rio abaixo, em grande velocidade, acabavam arrancando a parte superior das pilastras. Assim, as novas pontes já foram feitas com uma inovação técnica: construíram-se os pilares bem mais afastados, junto à barranca do vale, deixando um grande vão sobre as águas, onde poderosos cabos de aço sustentavam o piso da ponte. Com isso, na época das enchentes, apenas a parte pênsil, suspensa sobre o rio, corria o risco de ser destruída.

Neste ponto alcançamos os turistas que haviam dormido em Phakding. Adultos, velhos e até algumas crianças formando uma incrível fauna humana. Um senhor idoso, apenas de calção, tocava flauta sentado sobre uma imensa pedra, quase dentro do rio.

Era tanta gente cruzando a ponte que fomos obrigados a esperar alguns minutos. Junto com o pessoal, seguia uma interminável coluna de iaques transportando imensas mochilas carregadas com o equipamento de camping e a bagagem pessoal dos recém-chegados.

Horst se desesperou.

— Nem no Himalaia nos vemos livres dos turistas — disse ele, balançando a cabeça, indignado. Quando DB explicou que a grande maioria ficaria em Nanche Bazar, pois não teriam condições de seguir adiante, o alemão estremeceu: — E vai ter lugar para tanta gente em Nanche? — perguntou para DB. O guia pensou um pouco e respondeu, olhando para mim:

— Lugar terá, mas quem chegar por último vai ficar com as piores acomodações.

Decidimos apertar o passo, ultrapassar o pessoal à nossa frente e chegar primeiro em Nanche. Imaginei que seria uma tarefa difícil, pois vínhamos de Lukla, estávamos na trilha há sete horas, enquanto eles apenas haviam iniciado seu dia. Além do mais, não tínhamos iaques para carregar nossas mochilas.

No caminho cruzávamos por imensas pedras onde os sherpas haviam gravado as palavras sagradas do budismo: *om mani padme hum*.

Passamos novamente para a outra margem e seguimos pelo lado direito do Dudh Kosi, ultrapassando um a um os que estavam à nossa frente, o que acabou sendo mais fácil do que eu pensava, devido à irregularidade da trilha. Atrasaram-me um pouco as inúmeras fotos tiradas ao longo do caminho, pois estava em um ambiente de impressionante beleza natural.

Coloquei no discman um CD de música instrumental comprado em Katmandu, *Music of the mountains*, uma criação do maestro indiano Shiv Kumar Sharma, selecionei a faixa *Sunrise on the peaks*, executada por uma orquestra de cordas de Nova Delhi, e segui em frente, sentindo o cheiro da terra molhada e o frescor das árvores na barranca do desfiladeiro.

Andávamos pela margem pedregosa do rio, entre o seu leito — onde corriam águas cor de leite — e uma floresta de rododendros, magnólias, bétulas, ginepros e pinheiros gigantes, hábitat do panda vermelho. Cortada aqui e ali por enormes cachoeiras que despencavam das altas paredes do cânion, a trilha ondulava ao longo do vale, praticamente sem sol, muito fria e ventosa, com o vento afunilando através das gargantas dos dois grandes rios, cujo encontro se aproximava.

Logo chegamos à confluência dos rios Both Kosi e Dudh Kosi. Atravessamos este último em uma precária ponte pênsil de madeira, a cerca de 50 metros acima do nível das águas, que corriam vertiginosas lá embaixo.

Uma corrente de vento muito forte soprava pelo cânion, obrigandome a tirar o chapéu e a segurá-lo com uma das mãos. Como no piso da estreita ponte faltavam algumas tábuas, era preciso caminhar escolhendo o lugar onde colocar o pé. Pelos buracos, podiam-se ver as águas turbulentas lá embaixo. Entramos um de cada vez. A cada passada, a ponte balançava.

Outras tábuas estavam podres, poderiam ceder com o meu peso. Então, segurei os dois bastões de *trekking* atravessados embaixo do meu braço, formando um ângulo de 90 graus com meu corpo. Caso pisasse em uma tábua e ela afundasse, esperava que o bastão trancasse no chão e evitasse minha queda no fundo do cânion.

Apesar da confusão, quando chegamos à cabeceira da ponte avistamos, calmamente pastando na outra margem do vale, três cabras himalaias. Montei o tripé, coloquei a objetiva na câmera e tirei belas fotos. Ficamos tão contentes que até Horst, que vinha travando uma corrida pessoal com os turistas, também parou para fotografar os animais.

O tahr himalaio, uma espécie de cabra selvagem, vive pouco abaixo da linha das árvores, em locais pedregosos e de difícil acesso aos caçadores humanos. Medindo cerca de 1 metro de altura, têm curtos porém fortes cornos e uma impressionante agilidade para se mover entre os penhascos da região. A temporada de acasalamento começa no inverno, quando os machos disputam, em calorosas lutas, as fêmeas do rebanho. Os filhotes nascem em junho, época em que as cabras descem para locais mais quentes, no fundo do vale.

Cruzada a ponte, iniciamos a subida do monte Nanche, em cujo topo ficava a vila de Nanche Bazar, nosso objetivo neste dia. O monte Nanche era de difícil acesso por se tratar de uma elevação bem abrupta. Aos poucos, para deleite do Horst, o pessoal foi ficando para trás, esbaforido.

Mas para mim também não estava sendo nada fácil. Havia me exigido muito neste dia. Vinha subindo praticamente apoiado nos dois bastões de *trekking*. E lembrando-me: se Boujard não tivesse me dado aquela aula maravilhosa de como usá-los, teria sido muito difícil. Fazia calor e eu transpirava muito. A mochila às minhas costas, com livros, guias, mapas e todo o equipamento fotográfico, ficava cada vez mais pesada.

Às vezes alguns amigos brasileiros questionavam meus gostos turísticos, o que me deixava furioso. Mas em certas horas chegava a temer que eles tivessem razão. Só me recompunha quando me dava conta de que a maioria deles sequer imaginava que no mundo pudessem existir lugares tão bonitos como os que eu estava conhecendo nesta viagem.

O cansaço era tanto, que pedi para DB me ajudar com a mochila, o que meu amigo fez de bom grado. Muito mais pela amizade e companheirismo que construímos durante a marcha do que por obrigação, pois os guias no Himalaia, ao contrário dos da África, não carregam nada, nem mesmo sua própria mochila.

Para animar-me, ele disse que logo veríamos o Everest, o que, é claro, não acreditei. Conhecia muito bem esta técnica de motivação utilizada pelos guias mais experientes nas horas críticas.

Mas, para minha felicidade, era verdade.

Numa pequena curva a floresta ficou mais rala e pudemos ver, por entre as árvores, em meio aos galhos, lá no fundo, no horizonte, os cumes nevados dos montes Nuptse e — maravilha das maravilhas! — o cume piramidal do monte Everest. Foi a primeira vez que o vi, ao vivo e a cores!

Mesmo a 30 km de distância, em linha reta, o grande pico dominava o horizonte. A rampa de sua pirâmide estava desobstruída, erguendo-se branca e negra, de neve e rocha. Do topo, seu penacho emblemático agitava-se a favor do vento, por mais de 1 km, como o estandarte na ponta da lança de um nobre cavaleiro: conhecido por *jet stream*, ele assinalava a grande altitude em que o pico perfurava o jato de vapor pairando sobre o Himalaia.

Eu estava na estrada certa.

O bosque de coníferas ficou mais ralo, os pinheiros chorão e azul do Himalaia começaram a se dispersar, substituídos por arbustos cada vez mais baixos. Passamos por uma tenda onde garotos vendiam água e chegamos em Nanche Bazar às 15h30min, completamente exauridos, mas felizes: fomos dos primeiros, o que nos permitiu ficarmos em uma ótima pousada, na parte de cima da vila, chamada Nanche Bazar Guest House.

Nanche Bazar era o centro administrativo e capital informal do território sherpa, além de principal ponto comercial da região. Com suas enfileiradas casas de pedras construídas em meio a uma ladeira côncava, esta magnífica vila era o maior assentamento perto da fronteira com o Tibete. Possuía um forte comércio de equipamentos de montanhismo — deixados pelas expedições que regressavam do Everest —, correio e até uma clínica dentária, instalada em 1991 com a ajuda da Fundação Americana para o Himalaia e da Maratona do Everest. A clínica era atendida por uma sherpani treinada durante três anos no Canadá e prestava grande auxílio aos moradores locais, cujos dentes estavam começando a ser atingidos pelas guloseimas introduzidas na região pelos visitantes ocidentais.

Em 1983, a Unesco instalou na vila um gerador que produzia 28 quilowatts de energia, substituído em 1995 por uma usina hidrelétrica que passou a gerar seiscentos quilowatts de força. O projeto, um dos mais ambiciosos do Nepal, consistia de duas turbinas movidas pela água coletada do degelo das altas montanhas da região reunida em um lago artificial, 200 metros acima, e que descia por um canal com 1 km de comprimento e 600 milímetros de diâmetro. O sistema foi patrocinado pelo governo da Áustria e por uma organização não governamental austríaca com uma pequena participação da Companhia de Eletricidade do Nepal.

Nauchi, como a vila era chamada pelos sherpas, já fora um dos mais importantes mercados do Himalaia, onde nepaleses e tibetanos faziam suas trocas. Os nepaleses vendiam milho, arroz, peles de búfalos, implementos agrícolas e manteiga, largamente empregada para iluminar os mosteiros budistas do Tibete, além de uma espécie de fuligem, utilizada na fabricação de tintas pelos centros de pinturas dos mosteiros de Shigatse. Enquanto isso os tibetanos traziam sal e lã.

Este comércio floresceu até a invasão chinesa do Tibete, em 1959, quando os tibetanos ficaram proibidos de cruzar a fronteira do seu próprio país para negociar suas mercadorias com os vizinhos do outro lado da cordilheira. Embora Pequim não pudesse proibir diretamente os sherpas de ingressarem no Tibete, passaram a desencorajá-los com maus-tratos e muitas vezes confiscando suas mercadorias.

A partir de 1990, os chineses começaram a permitir que comerciantes tibetanos saíssem do país para negociar com os nepaleses, fornecendo-lhes uma autorização especial de sete dias, suficiente para impedi-los de irem até a Índia encontrar o Dalai Lama. Em 1992, esta permissão foi estendida para 25 dias, mas valia só para o Nepal e era difícil de ser obtida, funcionando mais na teoria do que na prática.

Atualmente, o mercado estava reduzido a trocas de mercadorias entre os próprios sherpas e funcionava apenas aos sábados, servindo mais como uma ocasião de encontros sociais do que como atividade econômica. Esta passou a depender quase exclusivamente do turismo de aventura; aliás, o ramo que mais cresce dentro do turismo. Que, por sua vez, é a indústria com maior índice de crescimento no mundo.

Esquentei um balde de água no fogão a lenha na cozinha da hospedaria, coloquei em um chuveiro que existia no banheiro e tomei um belo banho. Fiz a barba, lavei algumas camisetas, troquei de roupa e voltei para o quarto. No varal do Horst, estendi a roupa molhada, as meias, a toalha e entrei no saco de dormir. Ele estava particularmente impressionado com minha toalha amarela.

— Ortiz, você só utiliza esta pequena toalha e ela está sempre seca — disse-me ele, apontando para o varal.

— É uma toalha especial, superabsorvente — falei.

— De que material é feita? — perguntou-me.

— Ela é feita de viscose de rayon. Absorve dez vezes o seu próprio peso em água, ou seja, é pelo menos três vezes mais eficiente do que uma toalha de banho de algodão, além de ser menor e mais leve do que uma toalha de rosto.

— E está sempre seca — ele disse, admirado, examinando-a.

— Sim. Ao torcê-la com a mão é possível retirar até 90% da água absorvida, deixando-a pronta para usos repetidos. E serve também como proteção e limpeza de ferimentos em emergências.

Não havia outra coisa a fazer senão permanecer no quarto, ouvindo no discman música folclórica do Himalaia, especialmente as tocadas com *sarangi*, uma espécie de violino primitivo que produzia um som estridente mas muito melódico. A vila estava dentro de uma imensa nuvem, bloqueando completamente nossa visão dos picos ao redor.

Quando desci para o refeitório encontrei Horst bebendo chá, Boujard e Pascal conversando e Louise lendo um guia sobre a região. Os demais companheiros haviam se hospedado em outros locais. Na janta comi espaguete com carne frita de iaque, uma delícia. Bebi bastante água, e conversamos um pouco.

Combinamos que no dia seguinte, embora fôssemos ficar descansando em Nanche, acordaríamos no mesmo horário das vezes anteriores.

— Para não perdermos o ritmo — disse Horst, com seu ar brincalhão.

Ficou acertado que, caso houvesse tempo bom, DB nos chamaria para vermos os picos nevados ao redor de Nanche. Caso contrário, mesmo acordados, poderíamos ficar um pouco mais na cama.

Esta era a primeira noite que dormiríamos em uma altitude superior aos 3.000 metros, uma espécie de linha divisória entre o oxigênio existente ao nível do mar e o das altas montanhas. Até 3.000 metros o organismo não nota o ar rarefeito, pois trata-se ainda de uma anomalia perfeitamente administrável pelo nosso sistema sangüíneo.

A partir dos 3.000 metros a quantidade de oxigênio existente no ar começa a diminuir com mais intensidade, obrigando o organismo a adaptar-se a esta nova realidade. No momento tínhamos 64% do oxigênio, quantia a partir da qual já poderíamos começar a ter problemas. Após esta altitude, o recomendável é subir uma média de 300 metros por dia, com um dia de descanso a cada dois percorridos.

A bolha no pé também havia sarado. Às oito da noite estávamos dormindo. Cansados, mas imensamente felizes. Estávamos no coração da cordilheira. A floresta havia ficado para baixo. Não haveria mais este sobe e desce desgastante que vínhamos enfrentando. A partir de Nanche Bazar teríamos pela frente, sempre ao alcance das nossas vistas, os cumes nevados do espinhaço central do Himalaia.

1933

Everest
8.572 metros

Passaram-se oito anos até o Dalai Lama conceder nova autorização para escalar o Everest, mas com uma condição: todos os membros da expedição deveriam ser britânicos. Assim, uma nova tentativa só voltou a ser realizada em 1933. Liderada por Hugh Ruttledge, comissário da administração britânica na Índia, com 48 anos, estava bem mais preparada do que as anteriores. Possuíam rádio e, do acampamento III para o acampamento IV, até uma linha telefônica, utilizada pela primeira vez no Himalaia.

Integravam o grupo os veteranos Colin Crawford, que estivera no Everest em 1922, quando sobrevivera a uma avalanche, e E. O. Shebbeare, da equipe de 1924. E surgiam novas estrelas no alpinismo, como Eric Shipton, Percy Wyn-Harris, Laurence Wagner e Francis Smythe.

A equipe era altamente qualificada, mas o mau tempo impediu que os acampamentos intermediários fossem montados dentro da programação prevista. Mesmo assim, eles igualaram o recorde de Edward Norton, subindo sem oxigênio complementar.

Wyn Harris e Laurence Wagner partiram do acampamento VI, a 8.353 metros, e encontraram a machadinha de gelo de Andrew Irvine 250 metros abaixo do primeiro escalão.

Eles continuaram subindo pelo que nomearam canaleta Norton, parando a 15 metros acima da Franja Amarela. Passava do meio-dia, e o cume estava a quase 300 metros acima deles. Calcularam necessitar mais quatro horas. Estavam exatamente onde chegara Edward Norton em 1924. Resolveram descer. Nos dias seguintes Francis Smythe chegou à mesma altitude antes de desistir, atacado por fortes alucinações. Sua exaustão psicológica era tão grande, que imaginava estar escalando em companhia de outra pessoa, quando na verdade estava sozinho.

Desistiram. Enterraram a sobra do suprimento e desceram. No dia 7 de junho todos os membros da expedição estavam no Acampamento-base para iniciar seu regresso a Darjeeling.

Algumas instituições britânicas, como a Sociedade Geográfica Real e o Clube Alpino, consideravam o Everest sua propriedade, desencorajando as tentativas feitas por outros que não pertenciam aos seus quadros. Assim, não ficaram nada satisfeitos quando, em 1933, o aventureiro Maurice Wilson, um excêntrico oficial reformado do Exército Britânico, anunciou que escalaria o Everest sozinho.

Ele pretendia pilotar um avião até o Tibete, fazer uma aterrissagem forçada na encosta do Everest e seguir a pé até o cume. Apesar de não entender nada de alpinismo nem de aviação, ele comprou um pequeno avião de asas de lona e viajou da Inglaterra para a Índia, via Cairo e Teerã. Chegando em Purtabpore e não tendo recebido permissão para sobrevoar o território nepalês, vendeu o avião por 500 libras e seguiu por terra até Darjeeling, onde recebeu a notícia de que não lhe fora concedida licença para entrar no Tibete.

Em março de 1934, Maurice Wilson contratou três sherpas, disfarçou-se de monge budista e, desafiando o poderoso Império Britânico, caminhou 500 km através das florestas do Sikkim e do ressequido platô tibetano, chegando à geleira Rongbuc Oriental, no Everest, em 14 de abril. Um mês depois havia atingido o topo da geleira, a 6.400 metros de altitude, onde encontrou um estoque de comida e equipamentos deixados ali pela expedição britânica do ano anterior.

Confiante e bem alimentado, o inglês subiu sozinho até o Colo Norte, a 6.919 metros, onde foi impedido de continuar devido à existência de um penhasco de gelo interrompendo o caminho. Mas ele havia decidido não voltar para casa sem escalar o Everest, e não voltou mesmo.

Dia 10

Nanche Bazar
3.441 metros

Dia de descanso e aclimatação. Horst acordou e levantou-se para olhar o tempo.

— Está tudo dentro das nuvens, não se enxerga um palmo à frente do nariz — disse ele, meio desconsolado, enquanto voltava para a cama. Quanto a mim, confesso não ter ficado lá tão triste. Dormir um pouco mais sempre melhorava meu humor. Além disso, sabia que daqui para a frente o que não faltaria seriam paisagens maravilhosas, embora não pudesse imaginar a metade do que acabaria vendo.

Ouvimos uma leve batida na porta, e DB entrou, entusiasmado:

— Venham para fora! As nuvens saíram e temos a visão completa da cordilheira Kongde.

Colocamos uma roupa leve e saímos para a varanda da pousada. Quando levantei os olhos e dei de cara com aquela muralha branca bem à minha frente, levantando-se a 6.187 metros, senti um arrepio percorrer-me o corpo. Eu estava sendo abruptamente apresentado às imensas geleiras do Himalaia. Senti que poderia tocá-las com a mão, caso espichasse um pouco o braço.

A cordilheira Kongde era um maciço formado por diversos picos nevados situados no outro lado da garganta do rio Bhote Kosi, imediatamente à frente de Nanche Bazar. Além das rochas e do gelo à nossa frente, víamos também um filete de água escorrendo lá de cima, precipitando-se em direção ao rio, lá embaixo.

— No inverno — informou DB —, essa cachoeira congela.

— É possível escalá-la? — perguntou Horst.

— Creio que não, é muito alta — respondeu DB.

Louise, que neste momento se juntava a nós, ouvindo a conversa sobre a cachoeira, fez uma pergunta que ninguém soube responder:

— Uma cachoeira começa a congelar de cima para baixo ou de baixo para cima?

A palavra Himalaia significa "Morada das Neves", e ali ficava seu teto. Apoiados em despenhadeiros, os cumes elevavam-se em agulhas tão pontiagudas, que, se fossem obras de engenharia, ninguém acreditaria que pudessem manter-se estáveis.

Como era cedo e estava muito frio, DB conseguiu-me uma bacia com água morna, onde pude escovar os dentes e lavar o rosto. E o melhor era não precisar pentear o cabelo, raspado em Katmandu e ainda muito curto.

Após o café saímos para conhecer o local. O tempo estava bom, não tínhamos uma única nuvem, e a visão era fenomenal. Horst, Louise, DB e eu subimos até a parte mais alta do monte Nanche, logo acima da vila, de onde se tinha uma vista maravilhosa do caminho a percorrer nas próximas semanas.

Eu estava ansioso, pois DB havia prometido que lá de cima veríamos não só o Everest — se não estivesse coberto pelas nuvens, é claro! — como também o Nuptse e o Ama Dablam.

Chegamos a um pequeno platô, e — fantástico! — lá estavam, na linha do horizonte, os picos com os quais vinha sonhando há muitos anos. No lado direito, o imenso espigão do Ama Dablam, considerado por muitos como a montanha mais bonita do Himalaia. Ao fundo, no centro, o Nuptse. E um pouco mais à esquerda, semi-encoberto, a pirâmide superior do Everest. Cobertos de gelo, eles resplandeciam sob o sol do início da fria manhã, irradiando uma energia que logo nos envolveu.

Mesmo por trás do Nuptse, o cume do Everest era uma enorme pirâmide de rocha bordada com brilhantes pontos de neve, o penacho de nuvem se desdobrando em um longo estandarte na direção do vento. A cordilheira parecia um gigantesco sorvete de flocos.

Montei o tripé, instalei a câmera e comecei a tirar fotos, frenético, como se quisesse prender na imagem da minha lente este momento mágico, com medo de que ele fugisse. Ou então de que eu acordasse e descobrisse que tudo não passara de um sonho.

Era sonho, era sonho, sim! Mas não sonho sonhado. Era sonho realizado. E o mais fantástico era ainda estarmos no início da viagem.

Feitas as fotos, saquei o binóculo e perscrutei, metro por metro, aquelas montanhas geladas. Depois passei o binóculo para Horst e Louise. Sozinho não poderia dar conta de toda aquela beleza, precisava dividir com alguém.

Encontramos um senhor muito simpático, com um sorriso franco e uma conversa agradável. Parecia especialmente interessado na nossa professora primária, a bela Louise.

Leland R. Sisk era um americano, da Califórnia, como gostava de dizer, embora tivesse nascido na Carolina do Norte. Tinha 51 anos, um rabo-de-cavalo descendo até a cintura e um largo sorriso. Seus cabelos brancos conferiam-lhe um ar meio místico. Notávamos nele um experiente aventureiro, um homem da estrada. Gregário, logo tornou-se o centro da conversa.

Leland já fizera de tudo na vida. Entrou para a Força Aérea Americana e aos vinte anos estava lutando no Vietnã, onde recebera sete condecorações. Em 1970, passou a trabalhar como controlador de tráfego aéreo em Los Angeles, onde ficou até 1981, demitido pelo governo Reagan por participar de uma greve da categoria. Formado em Ciências Políticas, atualmente trabalha na Guarda Costeira dos Estados Unidos como especialista em informática.

No local existia um pequeno museu com um pouco da história da conquista do Himalaia pelos ocidentais, bem como muitas informações sobre a topografia da região. Construído com o apoio do governo da Nova Zelândia, o local fora arborizado com pinheiros plantados em 1976, mas ainda muito pequenos. Embora na Nova Zelândia estas árvores completassem seu crescimento em 25 anos, aqui levariam séculos para atingir o mesmo tamanho.

Na descida visitamos um museu sherpa, mostrando as tradições deste fantástico povo e contando, também, um pouco das histórias destes lendários homens das montanhas, os verdadeiros conquistadores do Himalaia.

Se fossem medidos pelos padrões ocidentais, poderíamos dizer que os sherpas eram pobres. Mas como não moravam no tal Ocidente, eu diria que, medidos pelas reais necessidades dos seres humanos, eles eram ricos. Suas casas eram sólidas, limpas e os protegiam de intempéries que poriam abaixo muita mansão brasileira. Eram bem alimentados, rijos e saudáveis. Tinham uma cultura muito forte, uma religião baseada na ética e na solidariedade, e eram alegres e simpáticos. Valorizavam a família, cultuavam um forte senso de liberdade e moravam em uma região onde o roubo e a criminalidade eram quase zero. Sem falar das belezas naturais da sua terra.

Embora cultuassem diversas lendas místicas, eles tinham também verdadeiras lendas vivas entre seu povo. Uma das mais fantásticas atendia pelo nome de Appa Sherpa, um simpático rapaz de 38 anos, nascido perto de Nanche Bazar, e que já havia escalado o Everest nove vezes, as seis últimas sem auxílio de oxigênio artificial.

Appa Sherpa perdeu o pai aos doze anos, tornando-se o homem mais velho em uma família de seis irmãos. Foi obrigado a abandonar a escola e trabalhar como carregador para as equipes de *trekkers* que chegavam no Himalaia. Logo passou a carregador de altitude, guia de altitude e em 1989, com 29 anos, chegou pela primeira vez ao cume do Everest, em uma equipe neozelandesa liderada pelo veterano Rob Hall, morto na montanha em 1996.

Agora, com 38 anos, baixinho, simpático e com um sorriso permanente no rosto, ele contava:

— Deus tem sido generoso comigo. Meu trabalho de montanhista tem sido suficiente para alimentar e vestir minha família. Fora da temporada, fico em casa. Adoro minha família, meus quatro filhos e minha aldeia. E sei que estou colaborando para a boa imagem do meu país.

Quanto aos seus clientes ocidentais, ele tinha um conselho:

— Para muitos aspirantes ao montanhismo, pessoas como eu e Ang Rita Sherpa — falava, com a voz pausada, referindo-se ao seu amigo e vizinho, recordista mundial de escaladas no Everest, com dez cumes, todos sem utilizar oxigênio artificial — servimos como inspiração. — E finalizava, com a sabedoria que só os iluminados têm: — Mas o mais importante é que eles sigam seus sonhos e seus corações. Não basta apenas querer quebrar recordes.

Sete meses depois do nosso encontro, no dia 28 de maio de 1999, Appa Sherpa igualou a marca de Ang Rita, chegando pela décima vez ao cume do Everest, guiando o alpinista americano Ghorghe Dijmerescu, de quem cobrou 1.400 dólares pelo trabalho.

Fomos ao posto policial apresentar nossos *trekking permits* e os recibos dos ingressos que nos deram acesso ao parque. Visitamos também, agora acompanhados por Leland, a sede do Parque Nacional Sagarmatha, onde existia um Centro do Visitante, que, além de fornecer informações corretas, apresentava palestras sobre o ecossistema da região e o impacto que o turismo estava causando no Himalaia.

No mercado, onde podiam ser contratados carregadores sherpas, notamos que a maioria dos trabalhadores eram mulheres. Nessa sociedade matriarcal, quem fazia as negociações eram as esposas, pois seus maridos normalmente estavam trabalhando fora.

Um pouco acima de Nanche Bazar ficava o Hotel Everest View, cujos hóspedes chegavam de helicóptero pela pista de pouso de Shyangboche. Eles pagavam 350 dólares por dia em quartos com oxigênio suplementar e podiam ler os jornais londrinos da semana.

No almoço tomei uma sopa de galinha e comi pastéis de carne de iaque. E muita água mineral, além de um pouco de chá quente. Precisava forçar a aclimatação, e os líquidos eram fundamentais.

Como Nanche ficava situada na encosta da montanha, todos os nossos movimentos na vila eram subindo ou descendo. A parada aqui estava programada desde o início da caminhada, fazia parte da aclimatação. Mas o que eu esperava mesmo era descansar. Colocar as pernas para cima e ficar na moleza. E isso era tudo o que eu não estava fazendo. Mas o local era tão bonito e o ritmo da vila tão frenético, com a contínua chegada e a saída de *trekkers* do mundo todo, com suas imensas mochilas e roupas coloridíssimas, que era impossível ficar no quarto, alheio a todo aquele movimento lá fora.

Resolvemos passear pelas redondezas. Um pouco abaixo da nossa pousada, no cruzamento de duas pequenas ruas que formavam o centro da vila, encontramos alguns dos nossos amigos tomando chá no terraço do Tawa Lodge, em frente ao Khumbu Lodge, onde o ex-presidente americano Jimmy Carter se hospedou quando esteve em Nanche Bazar.

Nos juntamos a eles e ficamos conversando longamente. Estava muito frio. Não tínhamos mais sol; Nanche ficara de novo dentro das nuvens, o que normalmente acontecia logo após o meio-dia. O ar soprando por entre os picos nevados era seco e cortava nossas mãos. Todos tomavam chá quente, não pude fugir à regra. Provei chá de limão, e até gostei.

Samuel Loose usava uma balaclava de lã azul, deixando de fora só os olhos e a boca, de onde pendia um cigarro.

— Você pretende continuar fumando? — perguntei-lhe.

— É um absurdo, mas não passo sem um cigarro — respondeu, com um claro complexo de culpa.

— Pobre pulmão — disse Louise.

— Pobre de mim, que agüento esta fumaça — queixou-se Sean Dowsey.

— Como está seu preparo físico, Samantha? — indaguei.

— Agora estou melhor. Estou me acostumando, embora esteja com gastrite, diarréia e uma pequena infecção no tórax.

— É, ainda bem que você está melhor — brinquei.

Logo Leland apareceu e juntou-se ao grupo. Trazia um exemplar do livro *No ar rarefeito*, escrito pelo americano Jon Krakauer, contando a tragédia que se abateu sobre o Everest no dia 10 de maio de 1996, quando diversos alpinistas morreram. Todos o haviam lido (exceto Horst), e a opinião era a mais controversa possível. Uns gostaram, outros odiaram. Leland disse que Krakauer não passava de um sensacionalista; escrevera sob encomenda, unicamente pensando em ganhar dinheiro.

Eu, que havia gostado do livro, tive minha atenção despertada pela capa, na qual estava estampada a mesma foto que ilustrou a capa da edição brasileira do livro *A escalada*, em que o alpinista russo Anatoly Boukreev dava sua versão sobre a mesma tragédia em um livro cujo principal objetivo era desmentir algumas das afirmações de Krakauer.

Do local onde estávamos tínhamos uma vista privilegiada do pessoal chegando na vila. Vinham normalmente em grupos, cansados, com aquele olhar meio perdido, ansiando por uma folga. Por certo já anteviam o dia de descanso que teriam a seguir.

Entre eles logo notei Sacuri, aproximando-se lentamente, com seu passinho miúdo e meio desajeitado, carregando sua enorme mochila. Estava um dia atrasada em relação ao nosso último encontro, em Bupsa, alguns dias antes.

Acenei-lhe de onde estávamos e logo um largo sorriso iluminou seu rosto. Conversamos rapidamente. Estava exausta e ainda precisava procurar um lugar para dormir. Indiquei-lhe nossa pousada. Ela estava tão cansada que resolvi acompanhá-la vila acima, até onde estávamos hospedados. Deixei-a na portaria e voltei a me reunir com o pessoal.

Desfeito o grupo, Horst e eu descemos mais um pouco e descobrimos um tesouro: uma padaria alemã, onde tomamos café com bolinhos de coco. Depois fomos ao banco; ele precisava trocar dinheiro: marco alemão por rupia nepalesa. Segundo ele, a cotação estava melhorando, enquanto o dólar estava baixando.

Horst precisava passar um fax para a Linhas Aéreas do Kwait, em Nova Delhi, confirmando seu vôo para Frankfurt, o que não havia conseguido fazer em Katmandu. Eu queria enviar um *e-mail* para minha mulher Paula e meus filhos Pablo e Gabriela, no Brasil. Fomos até o hotel onde um esperto nepalês montou um serviço de comunicações via satélite para faturar em cima dos "intrépidos aventureiros" que não conseguiam ficar longe da família.

Voltamos para a pousada e ficamos no quarto, organizando as mochilas para a jornada que teríamos pela frente. Tiramos as roupas mais quentes do fundo, pois a partir de Nanche o frio seria bem mais intenso. Organizei os filmes, cortei as unhas e me meti no saco de dormir. Ainda faltava um bom tempo para o jantar.

No refeitório estavam todos animados, especialmente com a paisagem que teríamos nos próximos dias, cujo passeio pela parte da manhã nos dera uma pequena idéia. Louise era a mais falante, como sempre. Boujard e Pascal, por não falarem inglês, ficavam meio retraídos quando estávamos em um grupo maior. Horst lia seu livro enquanto Sacuri me explicava que pretendia fazer o caminho de volta até Jiri, em vez de pegar o pequeno avião em Lukla para voltar a Katmandu.

Era muita determinação, voltar exatamente por onde viemos. Fazer tudo aquilo de novo. Mas foi o que fez. Por isso, só a reencontrei em Katmandu, alguns dias mais tarde, quando contou-me que seu guia havia quebrado o pé no passo Lamjura e ela tivera que fazer a última parte da trilha, de volta a Jiri, sozinha.

Numa sala ao lado, DB, os outros guias e os carregadores jogavam cartas e bebiam *chang*, esperando pelos seus pratos de *dal bhat tarkari*, que, a partir de Nanche, passariam a ser servidos acompanhados com batatas cozidas, o prato típico do Khumbu.

Por falar em comer, pedi um espaguete com molho de carne de iaque e queijo gratinado, um exotismo total. Mas constava no cardápio, e todos ficaram na maior curiosidade para ver como seria o tal prato, especialmente Horst, metido a entendido das lidas da cozinha. Os outros pediram comidas locais, na base do arroz, ovo e batatas. Eu estava apreciando a comida sherpa, especialmente o *dal bhat tarkari*, pois gosto muito de arroz. Mas sabia que, se havia um lugar para variar um pouco o cardápio, era aqui.

Veio uma enorme travessa com massa caseira, graúdos guisados de carne de iaque fritos com molho de cebola, queijo de naqui, assado e disposto em tiras, e muita pimenta. Foi a melhor refeição feita na trilha. Todos ficaram com água na boca, e Horst disse que, quando voltássemos do Kala Patar, iria provar esta iguaria. E, só para humilhar a turma, de sobremesa comi *sikarni*, um pote de iogurte — feito com leite de tahr, a cabra selvagem do Himalaia — recheado com frutas nativas secas.

Descobri que, além do chá de limão, eles serviam também suco de limão frio, isto é, gelado. Provei e adorei. Estava me acostumando também com as bebidas do Himalaia, embora ainda apresentasse uma certa resistência quando se tratava de algo muito quente.

A cada dia que se passava, me sentia melhor. Dormia melhor, comia melhor, bebia melhor. E menos cansado.

— Neste ritmo, logo estarei me sentindo como um verdadeiro sherpa — falei para Louise, com um ar de felicidade atravessado no rosto.

— Sim — ela concordou. E, com a cara mais séria do mundo, acrescentou: — Você vai chegar em forma no Brasil.

Os britânicos e seu senso de humor.

1935

Everest
7.600 metros

Liderada por Eric Shipton, esta foi a primeira de uma série de expedições organizadas por este famoso explorador, acompanhado do seu inseparável amigo Bill Tilman.

A expedição desse ano não tinha por objetivo escalar o Everest, mas as monções tardaram a chegar, deixando-lhes tempo para uma nova tentativa, feita seguindo a mesma trilha da expedição de 1933, quando haviam armazenado mantimentos e equipamentos em um acampamento intermediário, no topo da geleira Rongbuc Oriental.

Quando Eric Shipton chegou ao local, descobriu, perplexo, que alguém havia consumido toda a comida do acampamento e utilizado os equipamentos de alpinismo ali deixados.

Um pouco mais acima, descobriram a causa do misterioso enigma: o cadáver congelado de Maurice Wilson, estendido na neve, de bruços, como se ainda tivesse esperanças de chegar ao cume do Everest.

O corpo foi enterrado em uma greta, abalando muito os membros da expedição, cujo fracasso foi mais tarde explicado por Eric Shipton:

— Na altitude acima dos 7.600 metros os efeitos da baixa pressão atmosférica sobre o corpo humano são tão severos, que escaladas realmente difíceis tornam-se impossíveis; as conseqüências de uma tempestade, ainda que branda, podem ser fatais, tanto assim que só as mais perfeitas condições de tempo e neve oferecem uma chance mínima de sucesso, e, na última etapa, nenhuma equipe está em condições de escolher o dia certo.

Mas o grande destaque dessa expedição foi o fato de os seus sete membros terem escalado 26 picos com mais de 6.095 metros em apenas dois meses.

Dia 11

Nanche Bazar, 3.441 metros, a Tengpoche, 3.867 metros
7 horas

Logo pela manhã tomei uma decisão pela qual vinha esperando há tempo: havia chegado a hora de comer as iguarias trazidas da Europa por Horst, juntamente com meu café brasileiro. Sabia que, em termos de alimentação, agora começava a parte mais difícil. Ganhávamos altitude e perdíamos a fome. Era preciso um estímulo extra para comer, especialmente pela parte da manhã, quando, mesmo em casa, não tenho grande apetite.

Pedi apenas água quente, para surpresa dos companheiros. Puxei meu canivete suíço e abri uma sacolinha de plástico. Coloquei sobre a mesa uma lata de *cappuccino*, uma tripa de salame italiano, uma fatia de queijo francês e alguns bolinhos de coco, comprados no dia anterior. A galera delirou.

— Presente do meu amigo Horst — falei. E todos olharam para ele, que também desenrolava seu farnel. Com exceção do *cappuccino* — ele preferia tomar café descafeinado, que trazia em um grande vidro de Nescafé —, tinha as mesmas iguarias.

— Agora entendo por que vocês precisam de um carregador — brincou Louise, diante do meu sorriso de superioridade.

Quando deixamos a vila fazia 10 graus, e o sol iluminava os picos nevados ao redor. No barranco que margeava a trilha encontramos diversas flores raras, típicas das regiões montanhosas. Dois exemplares chamaram a atenção de Horst, entendido no assunto: a genenciana do Himalaia, de um azul profundo, e a estrela alpina, considerada a flor símbolo do alpinismo.

— Esta flor se chama *edelweiss*, significa nobre branco em alemão, e já está extinta nos Alpes — disse-me Horst, impressionado com a grande quantidade delas cobrindo os flancos da montanha.

Subimos um pouco mais, contornamos um grande morro e nos deparamos com uma paisagem maravilhosa. Era a cena vista de Nanche Bazar na manhã anterior, agora ampliada.

Armei o tripé e fiz uma foto lindíssima. No meio, em primeiro plano, no centro do foco, o monte Tengpoche, cujo mosteiro aparecia em seu topo. À direita, se elevando até o alto da foto, o Ama Dablam. No centro, o Nuptse e, um pouco mais atrás, mas agora já com seu cume tocando a borda superior da fotografia, o Everest, uma pirâmide com três lados de gelo reluzente e rocha escura, estriada.

Continuei flanqueando a grande montanha coberta por terra parda, já que estava saindo da linha das árvores, a partir da qual não existia mais oxigênio suficiente para alimentar-lhes a vida. À minha esquerda se elevava, até o cume, a parede escura. À minha direita a montanha descia até o leito do rio Dudh Kosi, correndo dentro de um verde vale, 700 metros abaixo da trilha, cuja largura, em certos trechos, não passava de meio metro.

Passei pela aldeia Sanasa e desci alguns metros até Trashinga, de onde se tinha uma maravilhosa vista dos picos nevados Tramserku e Kang Taiga, no outro lado do vale. De quando em quando, uma nuvenzinha enganchava-se em um pico e ficava flutuando horas a fio, como uma flâmula esfarrapada. Horst e Louise estavam me esperando, tomando chá, sentados em frente a um *bhatti*.

O caminho até então plano transformou-se em uma abrupta descida por dentro da floresta até a aldeia Phunki, 3.250 metros de altitude, onde Louise comprou algumas peças de artesanato tibetano, inclusive um pequeno porta-jóias feito de osso de iaque. Este lugar fazia a alegria dos *trekkers*, pelas lembranças belas e baratas que vendia, e a tristeza dos carregadores, ao saírem com alguns quilos a mais nas costas.

— É para colocar as jóias que teu namorado vai trazer da África do Sul? — ironizou Horst. Ela riu muito, antes de responder, com cara de deboche:

— Vou precisar esperar sentada.

Ao sairmos da aldeia passamos por oito moinhos de orações movidos a água, enfileirados no lado direito do caminho. Às 10h15min fizemos uma pequena parada para tomar chá, consultar os mapas e comer uma barra de cereais em um pequeno *bhatti*, imediatamente antes de cruzarmos o Dudh Kosi através de uma ponte muito velha. Iniciamos então, por dentro da floresta de rododendros, a subida do monte Tengpoche em direção ao famoso mosteiro, nosso objetivo neste dia.

Tínhamos pela frente um desnível de 617 metros em uma distância de 2 km, significando que subíamos, em média, 1 metro a cada 3 que avançávamos. Foi preciso andar em ziguezague para diminuir um pouco a dificuldade, embora isso aumentasse a distância a percorrer. Mesmo assim foi uma das jornadas mais cansativas da trilha, pois andávamos bem acima da linha do oxigênio pleno.

Cansativa e perigosa. O caminho estava repleto de iaques carregados com grandes fardos, indo e vindo pela estreita trilha da montanha. Eles são com freqüência empregados no Khumbu para o transporte de mercadorias por levarem o dobro do peso dos carregadores, algo em torno de 70 quilos. Alguns *trekkers* que viajam em grupos e utilizam os campings ao longo da estrada também contratam iaques para levar as barracas e o equipamento de cozinha. Normalmente são alugados em grupos de três, juntamente com um tratador, e custam mais barato do que contratar carregadores humanos.

Às vezes, para ultrapassá-los, precisava esperar alguns minutos até o caminho alargar-se ou surgir algum desvio improvisado. Andava com muito cuidado; sabia que a maioria dos acidentes com montanhistas nesta região era conseqüência dos encontros com os animais, tocados aos gritos por mulheres e crianças sherpas pouco preocupadas com os visitantes.

Esbarrar em um iaque poderia significar despencar penhasco abaixo, como descobriria no dia seguinte. E, para piorar as coisas, comecei a sentir dor no joelho direito, uma lesão do tempo em que competia na equipe de atletismo do colégio.

À medida que subíamos, a densa floresta ia se transformando em arbustos, cada vez menores e mais ralos. Era um bom lugar para ver animais nativos, mas não tivemos sorte. Creio que pelo grande barulho feito pelos iaques. Mas as vistas dos cumes nevados do Tramserku e Kang Taiga bem à frente, imediatamente do outro lado do vale, eram esplêndidas, possibilitando muitas paradas e diversas fotos. Em uma das curvas encontrei Samuel Loose e Sean Dowsey descansando, sentados sobre suas enormes mochilas.

Pouco antes do meio-dia cruzamos por dentro do *khani*, o pórtico em forma de arco cujo forro era pintado com imagens de divindades budistas para exorcizar os maus espíritos que acompanhavam as pessoas que chegavam a Tengpoche, um dos locais mais sagrados do Himalaia. Logo na entrada encontramos um grande alvoroço na aldeia. Um helicóptero estava pousando, tinha vindo buscar o lama de Katmandu, que estivera fazendo uma inspeção no local.

O rimpoche, lama reencarnado de Tengpoche — um dos destaques na hierarquia budista do Nepal, devido à importância do mosteiro —, estava acompanhando seu superior até o helicóptero, que, para minha sorte, pousou ao meu lado.

Exausto, sentindo falta de ar, com uma pesada mochila nas costas, transpirando muito e meio atordoado com o barulho, não entendi bem o que estava acontecendo. Mas, para um helicóptero subir até esta altitude, deveria estar transportando gente muito importante. Isto eu sabia. Então, dei uma de bandoleiro do velho oeste americano: saquei primeiro, aproximei-me dos dois lamas, tirei as fotos, e só depois fui perguntar quem eram aquelas pessoas.

DB, vendo a cena, correu ao meu alcance, puxou-me para trás de um muro de pedra, na entrada do mosteiro, e fez sinal para nos abaixarmos. Quando o helicóptero levantou e a poeira baixou, alguns monges correram para o local, onde diversos peregrinos tentavam se proteger do pó, cobrindo seus rostos com os braços.

Antes que o tumulto acalmasse, antes que os monges tivessem descoberto quem se atrevera a tirar as fotos proibidas, eu já estava no meu quarto, em uma pousada ali perto, desmanchando a mochila e me preparando para comer algo. Por via das dúvidas, tirei o filme da máquina e guardei separado, dentro do tênis, no balaio do Barrado.

Era um presente dos deuses — dos meus deuses! — que eu sabia merecer, embora não imaginasse que um presente ainda maior me aguardava no cume do Everest, nos próximos dias.

Estávamos hospedados no Trekkers Lodge, atendidos por uma família muito simpática. DB perguntou-me se queria tomar um banho quente. Embora entendesse que este ato provavelmente significaria algumas árvores a menos no Himalaia, transformadas em brasa para aquecer a água, aceitei. Sabia que esta seria a última oportunidade para tomar um banho decente e fazer a barba nesta trilha.

Pensei também que, afinal, para quem vinha de um país que estava destruindo a maior floresta tropical do planeta, seria um pouco de cinismo achar que por não tomar um banho no Nepal estaria contribuindo para o futuro da humanidade.

Fazia muito frio e aproveitei para colocar as roupas mais quentes, separadas em Nanche Bazar. Passei a usar, por baixo do pile, uma ceroula térmica, sintética, desenvolvida pela Lowe Alpine para alta montanha. Consistia de uma calça e uma camiseta e funcionava como uma segunda pele. Além de manter-me mais aquecido, ela tinha a função de deixar-me com o corpo seco, pois absorvia minha transpiração e a lançava para fora.

No almoço comi, por engano, o prato que Horst havia pedido: purê de batatas com ovo. Quando veio o meu prato, batatas fritas com arroz branco e dois ovos estrelados, ele teve que comer, resmungando. Achamos tudo muito engraçado. E fiquei pensando: será a altitude, já nos deixando meio abobados?

Tengpoche era uma minúscula aldeia, consistindo apenas de algumas pousadas e um camping ao lado do mosteiro. Estava espetacularmente localizada sobre o monte Tengpoche e aos pés dos impressionantes Kang Taiga, que significava "sela de cavalo", e Tramserku, em uma posição que oferecia uma vista espetacular, tanto cordilheira abaixo, em direção a Nanche Bazar, quanto cordilheira acima, em direção ao Everest.

A vida na região girava em torno do mosteiro, um centro de grande importância cultural, religiosa e social para o povo sherpa. Jovens de todo o Khumbu eram enviados a este local para estudar o budismo. Enquanto estudantes, deviam permanecer solteiros, mas podiam casar tão logo fossem graduados, o que normalmente acontecia; desde que, é claro, não entrassem para a vida monástica.

Uma das festividades mais importantes do mosteiro era o *Mani Rimdu*, festival realizado todo final de outubro ou começo de novembro, datas que variavam segundo o calendário lunar tibetano. Os monges vestiam máscaras ricamente trabalhadas e animavam as danças, acompanhados por moradores que se deslocavam de distantes regiões para apreciar os festejos.

Embora a área fosse considerada sagrada há muito tempo, o mosteiro foi construído apenas em 1920, pelo lama Gulu, seguindo orientação do lama do mosteiro de Rongbuc, no Tibete.

Em 1934, um terremoto abalou a área destruindo parcialmente o mosteiro e matando o próprio lama Gulu. Reconstruído pelos melhores pedreiros e carpinteiros, e decorado pelos mais renomados artistas da época, do Nepal e do Tibete, a beleza das pinturas em suas paredes, as ricas esculturas budistas e o próprio conjunto arquitetônico tornaram-no mundialmente conhecido. Administrado pelo presente lama, Nawang Tenzing Zangbu, o templo obteve seu apogeu, vivendo anos de glória e se transformando em um dos locais de estudos mais importantes do budismo em todo o planeta.

Mas a sorte não estava mesmo ao lado dos monges. Em 19 de janeiro de 1989, um incêndio destruiu novamente o edifício, queimando tudo que havia no seu interior. Mais uma vez, então, em um trabalho incansável e contando com a ajuda do Himalaia Trust, os monges reconstruíram-no, erguendo um prédio ainda mais bonito do que o original e reiniciando um trabalho de decoração que empregou os maiores artistas do Nepal. A biblioteca foi microfilmada, e a pequena usina hidrelétrica, restabelecida.

Existia também em Tengpoche um Centro Cultural, erguido por um grupo de sherpas ativamente interessados em preservar para as gerações futuras a cultura do seu povo. O Centro não pretendia ser um empoeirado museu, mas um arquivo para guardar importantes documentos e um local onde os sherpas pudessem se encontrar e ler sobre sua história.

Há cerca de cinco séculos pastores nômades tibetanos originários da província de Kham, fugindo dos violentos exércitos chineses e mongóis, cruzaram o Himalaia, através do passo Nangpa, com seus rebanhos de iaques, e se estabeleceram no Khumbu, a 1.250 km de distância da sua terra natal. O Khumbu era um dos quatro *beyul*, vales sagrados, citados por Guru Rimpoche, o fundador do budismo tibetano.

Como *shar*, em tibetano, significava leste e *pa* significava povo, este povo, vindo do leste, passou a ser chamado de sherpa. Acostumados com a aridez do alto planalto tibetano, o lado sul do Himalaia não lhes apresentou grandes dificuldades de adaptação. Algumas famílias entraram ainda mais em território nepalês, atingindo as regiões Pharag Hinku e Shorong, e se estabeleceram como pastores e agricultores.

Atraídos pelo novo Eldorado, mais tibetanos cruzaram o Himalaia em 1750 e 1850, colonizando completamente a despovoada região, especialmente seus férteis vales. Com a introdução da batata-inglesa, vinda de Darjeeling, na Índia, e a cruza acidental do iaque com a vaca nepalesa, dando origem a um animal que dava mais leite, vivia mais tempo e se adaptou com facilidade às altitudes mais baixas dos vales, a economia sherpa apresentou uma grande expansão.

A partir de 1951, quando o exército chinês invadiu o Tibete, mais uma vez os pacíficos pastores budistas tiveram que abandonar seu país, fugindo através da cordilheira e se juntando aos seus antepassados sherpas.

Por estarem protegidos das influências estrangeiras pela cordilheira do Himalaia, ao norte, e pelos intransponíveis cânions, ao sul, os sherpas mantiveram seus hábitos e costumes imutáveis nos últimos quinhentos anos. Por isso, hoje falam uma língua que nem os moradores do Tibete entendem e preservam as mais tradicionais crenças budistas do mundo.

Eles seguem o budismo do século VII, quando foi introduzido no Tibete, chamado *nyingmapa*, originário do budismo tântrico *Mahayana*, surgido no norte da Índia, com influência da religião Bon, que reverenciava os deuses das montanhas, lagos e rochas.

No final do século VIII, um rei tibetano levou para Lhasa dois professores do Nepal. Um deles chamava-se Padmasambhava, um guru — lama, na língua tibetana —, que passaram a chamar de Guru Rimpoche. Sua missão era preparar o Tibete para receber o budismo, expulsando os demônios e os deuses locais hostis à nova religião. Como fundador e principal líder espiritual da seita *nyingmapa*, a maioria das preces budistas são dirigidas a ele, especialmente o tradicional *Om mani padme hum*. Atualmente os mosteiros são administrados por um Rimpoche, que significa "o precioso", indicando tratar-se da reencarnação de um lama anterior.

Outra figura proeminente na religião sherpa foi o lama Sangwa Dorje, fundador do primeiro mosteiro budista do Khumbu, em Pamgboche. Os sherpas atribuem-lhe poderes místicos, como voar e direcionar os raios do sol.

Tanto a música quanto a pintura sherpa são peças de acompanhamento religioso. A música, formada por instrumentos de percussão e sopro, serve apenas para seguir as orações dos monges nas cerimônias religiosas, indicando-lhes a entonação adequada da voz. E a pintura caracteriza-se pelas *thangkas*, pinturas sobre tecido representando cenas do budismo e utilizadas para decorar os templos.

Após o almoço caminhei um pouco, procurando ver a paisagem, pois sabia estar em um lugar de onde se tinha uma das vistas mais bonitas deste planeta. Mas, infelizmente, tudo estava envolto em grossas nuvens. Não enxergava mais do que uns 20 metros à minha frente. Isso significava levantar mais cedo na manhã seguinte.

Às três da tarde o mosteiro abriu para uma cerimônia budista, e fomos autorizados a entrar. Sentamo-nos no chão e assistimos aos monges, sentados de pernas cruzadas sobre suas almofadas de brocado, envoltos por mantos cor de vinho, tocarem seus instrumentos, beberem chá com manteiga rançosa de iaque e entoarem seus mantras sagrados, num ritmo monocórdico, enchendo o ar de uma paz que chegava a constranger estes ocidentais tão afoitos no seu dia-a-dia. As expedições que seguiam para o Everest costumavam parar aqui para receber um pouco dessa paz através da benção sagrada do Rimpoche.

Às quatro da tarde as nuvens baixaram ainda mais, cobrindo, como um tapete branco, os vales em volta do monte Tengpoche. Víamos apenas os picos das outras montanhas, ao nosso redor, cobertos de gelo, furando as nuvens e apontando para o céu. Parecíamos estar flutuando no espaço.

Às cinco as nuvens baixaram tanto, que nossa visão não alcançava 5 metros. Na verdade, a exemplo de dias anteriores, estávamos dentro das nuvens. Como não restava mais nada para fazer, voltei para o alojamento e fiquei conversando com alguns guias sherpas que tomavam chá e se esquentavam ao redor do aquecedor de ferro, no centro do refeitório. Depois de conquistar-lhes a simpatia, entrei no tema que me interessava:

— Alguém de vocês já viu o Yeti? — falei, tentando dar a maior naturalidade à pergunta, como se o assunto tivesse surgido espontaneamente.

— A sua pergunta deveria ser outra — respondeu o mais jovem deles, quase ríspido.

— Qual deveria ser a minha pergunta? — questionei, fingindo-me surpreso com sua resposta.

— Se nós acreditamos no Yeti — ele disse, colocando mais esterco de iaque no aquecedor de ferro, para avivar o fogo. E aumentar a fumaça.

— Olha — voltei a falar, procurando aparentar a maior calma, quase desinteresse —, não estou querendo ser agressivo. Apenas me interesso pelo Yeti, estou à procura dele.

— Se você está à procura dele, você vai encontrá-lo — disse um senhor bem mais velho, até então em silêncio.

— O senhor acha? — perguntei, reavivando meu interesse.

— Sim. Depende apenas a forma como ele vai aparecer para você — ele falou, tomando seu copo de chá, acocorado sobre um dos bancos.

— Como assim? — perguntei, agora sim, gostando do assunto.

— Em 1980 — ele começou —, alguns alpinistas encontraram, de madrugada, pegadas sobre a neve em torno das barracas do acampamento. Tentaram segui-las, mas foram intimidados por gritos horríveis, o que os fez, inclusive, abandonarem a escalada.

— Por que o senhor acha que o Yeti os espantou?

— Porque não procuravam o Yeti. Eles procuravam a fama de tê-lo encontrado — ele finalizou, levantando-se e saindo da sala, seguido pelos outros, deixando-me sozinho com a charada.

Só restou-me levar os pensamentos para o saco de dormir, de onde saí duas horas mais tarde, para jantar.

No refeitório encontrei Boujard e Pascal conversando com Horst. A pesada porta de madeira se abriu, e entraram dois rapazes, um dos quais mancando, com uma atadura envolvendo-lhe o joelho direito. Boujard se aproximou e perguntou o que ele estava sentindo.

Sammy Rubinstein era um nova-iorquino de 27 anos, que viajava há cinco anos e meio. Machucara o joelho e agora sentia muita dor ao descer, por isso havia enfaixado a perna. A comunicação foi meio truncada, pois ele não falava francês, mas aceitava qualquer ajuda. Notava-se, pela sua expressão sombria, estar muito preocupado.

Boujard então perguntou ao Horst, em francês, o que Sammy estava sentindo. Então Horst perguntou-me, em espanhol, o que Sammy estava sentindo. Então perguntei ao Sammy, em inglês, o que ele estava sentindo.

Ele disse-me, em inglês, o que sentia. Eu disse para o Horst, em espanhol, o que Sammy sentia. E Horst disse para Boujard, em francês, o que Sammy sentia.

Levamos uma hora nessa conferência, mas Sammy saiu medicado. Ele tinha uma inflamação no tendão do joelho direito e usava um torniquete que em vez de ajudar prejudicava. Boujard trocou-lhe a atadura, colocando uma trazida consigo especialmente para este tipo de lesão. Sabia de tudo este Boujard. Desde me ensinar a usar um bastão de *trekking* até consertar o joelho do americano.

O remédio que Sammy vinha tomando não fazia efeito. Horst, que era químico e dominava o assunto, deu-lhe uma medicação adequada: um comprimido de Cataflan — que eu trazia —, para fazer efeito imediato, e quatro comprimidos de Diclofenac (o nosso Voltaren), para tomar mais tarde. Aliás, às vezes não sabia se Horst era um químico que praticava montanhismo ou se era um montanhista que nas horas vagas desenvolvia novos medicamentos. E, quando tinha um "tempinho", quer dizer, três vezes por semana, era treinador de boxe amador.

Sammy estava muito preocupado, era alérgico a aspirina. Foi um pouco trabalhoso, nesta confusão lingüística, convencê-lo de que o que estávamos lhe dando nada tinha a ver com aspirina, um dos medicamentos mais populares entre os *trekkers*.

Na hora do jantar entrou um grupo de japoneses liderado por um rapaz que não parava um minuto de falar. Puxou assunto com todos os presentes. Queria saber qual a montanha que cada um pretendia escalar. Ou que já escalara.

— E você, qual montanha já escalou? — perguntou Sammy, agora mais calmo em relação ao joelho, mas sem paciência para o tagarela.

— Eu não escalei nenhuma. Eu não escalo montanhas — disse, criando um anticlímax no refeitório. Vendo que havia despertado a atenção de todos — e a fúria de alguns —, arrematou, com um sorriso de vitória: — Eu só tiro fotos das montanhas.

Todos riram. Então Horst pegou a câmera, preparou o flash e disparou, de surpresa, em direção ao japonês falante.

— Há!, você também tira fotos das montanhas? — perguntou ao Horst.

— Das montanhas, não — respondeu o alemão, bem sério. E fulminou: — Só tiro fotos dos turistas.

Ao lado das mesas ficavam os beliches, onde deveríamos deitar. Como tínhamos sido dos primeiros a chegar, colocamos nossos sacos de dormir em um canto, mais protegido dos roncos da turma. Além disso, ficava perto da porta, facilitando a saída para o xixi da meia-noite.

Antes de me recolher, tomei um comprimido de Ponalar que Horst trouxera da Alemanha, como prevenção para a dor no joelho. Já havia consultado diversos médicos no Brasil, e o diagnóstico era sempre o mesmo: quando atleta, treinava seis horas por dia. Criei uma musculatura muito forte que cobria as cartilagens dos joelhos. Agora, como havia diminuído meu ritmo físico, os músculos tornaram-se mais flácidos, provocando dor quando a cartilagem se movia com folga na articulação.

Às vezes passava meses sem sentir dor. Outras, doía-me semanas seguidas. Qual era o remédio? Não tinha remédio, a não ser aumentar o ritmo dos meus exercícios físicos, diziam os médicos consultados.

Mas Horst tinha um remédio: como treinador de boxe, este era um problema comum para ele. E, como químico especializado em novos medicamentos, havia descoberto um, chamado Ponalar.

No ano anterior, quando escalamos juntos na África, no último dia senti o joelho, quando estava descendo. Testei o remédio e foi maravilhoso, a dor passou na hora. Nesta viagem, antes de sair do Brasil, passei-lhe um fax dizendo: não esqueça do meu remédio.

Tomei um comprimido e deitei. Logo senti uma forte azia, seguida de ânsia de vômito. Sentei na cama para ver se melhorava. Melhorou um pouco, mas não passou. Saí à rua para vomitar. Como estava ventando muito, procurei um abrigo, indo até a latrina, nos fundos da pousada. Entrei e senti aquele cheiro terrível, vindo do buraco no centro da casinha. Foi como um soco na boca do estômago: imediatamente vomitei.

Voltei para a cama e não consegui mais dormir. Tinha muita gente no local, muitos roncos. Não estava bem, mesmo, pois normalmente consigo dormir independentemente do barulho ao redor. Apesar do frio, sentia-me sufocado. Deitava e faltava-me o ar, a cabeça parecia girar. Foi terrível. Enquanto me agitava, pensava na situação.

Havia dois diagnósticos possíveis: se fosse apenas uma questão intestinal, provocada pelo forte Ponalar — que, na verdade, ainda não havia sido testado nesta altitude —, não teria muitos problemas. Repouso e dieta resolveriam. Mas, se fosse conseqüência da altitude, o chamado Mal da Montanha, a solução seria dar meia-volta e descer. Embora o ar quc respirava contivesse apenas 61% de oxigênio, achava difícil esta última hipótese, pois já tinha uma boa experiência em altitudes bem mais elevadas.

Só restava esperar. O que, para mim, era a pior das situações. Não costumo ter medo das dificuldades, mas não suporto a incerteza.

1936

Lhasa
3.607 metros

Em 1933, morria em Lhasa o 13º Dalai Lama, um dos maiores líderes tibetanos de todos os tempos, responsável pela expulsão dos chineses do país, em 1912, e até hoje odiado em Pequim.

Em 1935, nascia Tenzin Gyatso, o 14º e atual Dalai Lama, reencarnação do anterior, enquanto o poder ficava nas mãos de um regente.

Mas, precavidos, os ingleses já tinham autorização para mais uma expedição ao Everest.

A expedição de 1936, liderada pelo veterano Hugh Ruttledge e composta por oito dos mais experientes alpinistas britânicos da época, foi arrasada pela chegada prematura das monções.

Apenas Eric Shipton atingiu o Colo Norte, de onde foi obrigado a voltar devido ao mau tempo. As tempestades foram violentas, varrendo todo o subcontinente indiano e obrigando o grupo a retornar para Darjeeling antes do tempo previsto.

A cada nova expedição que fracassava no intento de conquistar o Everest, crescia a lenda da montanha. E mais gente surgia com a intenção de desafiá-lo.

Estava ficando claro para os britânicos que, se eles não conseguissem, logo seriam suplantados por outros países.

Em Londres, tanto a Sociedade Geográfica quanto o Clube Alpino viviam anos intranqüilos, com o Everest atravessado em suas gargantas.

DIA 12

Tengpoche, 3.867 metros, a Pheriche, 4.243 metros
6 horas

Quando o relógio tocou, às seis da madrugada, como sempre fazia, eu já estava desperto. Mas Horst não acordou. Imaginei que também não dormira bem. Desta vez fui eu quem o chamou. Logo todos se levantaram, criando a maior confusão no alojamento. Pedi a DB uma bacia com água, escovei os dentes e lavei o rosto. Tomei um copo de leite e reagi bem. Embora me achando um pouco fraco, não senti nada na cabeça. Apenas o estômago meio embrulhado e completa ausência de fome, o que considerei normal, devido às circunstâncias.

Em uma rápida conversa atribuímos o mal-estar ao Ponalar. Enquanto ele sentava-se para seu farto café, peguei o equipamento fotográfico. DB acompanhou-me, para ajudar a identificar os nomes dos picos que queria fotografar, e saí para a rua. Sem dor no joelho.

Meu termômetro, preso na correia da mochila, marcava zero grau. O vento gelado descendo do Himalaia cortava-me as mãos, endurecendo as pontas dos dedos fora das luvas, criando uma sensação térmica bem mais baixa. Caminhei alguns passos para um local um pouco mais alto, de onde tinha uma visão de 360 graus ao redor do monte Tengpoche, e cravei o tripé, cuja câmera já estava fixa em sua extremidade superior.

Então tive uma das visões mais bonitas de toda minha vida, suficiente para esquecer a dor de barriga, a fraqueza e o frio congelante. Olhando da esquerda para a direita, em um pequeno raio, podia ver os picos nevados de nove das maiores montanhas do planeta, três das quais com mais de 8.000 metros de altitude.

O sol estava nascendo, projetando aos meus pés o perfil negro das montanhas à minha direita, enquanto ia pintando de dourado as encostas congeladas dos picos que ficavam à minha esquerda. No céu, nenhuma nuvem.

Com minha bússola de precisão, seguindo a orientação da planta cartográfica e checando as informações com DB, comecei a mais impressionante sessão de fotos jamais feita. Embora não tivesse combinado com Ele, a iluminação estava perfeita. Além de grande Arquiteto, grande Iluminador. Foi tudo o que consegui pensar.

À minha extrema esquerda, a 13 km de distância, em linha reta, uma foto do cume do Kongde (6.187 metros), a montanha em frente a Nanche Bazar. Bem mais à direita, a 7,5 km de distância, o Taboche (6.542 metros). Um pouco mais à direita, bem lá no fundo, a 23 km, a pirâmide superior do Everest (8.850 metros). Girando sobre o eixo do tripé, sempre da esquerda para a direita, fui focando: a 19 km, o Nuptse (7.879 metros). A 21,5 km, o Lhotse (8.501 metros). A 22 km, o Lhotse Shar (8.383 metros). A 10 km, o belíssimo Ama Dablam (6.856 metros). A 6 km, o Kang Taiga (6.779 metros), e, finalmente, quase em um giro completo sobre meus calcanhares, a apenas 5 km de distância, o Tramserku (6.608 metros).

A distância a me separar dos cumes do Kang Taiga e do Tramserku era menor do que suas altitudes. Essas distâncias, dentro da perspectiva da imensidão do Himalaia e vistas através do ar diáfano, tornavam-se insignificantes. Era como se pudesse tocar com as pontas dos dedos estes gigantescos picos, cobertos de neve e refletindo a luz dourada do sol da fria manhã de outono.

Ao voltar para o refeitório encontrei Samantha, em frente à sua pousada, escovando os dentes, com um copo de água na mão. Olhamos mais uma vez para a maravilha que se descortinava à nossa frente e comentamos a felicidade de estarmos neste local.

— E você, como está se sentindo fisicamente? — perguntei.

— Estou melhor, bem melhor — ela disse, sorrindo. E acrescentou: — Desenvolvi um senso de humor e uma determinação que, tenho certeza, vão me acompanhar até Gorak Shep.

Despedimo-nos com um beijo, pois ela, Samuel Loose e Sean Dowsey ficariam mais um dia em Tengpoche para uma melhor aclimatação. Só os encontrei de novo em Lukla, quando pegamos o mesmo avião para voltar a Katmandu. E dias depois, na nossa festa de despedida, no Thamel.

Saímos logo em seguida. Teria uma jornada difícil pela frente, sentia-me fraco e não comera nada. Além disso, pela primeira vez ultrapassaríamos a barreira dos 4.000 metros de altitude. Tirei o termômetro da mochila e fui controlando minha temperatura. Precisava ficar de olho no meu organismo, monitorar com mais acuidade minhas reações fisiológicas.

Descemos por uma trilha erodida até o nível da floresta, passamos as aldeias Deboche e Milingo e mergulhamos no desfiladeiro do rio Imja, cujas águas vinham da Cascata de Gelo do Everest e desaguavam no Dudh Kosi, um pouco mais abaixo de onde o cruzamos, em uma precária ponte pênsil, de madeira velha, ligando as duas barrancas do seu profundo cânion.

A subida pela outra margem era abrupta e extremamente perigosa devido à grande quantidade de iaques abarrotados de mercadorias trafegando ruidosamente pelo estreito caminho. Ao subir uma escada natural de grandes pedras, olhei para cima e vi uma fila de iaques descendo, quase em disparada, repontados por algumas garotas. Se fico do lado esquerdo da trilha, pensei, um iaque pode resvalar e cair em minha direção, esmagando-me com suas aspas contra a parede rochosa. Resolvi aguardar do lado direito, junto a um pequeno arbusto, na borda do cânion.

Poucos metros acima de onde estava, um dos animais resvalou em um degrau da escada de pedra e deslizou, de barriga, em minha direção, levantando poeira e provocando uma pequena avalanche de seixos trilha abaixo. Foi com a sensação de que o coração parecia querer sair do meu peito que o vi parar, aos meus pés, cobrindo-me de terra. Uma das garotas gritou, o animal levantou-se e continuou descendo, aos trancos, seguido pelos demais.

Recomposto do susto pude notar que, se o iaque batesse em mim, por mais leve que fosse o toque, o pequeno arbusto ao lado não suportaria meu peso. E, abaixo dele, um abrupto penhasco de pedras pontiagudas descia até o fundo do cânion, por onde corria o rio. Notando haver escapado da morte por um pequeno detalhe, o susto foi substituído pelo medo. Fiquei com as pernas trêmulas e senti o suor escorrer pela testa. Sentei, tomei um gole de água, mordisquei um chocolate e remexi na mochila. Precisava fazer alguma coisa para trazer de volta a rotina da caminhada, interrompida por aquele bicho peludo.

Meus companheiros, como sempre, estavam bem à frente e nada viram. Mas logo um casal que vinha atravessando a ponte, lá embaixo, alcançou-me. Vendo-me parado, a moça também parou, pelo jeito para amarrar melhor o cadarço da bota. Nos cumprimentamos e eles seguiram em frente. Logo, logo eu estava caminhando atrás dela, procurando na trilha um local largo o suficiente para ultrapassá-la, quando minha atenção foi despertada pela etiqueta amarrada em sua mochila: VARIG.

— De que lugar do Brasil vocês são — perguntei-lhe, já ao seu lado, feliz por encontrar alguém com quem pudesse conversar um pouco em português.

— Somos de Belo Horizonte, Minas Gerais — ela respondeu, meio no susto, tão surpresa quanto eu por ouvir alguém falando a língua pátria. E acrescentou: — Eu sou a Viviane e este é o Marcelo, meu marido.

Viviane Dalli Soares, 28 anos, era jornalista *free lancer* e fotógrafa profissional. Marcelo Quadros Soares, 29 anos, era advogado. Estavam casados há dois anos.

— Estão gostando do Nepal? — perguntei.

— Estamos adorando — respondeu Viviane. E continuou: — O Marcelo sempre foi fascinado pelas montanhas de neve eterna e grandes altitudes. Desde quando o conheci, há dez anos, ele falava do Everest com grande encanto. Seu fascínio acabou me contaminando. No princípio, víamos a possibilidade de ver de perto o Everest como algo muito remoto. Mas, com o passar dos anos, com nossa independência financeira e depois de casados, percebemos que um dia poderíamos materializar nosso sonho delirante.

— E esse dia chegou para vocês — eu disse.

— Sim, esse dia finalmente chegou — disse Marcelo. E Viviane completou:

— Mas não foi fácil. Tão logo definimos a viagem, começou a pressão familiar. Eles não acreditavam que realmente faríamos a viagem. Tanta pressão contra, quase nos fez desistir. Antes de tomarmos a decisão final de vir para cá, tudo de ruim começou a passar por nossas cabeças, devido aos "alertas" de nossos familiares.

— Mas do que eles tinham medo, Viviane? — perguntei, curioso.

— Coisas do tipo: ficar doente e não ter socorro, ser pego por uma avalanche, sofrer intoxicação com a comida, ser assaltado pelos nativos, morrer de frio, ter edema pulmonar ou cerebral. Mas, enfim, nosso querer falou mais alto.

— E como vocês estão se saindo?

— Bem, o início da viagem nos remeteu a tudo de ruim que nos haviam falado. Infelizmente nossa viagem de São Paulo até Katmandu não foi muito agradável.

— O que aconteceu? — perguntei, curioso como sempre. E Viviane resumiu:

— Nosso guia foi roubado no metrô de Londres. Surrupiaram-lhe o passaporte, mil e tantos dólares, cheques de viagem e as passagens aéreas. Ele teve que ficar na Inglaterra, e nós quase perdemos nosso vôo para Nova Delhi. Chegando na Índia, não nos embarcaram no avião para o Nepal, alegando que nossos nomes não estavam na lista de embarque, e, com muito custo e lágrimas, nos colocaram no vôo seguinte, depois de muitas horas desnecessárias no aeroporto, muita pressão psicológica e falta de profissionalismo.

— Esta é a primeira viagem de vocês?

— Não, já somos bem experientes. Fizemos a Europa de mochila, conhecemos o México, esquiamos em Bariloche e nadamos com os tubarões em Fernando de Noronha, entre outras tantas viagens. Mas, depois da chegada em Katmandu, tudo voltou aos eixos. Aí, a alegria se instaurou de vez e pudemos relaxar e curtir.

— Mas nas montanhas tudo está dando certo, não é?

— Tudo está dando maravilhosamente certo — disse Marcelo, com a cara mais feliz do mundo. E contou seu segredo: — Você acredita que a primeira vista que tivemos do Everest foi exatamente no dia do meu aniversário?

— Não! E o que você sentiu?

— Jamais imaginei que a primeira vez que o veria seria exatamente no dia de meu aniversário. Esta coincidência sequer foi planejada ou imaginada quando fizemos o roteiro da viagem. O sentimento foi de absoluta satisfação, euforia (de menino pequeno mesmo, com vontade de ficar pulando sem parar, embora já adulto e com cabelos grisalhos) e admiração por estar diante do topo do mundo. Entretanto, o sentimento mais marcante, e que até hoje me contempla, é saber que o sonho que parecia tão longe quanto a distância física e cultural entre o Brasil e o Nepal, estava naquele momento sendo realizado, unicamente porque, a partir de um determinado momento, eu e Viviane passamos a acreditar que não seria impossível fazê-lo.

— Foi uma lição — eu comentei, estimulando-o a falar mais, pois senti que estava gostando de fazê-lo.

— Sim, o Everest, para mim, serviu também como uma lição. Uma lição muito fácil de dizer mas difícil de acreditar: querer é poder. Esta lição está presente em todos os dias de nossas vidas. A pergunta que me faço agora é: quando escalaremos o Everest?

— Olha, este negócio é sério — falei, com cara de espanto. E acrescentei: — Eu tenho um amigo que costuma dizer: cuidado com teus sonhos. Eles perigam realizar-se.

Seguimos juntos, conversando. No caminho fui contando-lhes uma história que também acontecera comigo no dia do meu aniversário.

Eu assistia a um debate sobre livros na Feira Internacional do Livro de Frankfurt, na Alemanha, quando alguém levantou a questão de como seria o livro do futuro. Após ouvir algumas opiniões, expressei a minha. Estava presente o reitor da Universidade de Guadalajara, México, entidade que promovia, junto com a Feira Internacional do Livro de Guadalajara, o VIII Fórum Internacional de Editores, exatamente para discutir o livro do futuro. Como meus pontos de vista agradaram ao reitor, ele convidou-me para ser um dos conferencistas do seu evento, a realizar-se dali a quarenta dias.

No México, perante uma seleta platéia de editores de 55 países, apresentei um histórico do livro. Ele já fora de argila, na Mesopotâmia; de bambu, na China; de papiro, no Egito; de pergaminho, na Europa; e, finalmente, de papel.

O livro de argila dos babilônios começou a ser produzido 4.000 anos antes de Cristo. Os escribas utilizavam um estilete de osso, com o qual gravavam o tijolo antes de secá-lo no forno. A biblioteca de Assurbanipal, com mais de 30 mil plaquetas de argila, foi a mais importante desta época. Nínive, capital da Assíria, foi destruída, saqueada e incendiada, em 612 a.C., e a cultura desta importante fase da história da humanidade só chegou até nossos dias porque os tijolos não podiam ser consumidos pelo fogo.

O livro de bambu surgiu na China 3.000 anos antes de Cristo. As tiras tinham um centímetro de largura e eram obtidas depois do corte do talo da planta em cilindros de 20 centímetros de altura. Utilizando uma pequena vara, também de bambu, os escribas gravavam uma coluna de caracteres verticais com cerca de vinte palavras. Depois as folhas eram secadas no forno, colocadas sobrepostas e costuradas em uma das laterais.

O livro de papiro surgiu no Egito 2.500 anos antes de Cristo. Abundante nas margens do rio Nilo, a planta era cortada em pedaços com cerca de 40 centímetros de largura. Extraída sua casca, o miolo era cruzado em tiras sobrepostas, umedecidas e batidas até liberarem uma resina capaz de uni-las firmemente. Depois de secada ao sol e polida, a superfície lisa recebia o texto feito em linhas horizontais. Os escribas utilizavam tinta vermelha para as palavras iniciais e preta para as demais.

O livro de pergaminho surgiu no ano 200 a.C., na Europa. Feito de pele, era resistente ao fogo, mais fino e durável do que o papiro, permitia a escrita em suas duas faces e, o mais importante: raspado, podia ser reutilizado. O pincel foi substituído pela pena de pássaro, possibilitando letras menores, abrangendo mais conhecimento em menor espaço. Seu material, muito resistente, agüentava a costura em um dos lados sem que as folhas soltassem.

O livro de papel iniciou na Espanha, em 1150, quando conseguiram fabricá-lo em quantidade, a partir da madeira, e trouxe consigo um ferrenho debate entre os intelectuais da época. Petrarca, o grande humanista que viveu recuperando obras clássicas da Antigüidade, recusava-se a admitir livros de papel em sua biblioteca. Os escritores reclamavam que o papel iria acabar com o livro, em especial com o controle dos direitos autorais. Mas havia um dado inquestionável: o papel custava oito vezes menos do que o pergaminho.

A forma havia mudado muito, e muitas vezes, mas o conteúdo não. Portanto, o que definia o livro era o que ele transmitia, e não do que era feito. Assim, deveríamos estar preparados para mais uma forma de livro: o eletrônico, utilizando como canal de distribuição o computador.

Os editores arrepiaram, especialmente quando falei que assim como todos os monges que caligrafavam os pergaminhos perderam seus empregos quando Gutenberg inventou sua prensa, hoje, todos os editores que não se adaptassem às novas tecnologias também ficariam sem trabalho. Provoquei uma grande confusão, mas saí dali direto para os estúdios dos canais de televisão, além de ter recebido, na hora, convites para levar minha conferência a diversos outros países.

Tenho certeza de que minha palestra deu uma grande mexida na indústria do livro, pois a partir daquele ano todas as feiras de livros importantes do planeta passaram a dedicar cada vez mais espaço aos meios eletrônicos de distribuição de cultura. A Feira do Livro de Frankfurt, que dita a moda no setor, criou um pavilhão exclusivo para o CD-ROM e a Internet. E para colocar em prática minhas teorias, de volta ao Brasil editei, em CD-ROM, um livro infantil, com uma história completa, do escritor Carlos Urbim. Foi o primeiro livro brasileiro tendo como suporte a eletrônica, em vez do papel. Mais tarde outras empresas entraram na mesma linha.

Mas o importante de toda esta história foi que no dia — e na hora — em que fazia minha conferência no México, estava completando quarenta anos de idade. Naquele momento dei por concluída uma parte importante da minha carreira profissional, pois havia chegado à conclusão de que atingira o topo. Fazia quinze anos que eu era editor de livros, a segunda coisa de que mais gostava de fazer na vida.

Estava, portanto, na hora de partir para novos desafios, trilhar novas estradas. Decidi retomar o grande sonho da minha adolescência e passar a fazer a primeira coisa de que mais gosto na vida: viajar e escrever sobre minhas aventuras. Pois fora para isso que havia me formado em Jornalismo.

Distraídos nesta conversa, logo saímos do vale, em Pangboche, uma aldeia a 3.985 metros, bem acima da linha das árvores, onde chegamos no meio da manhã. Este era o mais alto povoado no Khumbu com habitação permanente, até que os *trekkers* apareceram e demandaram novas estruturas mais acima. Pangboche, que significava "campos cultivados", pois aqui ainda se podia plantar um pouco de batatas, estava dividida em dois níveis: a parte baixa, onde estávamos, e a parte alta, local do mosteiro.

Na parede da casa de chá um cartaz anunciava que Kaji Sherpa, um alpinista nepalês com 33 anos, iria tentar escalar o monte Everest em dezessete horas, batendo o recorde de velocidade em ascensão na mais alta montanha do planeta, de 22 horas e trinta minutos, pertencente ao francês Mark Batard. Horst gostou muito de a expedição estar sendo patrocinada por uma cervejaria. Eu também. Achei a iniciativa tão simpática que enquanto estive em Katmandu só tomei Tuborg, a cerveja que patrocinava o desafio.

Estava fisicamente abatido, mas moralmente em forma. Não abri mão de subir mais alguns metros até o topo da aldeia para visitar o mosteiro, construído há 450 anos, o mais antigo templo sherpa no Nepal, onde alegavam existir pedaços de um Yeti: o esqueleto de uma mão e um escalpo com pêlos avermelhados.

Cruzamos por um arvoredo de imensos juníperos sagrados, o que explicava terem crescido tanto. As árvores foram criadas pelo lama Sange Dorje, ao cortar um punhado dos seus próprios cabelos e jogá-los ao ar. Os fios foram se transformando em árvores e deram origem ao lindo bosque em meio à devastação do lugar.

No mosteiro, depois de acompanharmos uma cerimônia budista, procuramos o lama para saber sobre a história do Yeti. Ele, que já estava em sua 14ª reencarnação, nos contou que houvera sim, ali, um escalpo do Yeti, mas fora roubado em 1991. Tinham agora apenas uma foto, que não quis mostrar. Mas podíamos comprar — para ajudar o mosteiro, é claro — uma pintura de um artista local retratando a cabeça do Yeti. Desconfiei estar sendo enrolado, mas comprei a pintura. Não queria problemas com Lorde Buda já na minha próxima reencarnação.

Continuamos pelo lado esquerdo do vale, passando por diversos campos cultivados com batatas e algumas pastagens de iaques, até a aldeia Shomare, onde chegamos para tomar chá, depois de arrastar-me montanha acima dependurado sobre meus bastões de *trekking*. Embora precisasse me alimentar, consegui beber apenas um copo de leite.

Viviane e Marcelo passaram direto, pois seu guia havia decidido parar apenas na próxima aldeia, Orsho.

— Ele deve ter algum convênio por lá — brinquei com meus amigos brasileiros, que seguiram meio a contragosto. Mas logo os alcançamos, e Horst se foi na frente. Quando chegamos em Orsho, o alemão estava nos esperando, tomando seu inseparável chá.

— O seu amigo anda como se tivesse um foguete nas pernas — foi o comentário do Marcelo.

— Eu que o diga.

— Quantos anos ele tem? — perguntou Viviane.

— 52 anos bem vividos — respondi.

O caminho subiu por um amplo campo de altitude pela borda do vale até chegarmos a Tsuro Og, 4.135 metros, uma aldeia com algumas casas de pedras com telhados em ardósia e campos com iaques pastando uma grama amarelada e muito baixa.

Aqui o amplo vale que vínhamos costeando desde Pangboche se bifurcava. Seu galho direito seguia para o leste, formando o vale Imja, por onde descia o rio Imja, vindo das geleiras do Lhotse. Seu galho esquerdo seguia para o norte, formando o vale Khumbu, por onde descia o rio Lobuche, vindo das geleiras do Everest.

Seguimos para o norte, pela margem do rio Lobuche, e entramos em um amplo desfiladeiro, onde encontramos muita poeira, o que nos obrigou a cobrirmos o rosto com um lenço. Passamos por Tsura Teng e dobramos à direita. Cruzamos para a outra margem do rio e pouco depois do meio-dia chegamos a Pheriche, onde pretendíamos dormir. Embora não tivesse caminhado mais do que 10 km e subido apenas 376 metros, este foi meu pior dia no *trekking*, mesmo sendo um dos trechos mais fáceis.

Nos instalamos no Himalaia Lodge, o melhor da aldeia. Lavei-me um pouco, tomei sopa de alho, uma aspirina e mergulhei no saco de dormir. Às três da tarde levantei-me, coloquei uma roupa limpa, para elevar o moral, e desci para o refeitório, onde Horst, Leland — que eu não via desde Nanche Bazar — e Louise batiam um animado papo. Como sempre, Leland era o centro das atenções. Sucumbi aos seus apelos e tomei chá quente com um pedaço de queijo.

— Por que você está aqui, Leland? Quero dizer, por que você viaja? — perguntei.

— Por nada de especial. Apenas pelo prazer de conquistar algo que não seja fácil de obter.

— Você é casado?

— Sim, sou casado há dezessete anos com uma linda mulher do Taiti.

— Vocês têm filhos?

— Não.

— Ela costuma viajar contigo?

— Normalmente, sim. Nós conhecemos todos os continentes, inclusive a Oceania. E você, o que está indo fazer no Everest? — era a vez de Leland retribuir-me a pergunta.

— Estou indo devolver uma pedrinha que rolou montanha abaixo, descendo pelo rio até a fronteira do Nepal com a Índia — respondi, olhando as montanhas lá fora através do vidro embaçado da janela.

— Esta é a razão explícita — disse Horst, interrompendo a leitura do grosso livro.

— E qual é a verdadeira razão, então? — perguntou Louise.

— O Ortiz está no Himalaia à procura do Yeti — respondeu o alemão, reprimindo um sorriso.

Estava me sentindo melhor, quando Leland nos convidou para assistirmos a uma palestra sobre os problemas da altitude no posto médico da Associação de Socorro do Himalaia, a poucos metros da nossa pousada. Fazia frio e ventava bastante, mas decidi acompanhá-lo, juntamente com Louise. Horst preferiu ficar lendo. O fato de não ser fluente em inglês às vezes deixava meu parceiro um pouco isolado da turma.

A Associação de Socorro do Himalaia foi criada em 1973 com o objetivo de salvar vidas nas montanhas alertando os *trekkers* sobre os perigos das doenças de altitude. O resultado foi compensador, pois a partir de então diminuiu muito o número de mortes entre os viajantes no Khumbu, que antes chegavam a dez em cada quinhentos que passavam por Pheriche. Agora, as mortes estavam reduzidas a apenas uma ou duas por ano.

Também existia no local um serviço de registro pessoal, onde os visitantes se cadastravam, para o caso de precisarem do auxílio de suas embaixadas, como um resgate com helicóptero, por exemplo.

O posto de Pheriche fora construído em 1976 pela Faculdade de Medicina de Tóquio para estudar melhor os efeitos da altitude no organismo humano, após a morte de quatro *trekkers* japoneses na região, conseqüência do ar rarefeito. Atualmente era administrado pelo WWF, com a colaboração de dois médicos voluntários substituídos a cada temporada. Neste outono, estavam aqui o Dr. Eric Johnson e a Dra. Marta Johnson.

Encontramos Viviane e Marcelo novamente, e a palestra foi muito interessante. Segundo o Dr. Eric Johnson, uma simples dor de cabeça não significava que se estivesse com o Mal da Montanha. Era preciso a dor de cabeça vir acompanhada de náuseas, vômitos, falta de apetite e diarréia. Excluindo a dor de cabeça, este era exatamente o meu quadro.

Ele explicou também que na altitude as defesas do nosso organismo estão mais frágeis, podemos pegar doenças até na poeira que respiramos. Por isto era tão importante utilizar um lenço cobrindo a boca quando estivéssemos em uma trilha empoeirada.

Achei importante quando falou que, mesmo estando com os sintomas do Mal da Montanha, não precisava descer correndo ladeira abaixo. Antes, deviam-se tomar algumas medidas paliativas: descansar, se alimentar bem e, especialmente, beber muito líquido. Caso persistissem os sintomas, então era melhor descer.

No final, solicitei um "particular" com Dr. Eric e expus meus sintomas. Ele mediu-me o pulso: 117 batidas por minuto. Estava muito alto. Com um oxímetro de pulso, mediu-me a quantidade de oxigênio no sangue: 85%. Estava muito baixo. O normal seria 90%.

Bem, pelo menos de uma coisa poderia me orgulhar: era o paciente perfeito. Ele sugeriu-me voltar para a pousada, descansar, alimentar-me bem e, antes de dormir, tomar um Diamox, uma droga à base de sulfa que ajuda a metabolizar mais oxigênio.

Eu tinha um vidro de Diamox na minha caixinha de primeiros socorros, mas esta era uma questão fechada, fora minha primeira decisão quando resolvera fazer o *trekking*: tomar Diamox só se estivesse correndo risco de vida e precisasse ganhar algumas horas para descer a altitudes mais baixas, jamais para continuar seguindo montanha acima. Ou subiria com meus próprios componentes químicos, ou não subiria.

Comentei a minha ética com o médico e ele disse que a decisão seria minha. E perguntou-me:

— Entre tomar Diamox e continuar subindo e não o tomar e precisar voltar daqui, depois de tantos dias na trilha, o que você decidiria? Abandonaria seu mais importante projeto pessoal dos últimos anos?

Eu sabia a resposta desde o momento em que comuniquei à minha família que iria para o Himalaia. E respondi-lhe:

— Doutor, se fosse tomar esta decisão aqui, onde estou, depois de tanto sacrifício para chegar a 4.243 metros de altitude, a apenas uma semana do meu objetivo, optaria pelo Diamox. Mas, sabedor desta fraqueza, é que tomei a decisão antes de sair de casa: não tomar remédio para inibir os efeitos da altitude de forma profilática. E agora não tem mais solução, jamais cogito rever uma decisão tomada.

Ele me apertou a mão e mandou-me dormir, o que fiz com o maior prazer.

Às 17h40min, DB acordou-me para escolher a janta. Assim, quando a comida estivesse pronta, ele viria me chamar, dando-me mais tempo de descanso. Pouco depois chegou Horst, queria saber como estava me sentindo. Na sua opinião, meu problema era apenas intestinal, causado pelo Ponalar. E a maior evidência disso era não estar sentindo dor de cabeça, o principal sintoma do Mal da Montanha.

Às 18h30min, comi uma sopa de alho e arroz branco. Tomei um refrigerante para ajudar na digestão. Comprei uma térmica de água quente para levar para o quarto, queria fazer um chá. Preferia passar a noite toda tomando este horrível chá quente a voltar para casa.

A água custou caro, mais do que o refrigerante. Uma nota no cardápio explicava: "Nós pedimos desculpas por cobrar pela água quente, ou fervida, porque aqui é grande o problema por madeira ou querosene." Achei muito justo. Sabia que todo o querosene em Pheriche teria que vir nas costas dos carregadores, desde Lukla. E esta era uma região coberta de pedra e gelo, sem o menor sinal de árvores, pois já estávamos bem acima da altitude em que algo verde sobrevive.

No quarto fiz um litro de chá e empurrei goela abaixo. Antes de deitar-me ainda tomei um Plasil, um comprimido de Neosaldina e um Neocarbom. Controlei a febre e afundei no saco de dormir.

Fiquei na expectativa para ver se meu problema era o Mal da Montanha ou o Mal de Montezuma. Tínhamos em Pheriche 58% de oxigênio no ar.

1938

Everest
7.848 metros

Uma expedição com ótimos alpinistas — entre os quais Noel Odell —, mas poucos recursos financeiros, foi liderada em 1938 pelo grande aventureiro Harold William Tilman. Tendo aprendido com as expedições anteriores sobre o regime das monções, eles saíram cedo, porém não deram sorte. As monções chegaram três semanas antes do previsto. Mesmo assim, continuaram, tentando uma rota diferente. As condições climáticas nos últimos 1.000 metros, no entanto, tornaram-se intransponíveis.

Bill Tilman e Eric Shipton foram obrigados a voltar do acampamento V, a 7.848 metros de altitude. Outras tentativas foram realizadas; todas infrutíferas. Só restou-lhes voltar para a Inglaterra; preparar uma nova expedição.

Mas estourou a Segunda Guerra Mundial, e a Estrada do Everest ficou sem tráfego ocidental por treze longos anos.

Bill Tilman nasceu no norte da Inglaterra, em 1898. Lutou na Primeira Guerra Mundial, quando iniciou sua carreira de aventureiro, escalando diversas montanhas na África Oriental juntamente com seu amigo Eric Shipton, sendo os primeiros a chegar ao cume do monte Quênia, em 1930. Bill Tilman foi também o primeiro a escalar o monte Nanda Devi, em 1936.

Sua atividade nas montanhas foi interrompida durante a Segunda Guerra Mundial, quando lutou no Saara Ocidental, na França, e com a resistência italiana atrás das linhas inimigas na Albânia.

Com o final da guerra, ele voltou para o Himalaia, sua grande paixão, onde, juntamente com Eric Shipton, tentou escalar o Annapurna IV. O insucesso desta jornada encerrou sua carreira de montanhista, voltando-se então para o mar, por onde velejou durante vinte anos, circunavegando a América do Sul e a África, além de cortar as gélidas águas dos oceanos Ártico e Antártico, onde naufragou duas vezes.

Sua última viagem se iniciou em Southampton, em 1977, com destino às ilhas Shetland do Sul. Após alguns dias no Brasil, ele zarpou do Rio de Janeiro em 1º de novembro, mas nunca chegou ao seu destino.

Dia 13

Pheriche, 4.243 metros, a Dingboche, 4.412 metros
4 horas

Dormi um sono tão profundo, que Horst precisou me chacoalhar para acordar.

— Ortiz, você está morto? — perguntou-me ele, sem imaginar que alguns dias depois eu lhe estaria fazendo a mesma pergunta.

— Acho que não, pois na minha frente estou vendo um alemão grande demais para ser um anjo — falei, tão logo abri os olhos. E concluí: — A não ser que eu tenha ido direto para o inferno...

Sentei-me na cama: nada. Balancei a cabeça: nada. Passei a mão no estômago: nada. Firmei os pés no chão: nada. Levantei-me: nada.

— O que você está sentindo? — ele perguntou, ansioso.

— Nada.

— Não falei que era apenas diarréia? — disse, abrindo um largo sorriso. Ele estava feliz. E eu muito mais.

DB trouxe ao quarto uma bacia com água morna para eu escovar os dentes e lavar-me. Sentia-me ótimo. Desci para o café com uma fome de Yeti. Comi tudo a que tinha direito e mais um pouco. Fui até a latrina, nos fundos, e fiz um cocô durinho, durinho. Nunca me senti tão feliz diante de um cocô!

Caíra muita neve durante a noite, o que fez acumular uma fina camada de gelo sobre o teto dos prédios. Com o sol, ela começava a derreter e escorria dos telhados, dando-nos a impressão de estar chovendo apenas sobre as casas, criando um efeito muito bonito.

Fazia 2 graus quando saímos, às 7h30min da manhã. Por estarmos no fundo do vale, não estava tão frio quanto na manhã anterior, em Tengpoche. Os outros *trekkers* que vinham conosco resolveram ficar mais um dia em Pheriche, para uma melhor aclimatação. Estávamos perdendo nossos amigos pelo caminho. Uns tinham ficado em Nanche Bazar, outros em Tengpoche e agora estes em Pheriche, inclusive Viviane e Marcelo.

Cada um seguia no seu ritmo. Na verdade nós estávamos andando muito rápido, não obedecendo à norma de subir apenas 300 metros por dia e descansar um dia a cada dois percorrido. Mas este era o ritmo de Horst. Eu sentia um pouco, mas estava conseguindo acompanhá-lo. E de certa forma isso me agradava. Gostava de saber que estava forçando os meus limites, pois só assim os estaria ampliando.

Além do mais, os novos amigos que fizéramos na trilha estavam indo para o norte, direto para Lobuche, a caminho do Kala Patar, enquanto nós faríamos um desvio para a direita, seguindo para o leste, entrando em outro vale e visitando mais duas aldeias antes de também chegarmos em Lobuche. Por certo, nos reuniríamos novamente em Gorak Shep, último abrigo neste caminho. De lá, faríamos apenas duas excursões, uma ao Acampamento-base do Everest e outra ao cume do Kala Patar, voltando para dormir em Gorak Shep.

O que eu não imaginava era que esta correria Himalaia acima, desafiando a grande montanha, teria um custo, por sinal, bem alto. E seria pago pelo Horst, nos próximos dias.

Cruzamos o rio e iniciamos uma abrupta subida rumo ao topo da serra. Descemos alguns metros e ingressamos no vale do rio Imja, em cuja entrada se encontrava a aldeia Dingboche, nosso destino.

Dingboche era uma pitoresca aldeia ao pé do Ama Dablam e agora se constituía no povoado mais alto do Khumbu com habitação permanente. Ficava no fundo do vale, em um amplo terraço coberto por minúsculas casas de pedra com pequenas hortas, onde no verão os sherpas plantavam batatas e cevada para fazer *tsampa*.

O vale ao redor da aldeia era considerado a terra do verdadeiro *tsampa* do Khumbu, por ter um solo apropriado para a plantação da cevada negra, mais nutritiva do que a branca, cultivada nas regiões mais baixas do Himalaia. Sherpas e tibetanos reverenciavam a cevada negra mais do que qualquer outro grão que pudessem plantar. Apenas a cevada era considerada pura o suficiente para ser oferecida aos deuses. E Dingboche era a aldeia mais perto do monte Cho Polu, a montanha habitada pelo deus sherpa da cevada.

O processo para fabricar o *tsampa*, farinha de cevada, era complexo. Primeiro, secavam ao sol a cevada preta. Depois a misturavam com cevada branca, umedecendo os grãos e secando-os três vezes seguidas antes de serem armazenados por alguns dias. A seguir a cevada era tostada em imensas frigideiras, fazendo os grãos explodirem como pipocas, sendo então moídos, transformados em farinha.

Ela podia ser comida pura, acompanhada com *chang*, ou dissolvida em uma pasta para ser mastigada. Ou então misturada com *solja*, um chá com manteiga salgada, para fazer um gorduroso *porridge*, embora eu tenha preferido o *porridge* feito a partir do chá de manteiga doce, em vez da salgada, o que me fez ser acusado por Horst de estar deturpando a tradicional *cousine* sherpa.

A vista a partir de Dingboche era maravilhosa, justificava todo o desconforto físico que estávamos sentindo por caminhar acima dos 4.400 metros de altitude.

Na outra extremidade do vale reinava, absoluto, o Imja Tse (6.189 metros), uma montanha isolada, como se fosse uma ilha flutuante em meio à cordilheira. No seu lado oeste escorria a geleira Lhotse. No lado leste a geleira Lhotse Shar e no lado sul a geleira Imja. Uma bela imagem, sem dúvida.

Mas o mais fantástico mesmo era a presença do Ama Dablam, cujo cume estava, agora, a apenas 4 km de distância. E sua base, logo ali, na outra barranca do vale. Estava tão próximo, que sua grande massa de gelo branco parecia que nos esmagaria, a qualquer momento. Além do mais, perto do seu topo, uma enorme saliência de gelo desafiava a gravidade, anunciando para breve uma grande avalanche — como já acontecera em anos anteriores —, cuja trilha de destruição correria muitos quilômetros rio Dudh Kosi abaixo.

— Quero estar muito longe daqui quando isso acontecer — disse Horst, arregalando os olhos.

Nos acomodamos no Peak 38 View Lodge, uma das estalagens mais modestas que encontramos nesta viagem. A casa era toda de pedra. O quarto era de chão forrado com uma esteira feita de tiras de bambu entrelaçadas, cobrindo também as camas, um estrado de leivas com um colchonete de tiras de pano em cima. As paredes eram revestidas com uma cortina de tecido floreado, tão esticado que mais parecia papel de parede. O teto era de pedras cobertas por um náilon azul bem esticado, como se fosse um forro de gesso. O material era simples, mas o acabamento, perfeito.

À noite encontrei no pequeno refeitório quatro espanhóis, viajando em barracas, uma modalidade bem mais cara e — incrível! — muito menos confortável de se deslocar nesta região, onde existem diversos locais para comer e dormir. Além disso, fazer *trekking* se hospedando em camping requer toda uma equipe de carregadores, cozinheiros, auxiliares, tornando tudo mais demorado.

Tanto assim que esta noite, como queriam um pouco mais de conforto, resolveram deixar as barracas no pátio e dormir na pousada. A neve caída durante a noite mostrou-lhes o acerto.

Ramon Orcau era diretor do jornal *La Vanguardia*, de Barcelona. Estava acompanhado da esposa e mais duas amigas. Vinham do Acampamento-base, onde Orcau realizou seu sonho particular: dançar um chá-chá-chá sobre as pedras de gelo do Everest. Ainda conseguiram falar, por rádio, com um alpinista de Barcelona, em um dos acampamentos superiores, bem perto do cume. Conversaram em catalão, o que os deixou bem emocionados.

Às sete horas se retiraram para dormir, e só os encontrei novamente em Katmandu, alguns dias depois, quando estavam voltando para a Espanha.

Resolvemos ficar mais um pouco. Horst lia seu livro enquanto eu tomava chá — ugle! — de limão quente. Precisava reidratar-me o máximo possível, embora me sentisse em perfeitas condições.

Como meu abrigo tinha bordada na manga direita uma bandeira do Brasil, um carregador sherpa me identificou. Pemba Sherpa confessou-me amar o futebol brasileiro, tendo ficado muito triste com a nossa derrota na Copa da França. Mas estava particularmente irritado com Zagallo por ter cortado Romário da Seleção.

— Romário, homem gol! Romário, homem gol! — dizia, com um brilho nos olhos, enquanto sua mão fazia um movimento em ziguezague, como se estivesse driblando uma defesa e avançando em direção ao gol. E queria que eu explicasse por que Zagallo tinha tirado Romário da Seleção.

— Ele estava machucado — respondi.

— Só por isso?

— Creio que sim.

— Um brasileiro que passou aqui outro dia me disse que Romário era mau-caráter. Isto não é verdade, não é?

— Não.

— Então por que aquele brasileiro disse isso, me deixando tão triste?

— Vai ver ele era fluminense — falei. E precisei explicar a brincadeira. Mas ele não entendeu. Disse não compreender como um brasileiro podia falar mal de outro brasileiro.

Respondi que também não entendia, mas o Brasil era um país muito grande, e tínhamos todo tipo de gente.

— Romário é o melhor jogador do mundo — ele insistia.

— Dizem que o Ronaldo é o melhor.

— Ronaldo? Não. Ronaldo, ó — e fez um gesto negativo, com o polegar para baixo. Deu-me um tapinha nas costas, com a maior intimidade, quando eu disse concordar com ele. DB, tomando chá ao nosso lado, ficou um pouco constrangido com a desenvoltura do rapaz. Falei-lhe que não tinha problema, o futebol era assim mesmo, aproximava as pessoas.

Conversamos um pouco mais. Embora morasse em um dos lugares mais remotos deste planeta, ele estava muito bem informado sobre a Seleção Brasileira. Perguntei-lhe de que outro país gostava, para ver se falava na Alemanha. Queria tirar o Horst da leitura e trazê-lo para a conversa, embora soubesse que ele preferia o futebol brasileiro ao alemão, que considerava muito truncado.

— Só gosto do Brasil — ele disse. Como meu plano falhou, provoquei:

— E da Argentina?

— Detesto a Argentina.

Aí não me contive. Fui ao quarto, peguei uma camiseta da Seleção brasileira — a de número 11, com o qual Romário disputara a Copa dos Estados Unidos — e dei-lhe de presente. Embora estivesse muito frio, ele tirou o grosso blusão de lã e a vestiu. Ficou tão emocionado que beijou o escudo da CBF e começou a chorar, enquanto tiramos algumas fotos.

Ele já tinha tomado diversos copos de *chang*, mas sua emoção me comoveu. Cheguei a pensar nos jogadores brasileiros, que ganham verdadeiras fortunas para jogar futebol. Será que eles tinham consciência do que poderiam fazer pela felicidade das pessoas? Não só dos brasileiros, mas de todas as pessoas humildes deste planeta que tanto amam nosso futebol.

Então lembrei-me de uma entrevista que o lateral Roberto Carlos dera, pouco antes da Copa da França. Ele disse para os repórteres, todo prosa, que carregava um apartamento no pulso, pois este era o valor do seu Rolex.

Para agradar meu amigo sherpa, disse-lhe que sabia que ele havia nascido em um sábado. Como seu inglês deixava muito a desejar, às vezes DB servia como tradutor. Assim que DB explicou-lhe o que eu havia dito, pois ele não estava entendendo a brincadeira, ficou muito curioso.

— Mas como você sabe? — indagou-me, com cara de espanto.

— É que assim como você conhece tão bem o futebol do meu país, eu também conheço a cultura de vocês — expliquei. E continuei, enquanto tomava mais um pouco de chá de limão: — Sei por exemplo que vocês costumam batizar seus filhos com o nome do dia da semana em que ele nasceu. Então, quem nasce no sábado, chama-se Pemba. Se você tivesse nascido em um domingo, se chamaria Nima. E se tivesse nascido em uma quinta-feira, seu nome seria Phurba.

— O que mais você sabe? — perguntou-me ele, agora rindo muito.

— Com relação aos nomes de vocês?

— Sim, com relação aos nossos nomes.

— Sei que outro nome comum é Ang, que significa jovem. E que todos vocês utilizam a palavra sherpa, que define suas etnias, como se fosse um sobrenome. Assim, vocês se chamam Pemba Sherpa, Ang Sherpa, Dawa Sherpa e por aí.

Eles riam muito. DB estava um pouco constrangido; os rapazes realmente haviam exagerado no *chang*. Então pedi para provar um pouco da sua bebida, fiz que tomei um gole e ficamos todos à vontade para darmos mais algumas risadas, jogando conversa fora.

— Diga-me uma coisa, Pemba: você já viu o Yeti? — perguntei, à queima-roupa.

— Eu ainda não, mas sei que existe — respondeu-me, entornando mais um copo de *chang*.

— E como você sabe que ele existe? — insisti.

— Porque um amigo meu já o avistou, alguns anos atrás, quando caminhava de noite pelo vale Khumbu.

— E como ele era?

— O meu amigo?

— É claro que não! Quero saber como era o Yeti.

— Ah, sim! Era metade homem, metade animal. E muito alto. Tinha mais de 1,70 metro de altura. Seu corpo era recoberto por pêlos avermelhados e a cara era limpa.

Levantei à noite para fazer xixi, pensando no Yeti. Ao sair na porta da casa, meio sonolento, dei de cara com um gigante branco à minha frente. Tão alto que eu não distinguia seu topo. Tão branco que me ofuscava. E tão perto que senti medo. Levei algum tempo para me recompor, para racionalizar: este gigante era, na verdade, o Ama Dablam.

Sua massa era tão compacta, sua presença tão contundente que continuei com medo, mesmo sabendo tratar-se apenas de uma montanha. Uma angústia me apertou o peito, notei uma vertigem percorrendo minhas pernas. Senti-me exposto e indefeso, como se estivesse nu no meio da rua, pronto para ser engolido. A desproporção entre mim e a montanha era descomunal.

Mais ao fundo, banhada pela tênue luz da lua, a cordilheira parecia um imenso lençol de uma brancura distante, pálida, formando estranhas figuras, como navios fantasmas em meio à neblina, disformes, irregulares e espectrais. Senti medo!

Tratei de fazer xixi o mais rápido possível e voltar para dentro de casa.

1947

Everest
6.700 metros

Neste ano, Earl Denman, um engenheiro canadense, sem dinheiro e sem experiência em alpinismo, chegou a Darjeeling anunciando que pretendia escalar o Everest, apesar de não possuir licença do governo tibetano para entrar no país. Por sorte, encontrou um sherpa que também se sentia atraído pela grande montanha.

Tenzing Norgay emigrara do Nepal para a Índia em 1933, com dezessete anos, em busca de emprego em uma expedição britânica liderada por Hugh Ruttledge. Preterido naquele ano, em 1935 conseguiu vaga como carregador em uma nova expedição comandada por Eric Shipton, iniciando uma brilhante carreira.

Quando Earl Denman e Tenzing Norgay se encontraram, descobriram haver sido feitos um para o outro. A minúscula expedição entrou clandestinamente no Tibete, chegou ao Everest e subiu até os 6.700 metros, quando uma violenta tempestade os obrigou a retornar a Darjeeling.

A mesma atração que Tenzing Norgay sentira pelo canadense, voltaria a sentir, em 1953, por um novato alpinista neozelandês, chamado Edmund Hillary, com quem repetiu a aventura, porém com um final bem mais feliz.

Um ano depois, após séculos de impenetrabilidade, o reino do Nepal abriu suas fronteiras para os estrangeiros que quisessem entrar no país, mas desde que fosse para realizar pesquisas científicas.

Em 1950, com a invasão do Tibete pelo regime comunista da China, as fronteiras do país dos lamas foram mais uma vez fechadas aos estrangeiros. Aqueles que quisessem escalar o Everest, portanto, deveriam buscar um caminho pelo lado sul do pico, pelo Nepal.

Bill Tilman estava longe de ser o cientista que os nepaleses queriam, mas assumiu o papel e forçou sua passagem, tornando-se o primeiro europeu a pisar na estrada dos sherpas que levava ao Everest.

Ele foi autorizado a visitar Langtang, região que, para seu deleite, estava marcada em sua carta como não mapeada. Mais tarde ele teve a sorte de ser convidado para conhecer Nanche Bazar, caminhando desde Dharan através do rio Arun, tornando-se o primeiro ocidental a visitar a capital do território sherpa.

Em uma desatenção dos nepaleses, ele seguiu adiante, passando por Tengpoche, Pheriche e chegando até Gorak Shep, tornando-se o primeiro estrangeiro a escalar o agora famoso monte Kala Patar.

Dia 14

Dingboche, 4.412 metros, ao cume do pico Chukung, 5.857 metros 7 horas

Nevou a noite toda, e acordamos com as casas, os muros de pedra e as encostas nuas das montanhas cobertas de gelo. Uma camada fina de neve cobria os iaques e as barracas no camping, ao lado da pousada.

DB trouxe ao quarto uma bacia com água gelada para escovar os dentes e lavar o rosto. Quando estava muito frio e não dava para lavar-se na rua, nos lavávamos no quarto mesmo, colocando a bacia em cima da cama.

No café comi muito bem. Além do *capuccino*, do salame italiano e do queijo francês, comi um *chappati* com dois ovos fritos e um pouco de *porridge*, enquanto Horst tomava um litro de chá e comia, além do seu salame e queijo, dois *chappatis*, dois ovos fritos e uma sobremesa.

Saímos por dentro do vale Imja, em direção à sua extremidade leste, vendo ao fundo o Imja Tse ficar cada vez maior. Caminhávamos pela sombra do Ama Dablam, à nossa direita. À nossa esquerda, o monte Pokalde, 5.806 metros de altitude.

O sol começava a aquecer a neve, que derretia e engrossava o rio Imja, correndo à nossa direita. Aqui e ali um pouco de barro, devido às poças de água da neve derretida. Caminhávamos com cuidado. Passamos por Bibre, 4.571 metros, onde paramos para um chá quente com chocolate. Havia muita neve fofa acumulada no pátio, ao lado do *bhatti*.

Horst, acostumado com o rigoroso inverno alemão, não achou muita graça. Mas eu adorei esfregar um punhado de neve no rosto e tirar algumas fotos com a barba branca de gelo.

No meio da manhã chegamos em Chukung, 4.730 metros, um minúsculo refúgio formado por apenas três pousadas, no final da trilha do vale Imja. As casas neste lugar funcionavam apenas na primavera e no outono para prestar serviços aos alpinistas. Havíamos chegado ao fim da trilha. A partir daqui só quem fosse escalar o Imja Tse, o Chukung ou o Ama Dablam.

Não pretendíamos escalar nenhum dos três. Quando saímos de Dingboche nosso plano para este dia era apenas uma caminhada. Como o tempo estava muito fechado, achamos que sequer chegaríamos a Chukung. Nem levamos nossas mochilas, apenas um abrigo contra a chuva.

Fomos caminhando, na maior calma, e agora estávamos em Chukung. O tempo havia melhorado, nos sentíamos bem, e Horst começou a me olhar com aquela cara de quem estava a fim de fazer alguma arte. Conheço muito bem meu amigo Horst.

— Ortiz — disse-me ele, com a maior naturalidade, como se estivesse me convidando para um passeio no calçadão de Copacabana —, vamos caminhar um pouco pela encosta do pico Chukung.

Vendo-me não estar muito convencido, pois minha montanha era outra, o Kala Patar, ele — numa demonstração de que também me conhecia muito bem — usou de uma artimanha infalível:

— Do cume do Chukung se tem uma vista maravilhosa da parede sul do Nuptse, uma das cenas mais bonitas da região.

Era loucura. Uma coisa era fazer *trekking* sem sair das trilhas previamente demarcadas, outra era escalar uma montanha coberta de neve sem o equipamento adequado. E, especialmente, sem ter saído de casa para fazê-lo. Um ato impensado. Seria uma grande irresponsabilidade. É claro que eu não iria. Não faço nada que não esteja rigorosamente sob o meu controle. Além do mais, o cume do Chukung estava a 5.857 metros, quer dizer, bem acima do cume do Kala Patar, meu objetivo neste *trekking*. O que este alemão estava pensando!?

Quatro horas depois estávamos no cume!

Voltamos para Dingboche, onde havíamos deixado nossa bagagem. Tomei um "banho" com lenços umedecidos — normalmente utilizados para limpar bumbum de bebê — e aproveitei para trocar uma fivela da mochila, quebrada no dia anterior. Coloquei um CD do Milton Nascimento no discman e me enfiei no saco de dormir até a hora do jantar.

A música me fez lembrar do Brasil. Fiquei chocado, mas as lembranças eram etéreas, tênues imagens dos familiares e amigos mais queridos. Minha cidade, minha casa, meu passado, enfim, pareciam uma coisa muito distante, tal a intensidade com que estava vivendo estes últimos dias. Cada minuto, nestas montanhas, durava uma eternidade. Eram dias felizes, talvez os mais felizes da minha vida.

Enquanto esperávamos pela comida, Horst lia seu livro no refeitório e eu bisbilhotava pela casa. Em um dos quartos, sobre uma mesa, encontrei um livro escolar. Tratava-se de uma cartilha para ensinar inglês às crianças do nível primário.

Um dos textos era sobre Birendra Bir Bikram Shah Dev, rei do Nepal.

"Ele é bem-educado. Ele é um bom e hábil governante. Ele é um hábil artista também. Todos nós amamos muito nosso rei. Ele também nos ama muito. Existe um sistema multipartidário no Nepal. O rei quer desenvolver o Nepal. Nós respeitamos nosso país, nossa coroa e o rei."

Outro falava de Aiswarya Rajya Lakshmi Devi Shah, a rainha.

"Nós todos a amamos muito. Ela também nos ama muito. Ela conhece nossas aflições e tristezas. Ela também quer a elevação espiritual das deploráveis condições em que vivem as mulheres no país. Ela é boa e nos ama. Todos nós somos felizes com ela. A rainha é também boa poeta. Seu coração está cheio de amor. Ela compôs diversas letras de músicas. Nós a ouvimos na rádio e na televisão do Nepal. Ela também gosta de esportes e artes. O Nepal se orgulha da sua rainha."

Havia também um texto sobre Deependra Bir Bikram Shah Dev, o príncipe herdeiro, em uma demonstração de que já estavam preparando a cabeça das crianças para admirarem o próximo governante do país. O texto dizia que ele era simpático, bem-educado, inteligente, ativo, elegante, trabalhador, bom filho, talentoso, virtuoso, esportista e que, ainda por cima, amava as crianças.

Sinceramente, espero que as crianças do Nepal continuem amando as montanhas acima de tudo.

1951

Everest
6.150 metros

Com a invasão do Tibete pelos chineses a rota norte do Everest estava fechada. Uma nova expedição, liderada mais uma vez por Eric Shipton, foi despachada para estabelecer uma trilha alternativa, pelo sul, através do Nepal, seguindo os passos de Bill Tilman e estabelecendo uma "estrada" até o Everest, cujo "traçado" serviria para as próximas expedições, inclusive a nossa.

Embora Eric Shipton tivesse descartado diversos pretendentes britânicos, convidou o neozelandês Dan Bryant, um velho conhecido que havia se destacado na expedição de 1935. E, por pressão deste, num momento de fraqueza — como admitiu mais tarde —, aceitou um pedido do Clube Alpino da Nova Zelândia para incluir dois desconhecidos montanhistas em sua equipe: George Lowe e Edmund Hillary.

Mas o pedido da Fundação Suíça para a Exploração Alpina para que fosse incluído no grupo o famoso alpinista René Dittert foi negado. Motivo alegado pelo Clube Alpino, em Londres: escalar o Everest deveria ser uma exclusividade dos britânicos.

Seria a primeira vez que uma expedição tentaria o Everest após as monções, isto é, após e não antes da estação das tormentas. As fortes chuvas que antecederam a chegada dos montanhistas tornaram o vale do rio Dudh Kosi ainda mais verde, deixando Edmund Hillary perplexo diante da beleza do local. Enquanto caminhava encantado com a paisagem, vendo os picos nevados sobressaindo sobre o manto verde da floresta, pensava na importância de existirem lugares como aquele. Naquele momento, sequer imaginava que seria um dos responsáveis pelo futuro desmatamento do vale Khumbu, sentimento que o atormentaria pelo resto dos seus dias.

Eles partiram de Katmandu, cruzaram por Jiri e, depois de muito sofrerem pela interminável trilha lamacenta, atingiram Nanche Bazar no final de setembro, onde descansaram durante três dias. A marcha continuou, passando por Tengpoche, Pheriche, Lobuche, geleira Khumbu, até chegar às margens do pequeno lago Gorak Shep, onde foi armado o Acampamento-base.

Escalaram através da Cascata de Gelo. Atingiram o local que George Mallory batizara de Cwm Ocidental e tiveram que retornar, barrados por duas gretas gigantes. Apesar dos perigos apresentados pela Cascata de Gelo, estava muito claro para eles que a rota sul era a mais fácil para quem queria chegar ao cume do Everest.

Mas o que mais chamou a atenção da opinião pública internacional para esta expedição foram as fotos que Eric Shipton fez das pegadas do Yeti, exatamente iguais às vistas por George Mallory na expedição de 1921, dando início a uma corrida de cientistas do mundo todo atrás do Abominável Homem das Neves.

Em Londres, o *Times* publicou um caderno especial com dezesseis páginas mostrando fotos, desenhos, mapas e publicando o diário de Eric Shipton.

Dia 15

Dingboche, 4.412 metros, a Lobuche, 4.930 metros
8 horas

Subimos um pouco para sair do vale Imja, passamos a oeste do mosteiro Nangkarstshang, de onde se tinha uma linda vista do Makalu — a quinta mais alta montanha do mundo, com 8.463 metros de altitude —, e atingimos um amplo planalto, onde estava localizada a aldeia Dusa, 4.505 metros, na verdade apenas três casas de pedra. Ventava muito, o que me obrigou a colocar um *anorak* de náilon para cortar o vento e me proteger melhor do frio. As bandeirinhas de orações, presas ao mastro em frente a uma das casas, tremulavam ao vento, levando aos deuses as preces dos moradores do lugar.

— Tão longe de tudo — disse-me Horst, apontando para a desolação das casas, que pareciam abandonadas.

— Mas tão perto de Buda — respondi-lhe, indicando as bandeirolas de orações.

Caminhamos um pouco mais pelo topo marrom do planalto e descemos a um outro vale, onde encontramos a trilha vinda de Pheriche. Estávamos de novo no vale Khumbu, de volta à Estrada do Everest, da qual nos desviáramos para visitar Dingboche e Chukung, no vale Imja.

Cruzamos o gélido rio Lobuche, cujas águas desciam direto da geleira Khumbu e, portanto, da Cascata de Gelo do Everest, e paramos para almoçar em Dugla, 4.620 metros, outro refúgio com apenas três *bhattis* que só abriam na temporada de alpinismo para atender os montanhistas.

Nosso próximo pernoite seria em Lobuche, onde existiam apenas quatro abrigos de pedra com alguns beliches junto ao refeitório. DB e um outro guia, seu amigo, seguiram na frente, com nossos sacos de dormir, para reservar lugar nos beliches. O outro rapaz era guia/carregador de uma holandesa que viajava sozinha.

Alguns carregadores sherpas que falavam um pouco de inglês trabalhavam também como guias, juntando as duas tarefas, uma forma de ganhar um pouco mais. Enquanto um simples carregador, que não falava inglês, ganhava em torno de 3 dólares por dia, um guia ganhava em torno de 8 dólares. Um guia/carregador ganhava 5 dólares.

O rapaz nos apresentou à sua cliente, que seguiria conosco, assim que terminássemos de comer.

Elske van de Burgt era administradora especializada em Estratégia Empresarial. Com 24 anos, concluíra seu estágio em uma grande companhia holandesa e estava viajando há três meses, antes de reassumir um cargo efetivo na mesma empresa. Já visitara a Tailândia, Cingapura e Índia, antes de chegar ao Nepal, para escalar no Himalaia.

— Onde você iniciou o *trekking*, Elske? — eu perguntei.

— Iniciei em Lukla, onde cheguei de avião.

— E que tal a viagem? — indaguei, curioso, procurando saber um pouco mais deste vôo, já que o tomaria na volta de Lukla até Katmandu em algumas semanas.

— O pequeno avião anda a maior parte do tempo embaixo das nuvens, ladeado pelas encostas das montanhas, pois segue por dentro de um grande vale. O Nepal é o único lugar do mundo em que, quando se está dentro de um avião e se quer ver a terra, deve-se olhar para cima.

— Você não fala alemão? — perguntou Horst.

— Falo, mas prefiro me comunicar em inglês, que domino melhor do que o alemão, apesar de ser holandesa — respondeu, para desapontamento do Horst.

A saída de Dugla era um dos trechos mais difíceis da trilha, onde muitos *trekkers* desistiam e voltavam para casa. Precisávamos subir 300 metros em uma distância de 1 km, por um piso extremamente pedregoso e irregular. E já andávamos a quase 5.000 metros de altitude, respirando a metade do oxigênio a que estávamos acostumados, depois de quatorze dias caminhando quase sem parar.

Quando chegamos no topo da subida encontramos um amplo terraço, a 4.840 metros, com uma grande quantidade de marcos feitos com pedras sobrepostas, memoriais em homenagem aos aventureiros sherpas e ocidentais que cruzaram este caminho apenas na ida, morrendo no Everest.

Procurei por um memorial em especial, o de Scott Fischer, por sinal o maior deles, em frente do qual fiz minha prece e tirei uma foto. Por algum tempo fiquei pensando no que teria levado um dos maiores alpinistas do mundo a morrer no cume do Everest. Mas pensei também que, se ele pudesse escolher um lugar para morrer, teria sido exatamente este.

Cruzamos o terraço e finalmente entramos na geleira Khumbu, seguindo pela morena do seu lado esquerdo. Embora estivéssemos no outono, começamos a encontrar córregos de águas congeladas. Daqui para a frente, nosso mundo seria uma vasta expansão nua e monocromática de rocha e gelo varridos pelo vento.

Chegamos a Lobuche, um rústico abrigo encravado sobre um platô rodeado por campos de altitude, conhecido como o sovaco do Nepal, no meio da tarde. Aqui terminava a trilha que vínhamos seguindo desde Jiri. A partir deste ponto, quem quisesse continuar até o Kala Patar, Pumori, Everest ou Lhotse deveria seguir a morena da geleira Khumbu, uma muralha de pedra que mudava de lugar a cada estação chuvosa.

Além das quatro cabanas de pedra, havia também dois campings onde algumas barracas estavam armadas. O nosso abrigo tinha uma área na frente, uma cozinha e um refeitório, onde também dormiríamos. Os beliches, na verdade, eram apenas duas prateleiras, na largura de uma pessoa, junto a uma parede, nos fundos da peça. Ao centro havia um aquecedor de ferro utilizado para esquentar o ambiente.

Reencontramos Louise, que havia chegado antes, e ficamos sentados, em frente ao refúgio, tomando chá de limão quente, conversando e olhando as grandes montanhas ao nosso redor com seus picos cobertos de gelo refletindo a luz do sol do outono. Logo chegaram os franceses, Boujard e Pascal, que também haviam feito um desvio na trilha principal para visitar os lagos Gokyo, em um outro vale, ali perto.

À nossa esquerda, majestoso, o Pumori (7.145 metros), já na divisa com o Tibete, o qual considero tão bonito quanto o Ama Dablam. Logo à nossa frente corria o rio Lobuche, onde um sherpa lavava roupa nas geladas águas que desciam do degelo das partes mais altas do mundo, via geleira Khumbu.

A luz foi diminuindo como o som de um rádio que se afasta lentamente. Os vales — os últimos a receber a luz e os primeiros a perdê-la — voltaram ao regaço da escuridão, embora as montanhas nevadas permanecessem ainda por muito tempo banhadas de cores. À medida que o sol declinava, as nuvens retinham a luz e envolviam os altos picos em um espesso manto branco, desenhando no céu figuras mirabolantes. Logo não se via mais nada, ficava apenas a estranha sensação de estarmos rodeados pelas mais altas paredes de rocha e gelo do planeta.

A novidade era Horst não estar se sentindo bem. Tinha dor de cabeça e diarréia. Fiquei preocupado, pois para ele chegar a admitir que não estava bem, a situação deveria ser mesmo séria. Mas ele disse que não, fora apenas a comida que lhe caíra mal.

De qualquer forma, era bom ficar atento, pois vínhamos num ritmo muito puxado. Todos aqui tinham saído de Jiri antes de nós. Além do mais, ficaram descansando pelo caminho enquanto escalávamos o Chukung.

A experiência que tanto Horst quanto eu tínhamos em grandes altitudes era boa, mas nunca se sabe. Fiquei de olho nele, para ver se era mesmo diarréia. Queria ver se ia seguido ao banheiro ou se estava me conversando. Se o Mal da Montanha o pegasse, seria pura responsabilidade sua, que quisera subir tão depressa.

Jantei arroz frito com ovos mexidos e legumes, tudo em um mesmo prato, e tomei diversos copos de chá de limão, cujo sabor estava me agradando, embora não gostasse de bebê-lo tão quente. No teto, um lampião a querosene produzia mais sombras tremulantes do que claridade. Logo a pressão diminuiu e a luz começou a enfraquecer. Diversos sherpas tentaram controlá-lo, mas estava sendo difícil. Até que apagou de vez, deixando-nos na maior escuridão.

Liguei minha minilanterna de Maglite — com uma lâmpada halógena —, que, quando tinha a cabeça desenroscada, deixava a luz livre, e a coloquei de pé sobre a mesa, funcionando como uma vela. Ela iluminou melhor do que o grande lampião. O pessoal gostou, mas tratei de desligá-la tão logo o lampião voltou ao normal. Era a única luz que tinha, pois havia emprestado minha lanterna frontal ao DB, que a vinha usando constantemente. Aliás, quando me despedi dele, em Lukla, além de uma boa gorjeta, dei-lhe a lanterna de presente.

Tive uma noite difícil. Graças ao frio intenso, os sherpas mantiveram o aquecedor aceso, queimando esterco de iaque embebido em óleo diesel. Devido à pouca quantidade de oxigênio no ar, o combustível não queimava por completo. O cheiro forte e a fumaça preta subiram direto onde eu estava, na parte superior do beliche, e não havia como sair. Para piorar a situação, dormia no canto, ao lado do Horst e de um rapaz da Bélgica, que roncava o tempo todo.

Como tinha um pequeno lenço usado como máscara quando pegávamos muita poeira na trilha, o embebi na água que ainda restava no cantil e coloquei sobre o nariz. Filtrou a fumaça, mas também me diminuiu a quantidade de oxigênio, que já era pouca, apenas 53%.

Altas horas da madrugada, a neve caindo lá fora e o termômetro baixando a 5 graus negativos, eu empoleirado no beliche com os carregadores dormindo esparramados por todo o chão da cabana, eis que, devido a grande quantidade de chá, senti vontade de fazer xixi.

Lembrei-me de um causo que meu pai contava nos dias de inverno, ao redor do fogão a lenha, quando éramos crianças.

O compadre macaco e a comadre ovelha (naquele tempo os animais falavam) estavam caminhando pela floresta quando avistaram uma fogueira. Aproximaram-se e, quando viram, era um acampamento de tigres. Por sorte, pouco antes eles haviam encontrado dois tigres brigando. Um matou o outro e foi embora. O macaco pegou a cabeça do tigre morto e a colocou num saco. Agora, no acampamento, quando os tigres ofereceram comida ao macaco — já imaginando que o macaco e a ovelha seriam a sobremesa —, ele disse já ter sua própria caça, e pediu para a ovelha buscar o saco, com a cabeça do tigre morto, que eles haviam deixado escondido ali perto.

Quando a ovelha trouxe o saco, o macaco despejou aquela enorme cabeça entre os tigres. Eles se entreolharam, apavorados, mas o macaco não deixou por menos. Chamou a ovelha e mandou-a levar a cabeça de volta, dizendo para ela trazer a outra cabeça, daquele outro tigre maior que haviam caçado à tarde.

A ovelha foi e voltou com o mesmo saco, é claro. O macaco olhou e disse que não era aquele, era o outro, ainda maior. Mais três viagens da ovelha e o macaco se deu por satisfeito, iriam comer aquela cabeça mesma, embora ainda tivessem outra maior. Os tigres estavam apavorados, mas esperavam anoitecer, quando se consideravam melhores caçadores do que o macaco.

Na hora de dormir, o macaco, prevendo o perigo, alegou estar muito quente, então ele e a ovelha iriam passar a noite em cima do abrigo. Lá pelas tantas a ovelha sentiu vontade de fazer xixi. Como não conseguia segurar, comunicou ao macaco, que lhe deu um conselho: vira a barriga para cima e mija na lã.

Ao fazê-lo, ela perdeu o equilíbrio e rolou telhado abaixo, caindo exatamente sobre a ninhada dos tigres, que acordaram assustados. Antes mesmo que eles pudessem entender o que estava acontecendo, o macaco começou a gritar, de cima da cabana, para a ovelha degolar primeiro o tigre mais forte. Como todos se achavam o mais forte, debandaram floresta afora e estão correndo até hoje. Por isto é tão difícil a gente encontrar tigres na floresta.

Bem, eu não tinha lã, mas tinha um cantil!

1952

Everest
8.600 metros

A situação não estava nada boa para os britânicos, cujo espírito chauvinista os fazia se considerarem com direitos exclusivos não apenas sobre o Everest, mas sobre toda a área do Himalaia.

Em 1950, a primeira montanha com mais de 8.000 metros, o Annapurna, foi conquistada por um francês, Maurice Herzog, em uma jornada em que atribuiu a uma série de milagres o fato de ter escapado com vida.

Após a expedição de reconhecimento do Khumbu, em 1951, a competição estava estabelecida. Os suíços conseguiram uma permissão para tentar escalar o Everest, em 1952, com o que os britânicos teriam que esperar para o próximo ano. E uma expedição francesa foi marcada para 1954.

Surpreendentemente, os suíços concordaram com uma expedição mista, anglo-suíça, esperando contar com a grande experiência de Eric Shipton no Khumbu, decisão que acabou desgostando ambos os lados. Os suíços escolheram Tenzing Norgay como seu *sirdar*. Ele os tinha em alta estima porque fora com uma expedição de suíços que o sherpa conseguira escalar seu primeiro pico, em 1947, apesar de há dezessete anos trabalhar para expedições estrangeiras. Esta seria a sexta vez que tentaria o Everest.

A expedição partiu de Katmandu na primavera e seguiu pela tal Estrada do Everest, passando por Jiri, Nanche Bazar e Gorak Shep, onde montaram o Acampamento-base, após um extenuante *trekking* de 23 dias. Eles armaram cinco acampamentos entre Gorak Shep e a cabeça do Cwm Ocidental.

Os alpinistas atravessaram o Vale do Silêncio e chegaram ao Colo Sul pelo Esporão de Genebra. Tenzing Norgay e Raymond Lambert atacaram a crista sudeste e escalaram até 8.600 metros, pouco abaixo do Cume Sul, partindo de um acampamento adicional e apoiados por um grande trabalho logístico dos carregadores sherpas. Provavelmente teriam alcançado o cume, se o equipamento de oxigênio não houvesse falhado. Mas um novo recorde em altitude estava estabelecido.

No outono do mesmo ano, os suíços voltaram ao Everest. Eles seguiram até o Colo Sul pelo flanco do Lhotse, abrindo uma nova rota, adotada até hoje pelos alpinistas, a chamada rota normal. Mas chegaram apenas a 8.100 metros.

Esta segunda tentativa realizada após as monções ficou notória por sua má sorte, mau planejamento e pelos ferozes ventos de grande altitude, além da morte do sherpa Mingma Dorje, soterrado por um deslizamento de neve. No mesmo ano, uma equipe russa, ao tentar escalar pelo lado tibetano, teve seus seis alpinistas mortos por uma avalanche.

Dia 16

Lobuche, 4.930 metros, ao Acampamento-base, 5.400 metros 6 horas

Acordamos às cinco da madrugada para enfrentar o dia mais difícil do *trekking*: uma caminhada de 10 km por cima da morena da geleira Khumbu até o Acampamento-base do Everest, subindo 470 metros, o que nos elevaria a 5.400 metros de altitude, ao pé da temida Cascata de Gelo.

Tomamos um rápido chá com *porridge* e botamos o pé no gelo. Cruzamos o filete de água em que se transformara o rio, pulando sobre grandes pedras em seu leito, e seguimos lentamente pelo solo irregular da morena, ora descendo até ao leito da geleira, ora subindo por suas encostas de cascalho grosso.

Fazia muito frio, o que me obrigou pela primeira vez na trilha a colocar uma *parka* térmica por cima do pile, que, por sua vez, já estava sobre as ceroulas sintéticas.

DB e os guias de Louise e Elske puxavam a fila, seguidos por elas, eu e Horst. Mais atrás vinha Barrado. Os franceses viriam no dia seguinte. Leland estava em Pheriche, e Samantha, Sean Dowsey, Samuel Loose e os demais ainda estavam em Tengpoche, dois dias atrás em relação a nós.

Pela primeira vez Horst ficou para trás. Se atrasou tanto, que tive de parar para esperá-lo. Vinha se arrastando, mas alegava estar bem, era só uma pequena diarréia. Paramos para fazer umas fotos e descansar alguns minutos. Retomamos a caminhada, e meia hora depois, ao pararmos para outras fotos, Horst notara que havia perdido a tampa da lente da sua máquina fotográfica.

— Acho que foi quando tiramos as fotos — falou, franzindo a testa, enquanto remexia na mochila.

— Então vamos voltar e procurar — sugeri, torcendo para que ele não aceitasse a minha idéia e deixasse a tampinha para trás. Afinal, era apenas uma tampinha de plástico... E achá-la em meio ao cascalho seria uma tarefa e tanto. Mas ele não pensava assim, era muito apegado às suas coisas.

— Vocês podem seguir que vou voltar e procurar — ele respondeu, olhando para nós. Mas ninguém queria seguir. Tampouco ficar parado, esperando na fria manhã, embora o sol brilhasse em dobro, vindo direto do céu e refletindo-se nas montanhas nevadas.

— Vamos fazer um meio-termo. Vocês seguem, eu fico esperando. Assim que Horst achar a tampa da câmera nós alcançamos vocês — propus, cético, não acreditando nem em uma coisa nem em outra.

Eles seguiram enquanto fiquei esperando o alemão descer. Poucos minutos depois ele me abanou, lá de baixo, mostrando a tampa. Custei a acreditar, mas logo estávamos novamente juntos com os outros companheiros do grupo.

Deixamos a geleira Changri à nossa esquerda e chegamos em Gorak Shep, 5.140 metros, um refúgio com três cabanas de pedras, às nove da manhã. Estávamos no local onde as expedições que escalaram o Everest nos anos 50 e 60 montavam seu Acampamento-base.

Comemos um lanche reforçado, descansamos bastante e uma hora mais tarde continuamos em direção ao Everest, para percorrer os últimos quilômetros da sua longa estrada.

Gorak Shep era o último local onde se podia construir um abrigo de pedra nesta região do Himalaia. Daqui para cima o chão era formado apenas de cascalho e gelo em constante movimento. A nossa cabana se cons tituía de uma cozinha, um pequeno refeitório e um dormitório cujos beliches eram, na verdade, duas largas prateleiras encostadas nas paredes da casa.

Para deixar nossas mochilas na prateleira e reservar um lugar para dormir, quando voltássemos do Acampamento-base, no final do dia, precisamos convencer o administrador do abrigo de que não estávamos sofrendo nenhum problema com a altitude e que nossos sacos de dormir suportariam o frio da noite, às vezes chegando a 10 graus negativos nesta época do ano.

O correto seria dormirmos em Gorak Shep e só no dia seguinte avançarmos em frente. Mas estava me sentindo bem e vinha torcendo para chegarmos ao Acampamento-base no dia em que Kaji Sherpa tentasse seu recorde de velocidade no Everest. E esse dia era hoje. Seria um grande fato jornalístico e queria estar presente. Até porque imaginava ser o único repórter estrangeiro no local nesta ocasião.

Mas me preocupava com Horst, cansado e muito pálido. Consultei-o, e ele topou continuar, também não queria parar. Alegava que, quanto menos noites dormíssemos nesta altitude, menor seria o risco de sofrermos um acidente vascular, no que ele tinha razão. E quando voltássemos do Everest teríamos que dormir aqui para na madrugada seguinte escalar o Kala Patar. Então, uma noite a 5.140 metros já era o suficiente.

O caminho entre Gorak Shep e o Everest foi o mais difícil e perigoso de todo o percurso. Não creio que exista no planeta um lugar tão devastado pelas forças da natureza quanto este que estávamos percorrendo. Por isso os *trekkers* que vinham até Gorak Shep optavam por escalar o Kala Patar em vez de subir até os 5.400 metros do Everest. Era uma jornada extenuante e muito perigosa, além de não possibilitar que se visse o cume da mais alta montanha da Terra.

Mesmo a contragosto, passei protetor solar sobre todas as partes expostas do corpo. Na geleira que iríamos enfrentar em seguida, o reflexo do sol do meio-dia podia ser tão intenso que, ao caminhar soprando e arfando, poderíamos sofrer queimaduras até na língua e no céu da boca. Portanto, boca fechada.

Ao sairmos de Gorak Shep atravessamos o leito de um lago seco e enveredamos por cima da morena lateral da geleira, um muro irregular de imensas pedras, jogadas ali pelas forças da língua de gelo que descia do cume do Everest e se estendia pelo vale, formando o Khumbu.

A morena tinha uma largura de um metro, às vezes menos, e uma altura de 10 metros, às vezes mais. Fomos nos equilibrando sobre esta perigosa e serrilhada trilha por horas. Cruzamos pela Cascata de Gelo do Nuptse, à nossa direita, no outro lado do vale. Passamos pelo local onde a expedição de Edmund Hillary montara seu segundo acampamento, em 1953.

À nossa esquerda, o Pumori, em cuja encosta, pouco abaixo do cume, podíamos ver três alpinistas, isto é, três minúsculos pontinhos pretos subindo pelo gelo. Logo foram encobertos por uma nuvem. Quando reapareceram notamos que só dois prosseguiam, enquanto mais abaixo um deles estava voltando.

Pouco depois já podíamos ver à nossa frente a famosa cascata, com seus enormes blocos de gelo, escorrendo entre os flancos do Lhotse e do Everest. Quando atingimos a parte mais alta da morena avistamos as barracas coloridas do acampamento, lá no fundo, junto à encosta do Pumori.

Chegamos a um ponto em que era preciso descer da morena e continuar por cima da geleira, um local onde o planeta ainda estava em movimento. Seguimos ao lado do Phantom Alley, uma formação de enormes torres de gelo, algumas com mais de 30 metros de altura, separadas umas das outras como se fossem os dentes de um gigantesco tubarão. Esculpidos pelo vento e pelo sol, os pináculos de gelo refletiam um tom radioativo de turquesa. Arrepiava pensar que a possibilidade de uma daquelas torres desabar exatamente sobre nós era apenas uma questão de estatística.

As bombas atômicas do homem são como bombinhas de São João perante as forças da terra em movimento no Himalaia, pensei. Aliás, o que víamos aqui era exatamente isto: a terra em movimento, se acomodando em suas camadas mais profundas. E o resultado disto aflorava na geleira Khumbu, por onde rolavam os restos que as entranhas do planeta cuspiam fora.

Esta era também uma viagem no tempo. E para trás. À medida que nos aproximávamos do Everest não sentíamos os dias passando. Era como se fôssemos nós que estivéssemos passando pelos dias, cruzando-os, um a um, em direção ao passado, rumo ao início da aventura humana na Terra.

Sob nossos pés uma fina camada de pequenas pedras. E sob esta fina camada de pedras pontiagudas uma grossa camada de gelo. E sob este gelo um rio de águas congelantes escorrendo vales abaixo, rasgando as montanhas, abrindo cânions e alimentando os caudalosos rios nepaleses que cortam as florestas do país e acabam desaguando no Ganges, já na Índia, onde vão alimentar o golfo de Bengala.

Volta e meia ouvíamos um grande estrondo, como se um avião houvesse rompido a barreira do som ao lado dos nossos ouvidos. Eram avalanches subterrâneas, quando uma placa de gelo menos resistente sucumbia ao seu próprio peso e afundava nas águas que corriam sob a geleira, deixando à vista um poço por onde as pedras ao redor eram sugadas para o fundo do abismo gelado.

Enquanto andávamos pela geleira precisávamos ir desviando de enormes pedras suspensas no topo de finas torres de gelo. Caminhávamos com muito cuidado, praticamente apoiados nos bastões de *trekking*, pois em alguns lugares a camada de pedras era tão fina, que nossas botas pisavam diretamente sobre o escorregadio gelo nu.

O Acampamento-base estava localizado na encosta do Pumori, no ponto em que a geleira fazia uma curva para a direita e se encontrava com a Cascata de Gelo que descia pelas encostas do Everest e do Lhotse. Embora as saliências e rachaduras no gelo glacial mudassem a cada ano, a posição do acampamento em relação aos picos vizinhos permanecia mais ou menos a mesma nas últimas temporadas.

Consistia de uma grande quantidade de pequenas e coloridas barracas, em formato de iglus, montadas sobre pedras enormes e irregulares, parecendo módulos futuristas instalados em uma paisagem de gelo extraterrestre. O lugar lembrava as ilustrações dos cartazes dos filmes de ficção científica mostrando cidades perdidas em distantes planetas.

O forte sol do começo da tarde estimulou os alpinistas a colocarem seus sacos de dormir sobre as barracas, arejando e secando, dando um efeito ainda mais insólito ao local.

Chegamos tão exaustos, que primeiro desabei sobre uma enorme pedra, para recuperar o fôlego, tomar chá quente e comer uma barra de chocolate. Enquanto descansava, sentado sobre as pedras, armei a objetiva e consegui fotografar dois alpinistas descendo pela Cascata de Gelo. Mesmo com uma objetiva de trezentos milímetros sabíamos que aqueles pontinhos negros eram pessoas apenas porque estavam em movimento.

Recuperado do cansaço, caminhei pelo acampamento bisbilhotando as barracas e conversando com um e outro. Neste dia, 17 de outubro, todos os alpinistas que pretendiam chegar ao cume estavam nos acampamentos superiores do Everest. Aqui embaixo — embaixo? — apenas o pessoal de apoio e aqueles que prematuramente haviam abortado suas escaladas.

Aproximei-me do sopé da Cascata de Gelo, chegando a um ponto onde tinha uma visão muito bonita. Enfiei a mão no bolso da *parka* e tirei um pequeno seixo, arredondado por ter passado toda sua existência rolando pelos leitos dos rios que desciam da cordilheira, muitos deles vindos do próprio Everest. Dei uma última olhada na pedrinha e a arremessei em direção ao gelo. Havia cumprido a promessa feita a Julie, quando nos conhecemos no safári, devolvendo a dita pedra ao seu devido lugar. Pelo menos foi o que ela dissera. Havia também, com este gesto, cumprido parte da minha missão.

Para continuar subindo além do Acampamento-base, via Cascata de Gelo, o alpinista precisava ter uma licença oficial do governo do Nepal, ao custo de 10 mil dólares, além de estar registrado em uma expedição autorizada a escalar a montanha.

Voltei até a barraca onde a equipe do nepalês que pretendia bater o recorde de velocidade em ascensão no Everest estava monitorando seu desempenho. Apresentei-me como jornalista brasileiro e fui muito bem recebido, embora eles, em um primeiro momento, tivessem ficado surpresos com a presença de um repórter sul-americano no local.

E eu fiquei mais surpreso ainda — e muito mais feliz! — quando descobri não ser era apenas o único repórter estrangeiro, mas sim o único jornalista no Everest no dia em que Kaji Sherpa tornou-se o homem mais rápido a conquistar o cume da mais alta montanha do planeta, estabelecendo o tempo de 20h24 do Acampamento-base até o cume, subindo uma média de 171 metros por hora. Só não escalara nas dezessete horas prometidas porque uma tempestade o retivera, perto do cume, por algumas horas. Agradeci a Deus por estar no lugar certo na hora certa. Mas lá no fundo sabia que merecia este presente.

Mas não era só isso. Horst e eu tínhamos também outro motivo para comemorar: há exatos um ano e um mês, no dia 17 de setembro de 1997, nós estávamos no cume do monte Kilimanjaro, a montanha mais alta da África.

Estava ficando tarde, e meus companheiros, impacientes, querendo voltar, especialmente Horst, alegando não estar devidamente vestido para enfrentar o frio que teríamos pela frente no caminho de volta a Gorak Shep, pois o sol já estava se indo.

Enquanto nos arrastávamos de volta pela morena, a caminho do abrigo, dei uma última olhada para o Acampamento-base, lá na ponta da geleira, e comentei com Louise:

— A minha vida é feita de pequenos e grandes sonhos.

— E pelo teu olhar — ela disse, interrompendo minha frase no ar —, noto que acabou de realizar um grande sonho.

— Sim, este foi um grande dia.

— Quem sabe da próxima vez você não vem para escalar o Everest? — ela provocou, olhando fundo nos meus olhos, com seu jeito de professora que lança um desafio para o aluno.

— Sei que faço muitas coisas arriscadas, faz parte da minha natureza estar sempre tentando empurrar os limites para descobrir até onde posso chegar — respondi, enquanto olhava para a Cascata de Gelo, escorado no bastão de *trekking*. Louise me ouvia, atenta. Então, continuei: — Mas o importante nesta história toda é saber reconhecer quando chegamos a um limite extremo, e encará-lo com naturalidade. Certos limites não foram feitos para serem superados. Pelo menos não para alguns de nós, senão a vida não teria graça. E este é o meu — falei, notando que agora todo o pequeno grupo também havia parado, e descansavam apoiados nos bastões. Aproveitei para tomar um gole de água e concluí: — E para mim, a Estrada do Everest acaba aqui. Chegou a hora de voltar para continuar a maior de todas as aventuras: viver.

Horst ficou para trás, com DB. Estava aos frangalhos. Nunca tinha visto meu amigo assim, dava pena. Mas ele insistia que era só diarréia, embora eu não o tivesse visto entrar na patente uma única vez.

Comentei com Elske que Horst havia imposto um ritmo muito forte na trilha e agora, atingido pelo Mal da Montanha, não iria querer admitir. Elske lembrou-me de que ele entendia tudo de remédios e estava se medicando. Era verdade. Além disso, tratava-se de um aventureiro extremamente experiente.

Chegamos de volta ao Kala Patar Lodge, o abrigo onde estávamos hospedados em Gorak Shep, e nos metemos nos sacos de dormir, empilhados lado a lado em uma prateleira junto com outros *trekkers* recém-chegados de Lobuche. Pelo menos desta vez estávamos no andar de baixo. DB nos trouxe uma sopa quente, que tomei com muito esforço. Horst não conseguiu comer nada.

Coloquei meu cantil — agora rebaixado a outra atividade — ao alcance da mão, dei boa-noite para Horst, Louise e Elske, virei para o canto e desmaiei.

1953

Cume do Everest
8.850 metros

Já se haviam passado 101 anos desde que o Instituto Topográfico da Índia descobrira ser o Everest a mais alta montanha da Terra. Quatorze expedições tinham falhado e 24 homens jaziam mortos sob as neves da montanha, na vã tentativa de atingirem seu cume. Estava mais do que provado que a tarefa demandava uma estrutura bem maior do que tudo já feito anteriormente.

A tentativa suíça deu aos britânicos o tempo necessário para organizarem uma expedição mais bem preparada. O treinamento incluiu uma experiência no Cho Oyu — a sétima mais alta montanha do mundo, com 8.201 metros de altitude —, em 1952, liderada por Eric Shipton. Mesmo tendo falhado na tentativa de chegar ao cume do Cho Oyu, a expedição obteve um grande avanço na utilização correta do oxigênio e das roupas.

Embora Eric Shipton já tivesse liderado diversas expedições e contasse com o apoio popular, alguns membros do Clube Alpino achavam não ser ele a pessoa mais indicada para comandar um empreendimento de tal magnitude, a 10ª Expedição Britânica ao Everest, sobre a qual recaíam tantas esperanças e muita pressão política. Afinal, esta poderia ser a grande oportunidade de alguém ser o primeiro a escalar a mais alta montanha do planeta.

Um acordo diplomático entre os envolvidos dividiu o poder, permitindo a Eric Shipton ficar mais concentrado na escalada, deixando o comando com John Hunt, um oficial do exército, que daria ao evento um padrão militar. Estranhamente, a maioria dos membros do Clube Alpino nunca havia se encontrado com John Hunt e ele próprio já tinha sido preterido na expedição de 1935 por problemas de saúde.

Ficou decidido que a expedição utilizaria todos os recursos ao seu alcance para atingir seu objetivo, inclusive o uso de oxigênio, enquanto os alpinistas estivessem dormindo em altitudes mais elevadas. Para o Império Britânico, chegar ao topo do mundo era uma questão de honra. Para cobrir o evento, o *Times* enviou o jornalista James Morris, como membro da expedição, juntamente com o cinegrafista Tom Stobart.

Munidos dos mais modernos equipamentos de alpinismo disponíveis na época, a primeira parte da expedição partiu de Katmandu, naquela primavera, em grande estilo. Composta por 350 carregadores sherpas, causava espanto aos nativos aquela fileira de homens trilhando uma estrada para o Everest. E como a prata era a única forma de pagamento aceita pelos sherpas em 1953, uma grande quantidade de moedas foi cunhada especificamente para este fim.

A caravana passou por Nanche Bazar e, após um pequeno período de descanso em Tengpoche, chegou em Gorak Shep, ao pé do Kala Patar, onde foi montado o Acampamento-base. A seguir estabeleceram um novo acampamento na geleira Khumbu, a meio caminho da Cascata de Gelo. Ao todo, foram criados nove acampamentos de altitude.

Eram treze montanhistas escolhidos a dedo, entre os quais o veterano Tenzing Norgay, um alpinista sherpa altamente qualificado, e o esguio Edmund Hillary — que ganhara a confiança de Eric Shipton no ano anterior.

A equipe ficou duas semanas fazendo pequenas escaladas no vale Khumbu como parte do programa de aclimatação antes de cruzar a Cascata de Gelo. Enquanto forjavam uma rota através destes obstáculos monstruosos, Edmund Hillary e Tenzing Norgay começaram a se identificar, a ponto de passarem a andar sempre juntos, tendo o veterano Tenzing demonstrado ser capaz de acompanhar o jovem, ambicioso e competitivo Hillary.

Então, depois de treze dias de esforços contínuos na encosta do Everest, eles chegaram ao Colo Sul escalando pelo flanco do Lhotse, a rota aberta pelos suíços no ano anterior, onde estabeleceram o acampamento VIII. Foi a partir dali que Charles Evans e Tom Bourdillon fizeram a primeira tentativa de alcançar o cume, embora ainda estivessem longe demais para um retorno seguro, caso obtivessem sucesso. No entanto, as ordens emitidas por John Hunt não deixavam dúvidas: era para continuarem a qualquer custo. Afinal, era para isso que um militar estava no comando.

Mas, com as péssimas condições climáticas e problemas com o oxigênio, foram obrigados a ficar no Cume Sul, menos de 100 metros abaixo do topo. Mesmo assim, e caso ainda tivessem oxigênio, calcularam ser necessário mais três horas de escalada.

O segundo assalto foi melhor planejado. Montou-se o acampamento IX, a 8.500 metros, bem mais acima do anterior, e Edmund Hillary e Tenzing Norgay passaram a noite descansando, bebendo grandes quantidades de chá de limão quente e tentando comer alguma coisa.

No dia 29 de maio de 1953, às 6h30min da manhã, eles saíram de suas barracas, quase cobertas de neve, respirando oxigênio suplementar, e iniciaram a jornada que os colocaria na história. Era a sétima tentativa de Tenzing Norgay e a segunda de Edmund Hillary.

Às nove chegaram ao Cume Sul, ao pé da dramática crista estreita que levava ao cume principal, a partir de onde encontraram melhores condições climáticas. Uma hora mais tarde estavam diante de uma barreira com 13 metros, um escalão de rocha lisa e quase sem pontos de apoio, agora conhecido como Escalão Hillary.

— Era uma barreira cuja superação ia muito além de nossas frágeis forças — reconheceu o neozelandês, mais tarde.

Tenzing ficou embaixo e foi largando a corda, nervoso, enquanto Hillary, enfiando-se em uma estreita greta entre o paredão de rocha lisa e uma rebarba de neve em sua beirada, começou a agonizante subida. A lenta e penosa escalada foi sendo vencida, na base de muito esforço físico e exposição ao perigo.

Edmund Hillary conseguiu finalmente alcançar o alto da rocha e se arrastar para fora da fenda, até uma larga saliência. Por alguns momentos ele ficou ali, parado, deitado, recuperando o fôlego. Enquanto o oxigênio artificial corria por sua veias, ele sentiu, pela primeira vez, que sua gigantesca determinação o levaria ao topo. Com as batidas do coração voltando ao normal — normal para aquelas circunstâncias! —, ele firmou-se na plataforma e fez sinal para Tenzing subir.

Edmund Hillary puxou firme a corda e o sherpa foi subindo, contorcendo-se greta acima, até finalmente chegar à saliência onde o neozelandês estava.

— Exausto, desabando como um peixe gigantesco que acabou de ser içado do mar após uma luta terrível, chegou Tenzing — contou Hillary.

O cume, a apenas uma pequena distância, os observava, impassível, sentindo que em breve seria derrotado por aqueles dois minúsculos seres que ousavam pisar onde ninguém jamais conseguira pôr os pés.

Edmund Hillary e Tenzing Norgay deram a volta por trás de outra saliência de rocha e viram que a crista adiante descia, e eles podiam ver o Tibete. Eram os primeiros humanos a verem o Tibete daquele local. Eles desviaram a atenção do planalto tibetano e correram os olhos para cima, onde havia um cone redondo de neve.

Após algumas estocadas da piqueta, depois de uns poucos passos cautelosos, Tenzing Norgay e Edmund Hillary estavam no cume do monte Everest; haviam acabado de conquistar o Terceiro Pólo. Eram 11h30min do dia 29 de maio de 1953, pelo calendário gregoriano.

Hillary olhou para Tenzing e, apesar da balaclava, dos óculos de proteção e da máscara de oxigênio estarem cobertos de gelo, escondendo-lhe a face, pôde notar um grande sorriso de puro prazer com o qual o sherpa admirava o mundo ao redor. "Estamos no lugar certo e na hora certa", pensou Hillary. Eles sacudiram as mãos para se livrarem do gelo em suas luvas e então Tenzing abraçou o neozelandês longamente. Deram-se pequenos tapas nas costas um do outro até ficarem quase sem respiração.

Estavam no topo do mundo, no ponto mais elevado da Morada dos Deuses, na ponta do mais alto obelisco dos terráqueos. De um lado podiam ver a geleira Rongbuc. Muito longe, milhares de metros abaixo, as cores do alto planalto tibetano, como uma miragem naquele mundo branco coberto de gelo e neve.

Enquanto Tenzing Norgay preparava uma pequena oferenda para a deusa Chomolungma, Edmundo Hillary olhou em direção à Crista Norte e lembrou-se de Mallory e Irvine. Instintivamente tentou descobrir um sinal, um objeto, qualquer evidência da passagem dos dois pioneiros.

Após alguns biscoitos e um pequeno gole de chá, iniciaram uma terrível descida. Seu oxigênio estava no fim, era preciso pressa. Chegaram ao acampamento no Colo Sul ao cair da noite. Quando Hillary avistou George Lowe, vindo ao seu encontro com uma térmica de sopa quente e um novo cilindro de oxigênio, disse, aos berros:

— Bem, George, nós liquidamos com este bastardo! — embora não tenham sido exatamente estas as palavras publicadas na imprensa na época.

James Morris, o correspondente do *Times*, desceu ao Acampamento-base e enviou um sherpa até Nanche Bazar com uma mensagem em código. Enviada por rádio para o embaixador britânico em Katmandu e retransmitida para Londres, a notícia foi publicada na primeira página do jornal na manhã de 2 de junho, dia da coroação da rainha Elizabeth.

O sherpa Tenzing Norgay, nascido em 1914, tornou-se herói supranacional, todos os países do subcontinente indiano querendo tê-lo como seu cidadão. A partir deste feito, os sherpas jamais voltariam a ser os mesmos, tendo o nome de sua etnia passado a significar "guias de alta montanha" em todo o planeta.

Edmund Hillary, o criador de abelhas de Auckland, nascido em 1919, foi sagrado cavalheiro pela rainha da Inglaterra, ganhando o título de "Sir". Sua imagem foi reproduzida em selos, histórias em quadrinhos, livros, filmes, capas de revista, e sua cara, comprida e fina, estampada na nota de 5 dólares na Nova Zelândia.

Dia 17

Gorak Shep, 5.140 metros, ao cume do Kala Patar, 5.545 metros 3 horas

Ainda estava escuro quando DB nos acordou no alojamento com uma caneca de chá quente, que bebi antes mesmo de sair do saco de dormir. Não parecia haver dormido a 5.140 metros de altitude, tão bem estava me sentindo. Melhor: tinha uma grande sede, exatamente como sempre acordo quando estou em casa. Encarei isso como um aviso de que hoje seria um grande dia e que manteria tudo sobre controle. E pedi mais chá fumegante, algo impensável alguns dias atrás.

Nos outros beliches todos ainda permaneciam imóveis. Liguei minha lanterna e chamei Horst e Louise, que dormiam ao meu lado. Ela saiu do saco de dormir e começou a passar creme no rosto. Ofereci-lhe um lenço umedecido para substituir a falta de água para a higiene matinal, mas ela recusou, eram-lhe suficientes os cosméticos.

Então foi a minha vez de sacudir Horst, que continuava inerte sobre a cama.

— Horst, você está morto? — devolvi-lhe a pergunta que me fizera alguns dias atrás, quando estávamos em Pheriche.

O alemão continuou imóvel.

— Horst, seu cretino, você está morto mesmo? — perguntei-lhe, um pouco aflito. Louise havia parado de se vestir, apreciando a cena. Ele finalmente se mexeu, colocou a cabeça para fora do saco de dormir e disse que não subiria o Kala Patar conosco, não estava se sentindo bem, havia passado uma noite terrível. — O que você está sentindo?

— Estou com diarréia — respondeu, com a testa ligeiramente franzida.

— Não está com o Mal da Montanha? — insisti, embora já soubesse a resposta.

— Não, é apenas diarréia. Sinto-me fraco, estou desidratado. Vou ficar dormindo enquanto vocês sobem.

Fiquei preocupado, pois este seria o nosso grande dia no *trekking*, coroamento final de uma até agora bem-sucedida aventura. Mas ele garantiu-me estar bem e que só precisava descansar um pouco mais.

Fiquei desnorteado, não sabia o que fazer. Não podia perder meu parceiro exatamente na hora mais importante. Sugeri ficarmos mais um dia em Gorak Shep para que tivesse condições de escalar o Kala Patar na manhã seguinte, mas ele disse não, que tão logo eu voltasse da montanha iniciaríamos nossa descida do Himalaia.

Vi então que o problema não era diarréia nem cansaço. Ele simplesmente não conseguiria subir mais, e o que lhe restava agora era descer para uma altitude mais baixa para recuperar o ar que lhe faltava nos pulmões, pois aqui tínhamos apenas 50% do oxigênio que estávamos acostumados a respirar.

Seria insensato, claro, nas suas condições, prosseguir fazendo tamanho esforço àquela altitude. Fiquei imaginando como esta noite lhe devia ter sido penosa para fazê-lo tomar tal decisão. Mas, afinal de contas, era exatamente isto que nos atraía para as montanhas: o direito de tomar nossas próprias decisões, definir nossos próprios limites.

Desistir pouco antes de chegar ao cume era a mais difícil das decisões. E por isso mesmo deveria ser respeitada. E ele estava certo. Nos dias seguintes, à medida que descíamos, ele se recuperava rapidamente. Quando chegamos em Lukla, uma semana depois, meu amigo já voltara a ser o montanhista que determinava o ritmo do grupo.

— E você, como está se sentindo? — perguntou-me Horst, enquanto me vestia.

— Sinto-me no lugar que gostaria de estar, fazendo exatamente o que estou fazendo — respondi. E era a mais pura verdade.

Troquei minhas meias de fibra de acrílico de alto volume por outras de poliéster. Ambas tinham a capacidade de manter o pé seco e confortável, evitando calos e expelindo o suor da transpiração do corpo, mas esta última era mais resistente ao frio. Feita com 55% de poliéster, 25% de náilon e 20% de lã, ela combinava uma camada interna de fios repelentes de umidade com uma camada externa de fios que atraíam a umidade, expulsando o suor para fora do pé, trabalho complementado pela bota de *Goretex*, com a mesma propriedade, além de ser térmica e impermeável.

Terminei de vestir-me, coloquei os óculos e o gorro, peguei a mochila com o equipamento fotográfico e fui até o refeitório tomar um pouco mais de chá quente. Encontrei Leland na mesa, tomando café, com uma pequena bolsa transparente, cheia de comprimidos, aberta à sua frente.

— Ortiz, você quer um Diamox? — perguntou-me ele.

— Não, obrigado. Estou me sentindo muito bem hoje.

— Vou tomar um para escalar o Kala Patar — confidenciou-me.

— Quando você chegou aqui? — perguntei-lhe.

— Ontem, vindo de Lobuche — ele respondeu, mexendo nos seus remédios.

— Não vai até o Acampamento-base? — perguntei, enquanto tomava meu chá, tão quente que me queimava o céu da boca.

— Não, minha meta é o Kala Patar.

— Leland, onde você iniciou seu *trekking*?

— Em Lukla. Vocês iniciaram em Jiri, não foi?

— Sim, iniciamos em Jiri — respondi.

— E onde está o alemão? — perguntou.

— Deitado, não está se sentindo muito bem.

E não fora só ele o atingido pela altitude. Mais tarde, quando voltei do cume do Kala Patar, encontrei Marcelo e Viviane chegando em Gorak Shep. Não estavam nada bem. Contaram-me que começaram a sentir problema com o ar rarefeito em Lobuche. Marcelo não dormira de noite, não comera e estava com muita dor de cabeça, então resolveram ficar descansando para tentar o Kala Patar no dia seguinte. Mas, quando nos encontramos em Katmandu, dias depois, na festa dos *trekkers*, fiquei sabendo que no dia seguinte fora Viviane quem sentira o problema.

— Em Gorak Shep — ela contou-me, em Katmandu —, minha cabeça parecia guardar um sino latente. Nós chegamos a tomar um comprimido de Diamox e muita aspirina. No caso do Marcelo, resolveu. No meu caso, não adiantou nada. Na verdade, no primeiro dia, em Gorak Shep, eu tinha condições de seguir adiante, mas o Marcelo não. No segundo dia, a situação se inverteu, o Marcelo conseguiria e eu não. Como havíamos combinado que um não iria sem o outro, a situação foi definida por si só.

Kala Patar significa "Rocha Negra", no idioma hindi, e os primeiros estrangeiros a escalarem-no foram Bill Tilman e Oscar Houston, em 1950. Agora era a minha vez.

Saímos em fila indiana: DB, eu, Louise e seu guia. Caminhamos alguns metros até iniciarmos a subida propriamente dita, cujo cume estava a uma pequena distância horizontal de 950 metros mas a terríveis 405 metros acima de nossas cabeças, nos obrigando a uma extenuante subida pulando por suas pedras pontiagudas. Lembrei-me de que nos dias anteriores havia superado diversos desníveis de 900 metros, mas agora estava há mais de 5.000 metros acima do nível do mar. E isso fazia a diferença.

Louise havia ficado para trás. Diminuí o ritmo para que me alcançasse. Não queria parar por completo para não esfriar os músculos, o que dificultaria imensamente retomar a subida. Mas também não queria afastar-me muito, isto a desestimularia.

Logo ela me alcançou. Virei-me para recebê-la e por uns instantes pude contemplar as imensas paredes da cordilheira como sombras escuras contra o céu. Louise parou, esboçou um sorriso cansado, respirou fundo inalando o ar fresco da noite e bebeu um pouco de chá quente que DB carregava na mochila. Depois comeu uma pequena porção de chocolate.

— Vamos, Louise. Você precisa chegar comigo ao cume. Preciso de você lá em cima, senão quem vai bater as fotos onde devo aparecer com a bandeira do meu patrocinador? — falei-lhe, para estimulá-la. Eu, melhor do que ninguém, sabia a importância de um estímulo, da palavra apropriada na hora certa.

Estávamos disputando a fase eliminatória de uma olimpíada estudantil em Cachoeira do Sul. Os dois primeiros em cada modalidade participariam da final, em Santa Maria, de onde sairiam os representantes do Rio Grande do Sul para a etapa brasileira da competição, que, por sua vez, levaria ao Sul-americano.

Eu corria 100 metros rasos representando a minha escola, o Colégio Estadual Dr. Liberato Salzano Vieira da Cunha. Jamais havia perdido uma competição na minha categoria, e o excesso de confiança — ou de vaidade, pois tinha quinze anos —, como todos os excessos, nunca foi bom conselheiro. Resolvi correr usando um boné supercolorido, algo tão inusitado como colocar um peso extra em um carro de Fórmula Um só para deixá-lo mais atrativo. É claro que meu treinador, professor Laerte de Franceschi, não aprovou, mas meu favoritismo era tão grande, que ele acabou tolerando.

No meio da corrida o boné saltou da minha cabeça e me virei, instintivamente, para vê-lo cair no chão. Em uma prova cujo desfecho se dava em onze segundos, a minha desconcentração foi suficiente para deixar-me com um "honroso" segundo lugar. Para um campeão adolescente, que se imaginava ídolo das garotinhas da escola, perder foi um desastre. Senti o chão afundando sob meus pés, a terra me engolindo. E agora o que faria, eu que vivia tagarelando para os quatro cantos da cidade que, se um dia perdesse uma competição, abandonaria o atletismo? Queria sumir, desistir daquele negócio, voltar para a casa dos meus pais no interior.

Meu treinador, jovem na idade mas extremamente experiente no trato com a garotada, foi ao meu encontro, sorrindo.

— Meus parabéns! — disse ele, antes que eu entendesse o que estava acontecendo, pois havia perdido. Perdido! Será que ele não tinha visto? — Ortiz, o juiz disse que você chegou em segundo lugar, mas eu estava na linha de chegada e vi que ele se equivocou. Na verdade, você chegou em primeiro lugar. Meus parabéns, cara. Você ganhou!

Não era possível, eu havia ganho, então! Ganho! E o Laerte de Franceschi concluiu:

— Eu poderia reclamar junto à Comissão Organizadora, mas como os dois primeiros estão classificados, você já está na final do Estadual. Então vamos deixar assim, não vamos criar caso.

Eu gostava muito de ser admirado na escola, como todo garoto desta idade, mas o que importava mesmo — e eu tinha plena consciência disso — era a confiança que o professor tinha em mim. E ele disse que eu havia ganho. Então, eu havia ganho. E pronto!

— Agora, Ortiz — era o professor Laerte falando —, você precisa treinar mais ainda para ser campeão estadual.

Nos meses seguintes aumentei meu horário de treinamento de quatro para seis horas diárias, não podia desapontar meu mestre. Venci a final. E o rapaz que me superara na eliminatória chegou em oitavo lugar. Só fui me dar conta do que realmente acontecera muitos anos depois. Mas então já estava maduro o suficiente para entender que o estímulo do treinador fora uma lição de vida muito mais importante do que vencer aquela prova.

Reiniciamos a subida em meio a muito frio. Mas não tínhamos vento, um bom sinal. Estava calmo e silencioso, o único som vinha das pedras se quebrando sob nossas botas, pois caminhávamos socando os pés no chão para o sangue circular até nossos artelhos.

Eu andava na frente e fiz uma pequena parada para prender o barbicacho de pressão da minha *parka*. Então senti que tanto Louise quanto DB tinham dificuldades; vinham muito devagar. Mandei gritarem comigo "sim!" bem alto, para que todos no Himalaia ouvissem.

Era interessante, mas ouvir nossas próprias vozes gritando "sim" montanha acima nos reanimava, nos dava forças para continuarmos em frente, como se uma energia extra brotasse deste som e entrasse por nosso corpo, estimulando nossas mentes a não desistirem, que tudo podíamos, para nós tudo era possível.

Mais uma breve parada para um gole de água e nova barra de chocolate. Devido ao frio não podíamos nos sentar, então caminhávamos em pequenos círculos, sapateando e agitando os braços para forçar o sangue a chegar às pontas dos nossos dedos, que ameaçavam adormecer.

Uma nuvem se afastou da lua e toda a cordilheira foi banhada por uma implacável luz branca. O céu da noite era incrivelmente belo, com estrelas estendendo-se até a linha irregular do horizonte, onde a montanha erguia-se inquieta para encontrá-las, tocá-las com a ponta dos seus picos mais altos. E, para além dos picos, as estrelas eram como lascas de diamante sobre uma almofada de veludo preto. A falta de poluição e mesmo de oxigênio as tornavam as mais brilhantes que eu jamais vira.

Fiquei imaginando por que tudo não podia ser tão simples e tão descomplicado quanto isso que eu estava presenciando nesta madrugada. Bastava ficar parado e olhar, não custava coisa alguma, a não ser um pouco de tempo — o que tínhamos de sobra —, e tanto nos era dado em troca. Enquanto isso, milhares de pessoas, ao redor do planeta, estavam, neste exato momento, mergulhando em drogas em busca de um sentido para suas vidas.

Bateu-me uma certa melancolia, um pouco de culpa por me sentir tão feliz. Uma brisa gelada tocou-me o rosto trazendo uma onda de tristeza, fazendo-me lembrar dos versos de Lupicínio Rodrigues quando dizia que alguns moços deixavam o céu por ser escuro e iam ao inferno à procura de luz.

Quando estávamos na metade do caminho o sol começou a surgir por detrás da cordilheira, marcando o perfil negro dos picos contra um céu azul-marinho. Sobressaía-se sobre os demais a cunha negro-retinta do cume da pirâmide do Everest. Era impressionante, mas eu estava extremamente perto do Terceiro Pólo.

Os primeiros raios de sol, vindos do Tibete, romperam por sobre o Colo Sul do Everest, a 7.986 metros acima do nível do mar, e nos atingiram com seu calor irradiador de energia. Uma nova força pareceu brotar das nossas entranhas, dando-nos vitalidade para prosseguirmos em frente.

Aos poucos, como se fosse caindo a cortina deste grande palco, os picos foram sendo iluminados por um tom dourado do tênue e frio sol da manhã. Para nos protegermos dos violentos raios ultravioleta que em breve nos atingiriam, passamos no rosto bloqueador solar e protetor labial.

Em breve estávamos todos, homens e montanhas, mergulhados dentro de um forte sol, cujos raios nos atingiam em cheio, dando-nos vida e calor. Os picos nevados tinham suas recortadas silhuetas refletidas nas lentes dos nossos óculos escuros. O céu estava limpo, significando bom tempo.

À medida que subíamos o Kala Patar a linha do horizonte ia se afastando, começávamos a ver por cima das montanhas, que então bloqueavam nossa visão e estavam agora ficando abaixo do nível dos nossos olhos.

O ar transparente confundia nossa perspectiva de distância, trazendo os picos para junto de nós. Dava para sentir a aspereza das suas encostas, o frio cortante das suas neves.

Surgiu o Pumori, por inteiro. Apareceu o Lhotse e, mais à esquerda, o Everest, cuja pirâmide superior ficava cada vez mais descoberta, como se estivesse vindo em nossa direção. Estávamos agora a 9 km do seu cume, mas para as dimensões do Himalaia e neste ar translúcido, que parecia reduzir as distâncias, tínhamos a impressão de que poderíamos tocá-lo com a ponta do bastão de *trekking*.

O vento soprando por sobre a cordilheira carregou em direção ao Everest uma grande nuvem branca, como se fosse um imenso bloco de algodão. Quando estava sobre o pico ela baixou e, tomando a forma de um anel, foi se encaixando ao redor do cume, como uma coroa que alguém lentamente pusesse sobre a cabeça da mais majestosa montanha do mundo.

Foi uma formação fantástica, como se Deus, propositadamente, tivesse coroado o Everest para nos receber. Louise ficou extasiada, e DB se ajoelhou diante deste sinal dos deuses. E, tão rápida quanto chegou, a nuvem se desfez.

Mas ficou eternizada na lente da minha máquina fotográfica! E na capa deste livro.

O Kala Patar ia afinando e, quando chegamos a alguns metros abaixo do topo, tínhamos pela frente apenas uma estreita passarela pedregosa por onde deveríamos cruzar em direção ao seu ponto mais alto.

No cume, ornamentado por bandeirolas de orações sherpas, havia lugar apenas para uma pessoa. Tratava-se de uma pequena plataforma de pedras irregulares na ponta de um penhasco, cuja parede oeste caía abruptamente sobre a geleira Pumori, a algumas centenas de metros abaixo.

Com muito cuidado, me arrastando sobre as pedras, cheguei aos 5.545 metros do cume do Kala Patar. Eram nove horas do dia 18 de outubro de 1998.

Sentei-me e olhei ao redor. Era inacreditável. Por mais que fantasiasse a beleza deste lugar, ele era imensamente mais belo. Por mais que tivesse me preparado para este momento, sentia-me agora pego de surpresa. Era uma beleza selvagem, de uma quietude impressionante. Os picos ostentavam-se imponentes, assumindo uma forma piramidal em respeito à única lei que eram obrigados a obedecer — a lei da gravidade —, mas seus cumes, talhados por acidentes geológicos, eram ásperos como espinheiros ou arredondados e sombrios.

À minha frente, onde a muralha do Himalaia delimitava a fronteira com o Tibete, podia ver as mais belas montanhas da Terra. Pela lente da minha câmera fotográfica, em um ângulo de 270 graus, da esquerda para a direita, elas começaram a desfilar.

Primeiro o Pumori (7.145 metros), cujo cume estava a apenas 2 km de distância. Depois vinham o Lingtren (6.697 metros), o Khumbutse (6.640 metros) e o Changtse (7.550 metros), o satélite setentrional do Everest. Entre o Ghangtse e o flanco ocidental do Everest ficava o passo Lho, com 6.006 metros de altitude, o passo mais alto do planeta, ligando o Nepal com o Tibete, por onde muitos monges fugiram quando a China invadiu o país do Dalai Lama. Mais à direita estava a pirâmide superior do Everest, com seus 8.850 metros acima do nível do mar, o ponto mais alto da Terra, o famoso Terceiro Pólo.

Continuando o giro para a direita, via o cume do Lhotse (8.501 metros), a parede de gelo do Nuptse (7.879 metros), e um pouco mais ao fundo, na linha do horizonte, estavam o Arnbu Gyabjen (5.650 metros), Taboche (6.542 metros), o majestoso Ama Dablam (6.856 metros), Mehra (5.820 metros), Pokalde (5.806 metros), Peak 43 (6.769 metros), Kang Taiga, com 6.779 metros, a montanha ao lado de Nanche Bazar, e o Tramserku (6.608 metros).

Impossível não chorar diante da grandeza do cenário à minha frente, diante da beleza dos picos nevados que formavam a cordilheira do Himalaia.

E que, segundo alguns tidos como estudiosos, fora criada pelo choque brutal de dois continentes, alguns milhões de anos atrás.

Era incrível como alguém, mesmo medianamente inteligente, não se desse conta da suavidade destas linhas, da harmonia deste ambiente, da paz que pairava no ar.

Era incrível como alguém, mesmo medianamente inteligente, não se desse conta de que estávamos diante de uma obra divina.

Fiz a minha prece e agradeci a Deus por ter me dado o privilégio de viver o bastante para apreciar sua mais completa obra de arte. Para mim era o suficiente.

Se Deus quisesse dar-me algo mais daqui para a frente, seria apenas por excesso de bondade.

Epílogo

Em 1992, o famoso paleontólogo Yves Coppens, com um patrocínio de 1 milhão e 800 mil dólares, liderou uma grande expedição científica em busca do Yeti. O Himalaia fora outrora hábitat do *Gigantopithecus*, um gorila gigante, duas vezes maior do que os gorilas que conhecemos. E Yves Coppens queria pegá-lo, mas nada descobriu.

No entanto, sem gastar um único centavo extra, eu havia encontrado o Yeti, este ser surpreendente, com o extraordinário poder de povoar os sonhos das pessoas mais sensíveis com suas histórias fantásticas, libertando as fantasias maravilhosas que carregamos dentro de nós.

Cada pessoa tem, em algum recanto da mente, seu próprio Yeti. Basta deixá-lo vir à tona para que a vida fique mais bela.

Como meu avô havia me dito, certas coisas — às vezes as mais importantes — não estão visíveis aos nossos olhos, mas apenas ao nosso coração.

Bibliografia

Armington, Stan. *Trekking in the Nepal Himalaya.* Londres, Lonely Planet, 1994

Ghimire, Beena. *Hindu Death Rites.* Katmandu, Nepal Lithographing Co. Pvt. Ltd, 1998

Jefferies, Margareth. *Mount Everest National Park.* Seattle, The Mountaineers, 1991

Kazami, Takehide. *The Himalayas.* Nova Delhi, Allied, 1973

McGuinness, Jamie. *Trekking in the Everest Region.* Surrey, Trailblazer Publications, 1996

Mantovani, Roberto. *Everest — The History of the Himalayan Giant.* Seattle, The Mountaineers, 1997

Moran, Kerry. *Nepal Handbook.* Chico, Moon, 1991

Ortiz, Airton. *Aventura no topo da África.* Rio de Janeiro, Record, 1999

Ray, Prakash A. *Nepali-English/English-Nepali Dictionary.* Katmandu, Nabeen Publications, 1992

Sanday, John. *The Katmandu Valey.* Londres, William Collins Sons & Co. Ltd, 1989

Uchida, Ryohei. *Katmandu to Everest.* Huddersfield, Springfield Books Limited, 1991

Woodhatch, Tom. *Nepal Handbook.* Footprint Handbooks, 1997

Este livro foi composto na tipologia Goudy Old Style
em corpo 11/15 e impresso em papel Offset 90g/m²
no Sistema Cameron da Divisão Gráfica da
Distribuidora Record.